Informe mundial sobre la propiedad intelectual en 2017

Capital intangible en las cadenas globales de valor

OMPI

ORGANIZACIÓN MUNDIAL
DE LA **PROPIEDAD**
INTELECTUAL

Índice

Prólogo

Las innovaciones tecnológicas y la apertura del comercio han modificado profundamente el panorama de la producción mundial. Convertir materias primas en piezas y componentes, ensamblar los productos finales y hacerlos llegar al consumidor final movilizan cadenas de suministro que se extienden por un número creciente de economías de todo el mundo.

La aparición de las denominadas "cadenas globales de valor" ha sido un hecho positivo: han hecho que una amplia gama de productos de consumo sean más asequibles, han estimulado el crecimiento económico y han fomentado la integración de los países en desarrollo en la economía mundial, creando oportunidades de desarrollo económico y de alivio de la pobreza.

El capital intangible, en particular en forma de tecnología, diseño y desarrollo de marcas, tiene una presencia importante en las cadenas globales de valor. De él deriva buena parte del precio que pagan los consumidores por un producto y determina qué empresas triunfan en el mercado; también es fundamental en la organización de las cadenas globales de valor: las decisiones sobre dónde establecer las diferentes tareas de producción y con quién asociarse están estrechamente vinculadas a la manera en que las empresas gestionan su capital intangible.

Se ha publicado un gran número de informes de investigación sobre las causas y las consecuencias del auge de las cadenas globales de valor, y muchos de ellos han reconocido el papel clave del capital intangible. Sin embargo, se dispone de pocos conocimientos sobre el por qué, el cómo y el cuánto. Con nuestra *edición de 2017 del Informe mundial sobre la propiedad intelectual*, esperamos ayudar a abrir la caja negra de los activos intangibles, en particular arrojando luz sobre la manera en que la propiedad intelectual (PI) encaja en ella.

El informe empieza examinando la manera en que surgieron las cadenas globales de valor y cómo están organizadas. En ese contexto, revela nuevas estimaciones de la contribución macroeconómica del capital intangible a la producción de las cadenas globales de valor. Esas estimaciones muestran que alrededor de un tercio del valor de los productos (o unos 5,9 billones de dólares estadounidenses en 2014) de 19 industrias manufactureras deriva del capital intangible.

Siguiendo el enfoque de nuestro informe de 2015, hemos complementado este panorama de la economía en su conjunto con estudios de caso de cadenas globales de valor específicas: el café, la energía fotovoltaica y los teléfonos inteligentes. Esos tres casos ponen de relieve los distintos activos intangibles integrados en los productos de consumo y proporcionan información concreta sobre el papel desempeñado por las diferentes formas de PI a la hora de rentabilizar las inversiones en innovación y desarrollo de marcas.

Además, en ellos se examina cómo las economías en desarrollo, en particular China, han conseguido participar en las cadenas globales de valor mediante la creación de sus propios activos intangibles, y qué oportunidades pueden existir para aplicar estrategias similares en el futuro.

La evolución de las cadenas globales de valor ha sido problemática, y algunas empresas han prosperado mientras que otras han fracasado. Ha acelerado la transformación estructural de las economías, haciendo que algunos trabajadores pierdan sus empleos mientras que otros han visto sus capacidades altamente recompensadas. La tecnología sigue transformando los modelos de producción mundiales y no cabe duda de que seguirá siendo problemática. Por ejemplo, los avances en la impresión 3D, la robótica y la fabricación automatizada pueden llevar a las empresas a trasladar algunas tareas de producción a lugares más cercanos del consumidor final. Además, el rápido crecimiento de las economías emergentes provocará cambios en la geografía de las cadenas globales de valor.

Los encargados de la formulación de políticas deben dar respuesta a las fuerzas desestabilizadoras provocadas por la producción mundializada. Las cadenas globales de valor son una creación humana y se podría volver atrás, pero ello acarrearía el peligro de crear una perturbación aún mayor. Por lo tanto, es un imperativo político importante configurarlas de forma que beneficien a las sociedades en su conjunto.

Como no puede ser de otro modo, un informe de esta naturaleza siempre deja importantes preguntas sin respuesta. Sobre todo, a pesar de que presentamos, por primera vez, estimaciones concretas sobre los ingresos que generan los activos intangibles en la producción de las cadenas globales de valor, todavía queda por determinar quién se beneficia en última instancia de esos ingresos. A nivel de los países, la propiedad y el intercambio transfronterizos de activos intangibles hacen difícil relacionar los activos y los beneficios con un país en concreto. A nivel de las ganancias individuales, existen pocas pruebas sistémicas sobre cómo los activos intangibles afectan a la remuneración de los trabajadores con distintos niveles de cualificación. Las investigaciones futuras que ofrezcan orientaciones empíricas sobre estas cuestiones serán de gran valor.

Esperamos que el presente informe nutra los debates sobre la naturaleza cambiante de las cadenas globales de valor que están teniendo lugar en diferentes foros de políticas, y esperamos explorar la contribución del sistema de PI a la producción mediante cadenas globales de valor en nuestro diálogo constante con los Estados miembros.

Francis Gurry
Director general

Agradecimientos

El presente informe fue elaborado bajo la dirección general del Sr. Francis Gurry (director general de la OMPI). Las tareas de preparación y coordinación corrieron a cargo de un equipo dirigido por Carsten Fink (economista jefe) e integrado por Intan Hamdan-Livramento (economista), Julio Raffo (economista principal) y Sacha Wunsch-Vincent (economista principal), todos ellos miembros de la División de Economía y Estadística de la OMPI. Lorena Rivera León (consultora) y Giulia Valacchi (becaria) realizaron valiosos aportes de asistencia a la investigación.

Los cuatro capítulos se basan en la investigación de fondo encargada para este informe. En concreto, las estimaciones de los beneficios de los activos intangibles en las cadenas globales de valor presentadas en el capítulo 1 fueron elaboradas por Wen Chen, Reitze Gouma, Bart Los y Marcel P. Timmer (Universidad de Groningen). Carol Corrado (*The Conference Board*) aportó comentarios por escrito sobre su investigación. Tony Clayton (*Imperial College London*), Tom Neubig (*Tax Sage Network*) y Dylan Rassier (*U.S. Bureau of Economic Analysis*) también realizaron aportes sustantivos a la medición de los flujos de activos intangibles.

Luis F. Samper (*4.0 Brands*) y Daniele Giovannucci (*Committee on Sustainability Assessment*) aportaron el informe de fondo para el estudio de caso sobre el café del capítulo 2. Luciana Marques Vieira (*Universidade do Vale do Rio dos Sinos*) preparó comentarios por escrito sobre este informe. Leontino Rezende Taveira (Unión Internacional para la Protección de las Obtenciones Vegetales) ofreció su valioso asesoramiento durante todo el desarrollo de este estudio de caso. *Premium Quality Consulting* proporcionó los datos sobre el mercado del café utilizados en el capítulo.

El estudio de caso sobre la energía fotovoltaica del capítulo 3 se basa en investigaciones de fondo llevadas a cabo por Maria Carvalho (*London School of Economics*), Antoine Dechezleprêtre (*London School of Economics*) y Matthieu Glachant (*MINES ParisTech*). Los datos fueron proporcionados por ENF Solar.

Para terminar, el estudio de caso sobre los teléfonos inteligentes del capítulo 4 se basa en un informe de fondo preparado por Jason Dedrick (*Syracuse University*) y Ken Kraemer (Universidad de California, Irvine). Robin Stitzing (Nokia) contribuyó con comentarios por escrito sobre este informe. Christian Helmers (Universidad de Santa Clara) aportó investigaciones para los esquemas de la actividad de registro de marcas y diseños industriales. Se recibieron datos del Departamento del Economista Jefe de la Oficina de Propiedad Intelectual de la Unión Europea, Clarivate Analytics, *Deutsche Patent- und Markenamt* (DPMA), IHS Markit, IPlytics y la Oficina de Propiedad Intelectual del Reino Unido.

El equipo del informe contó con la valiosa revisión externa de los borradores de los distintos capítulos por parte de Patrick Low. También aportaron información, comentarios y datos adicionales Janice Anderson, Mohsen Bonakdarpour, Roger Burt, Seong Joon Chen, Robert Cline, Alica Daly, Jenn Figueroa, Marina Foschi, Tim Frain, Kirti Gupta, Christopher Harrison, Vasheharan Kanesarajah, Michał Kazimiercza, Richard Lambert, Cecilia Jona-Lasinio, Moshe Leimberg, Robert Lemperle, Lutz Mailänder, Keith Maskus, Raymond Mataloni Jr., Sébastien Miroudot, David Muls, Amanda Myers, Giovanni Napolitano, Tim Pohlmann, Marie Paule Rizo, Pekka Sääskilahti, Nathan Wajsman, Pamela Wille, Irene Wong y Brian York.

A nivel administrativo, cabe destacar la valiosa contribución de Samiah Do Carmo Figueiredo y Caterina Valles Galmès.

Por último, quisiéramos expresar nuestro agradecimiento a nuestros colegas de edición y diseño de la División de Comunicaciones por dirigir la producción del informe, en especial a Toby Boyd por su labor de edición. La Biblioteca de la OMPI facilitó su valioso apoyo durante la elaboración del informe y la Imprenta prestó servicios de impresión de alta calidad. Todos ellos trabajaron arduamente para cumplir plazos sumamente apretados.

Descargo de responsabilidad

El presente informe y todas las opiniones que en él se reflejan incumben exclusivamente a la Secretaría de la OMPI. No aspiran a reflejar la opinión ni el punto de vista de los Estados miembros de la OMPI. Los autores principales del presente informe también desean exonerar de toda responsabilidad por cualesquiera errores u omisiones a todos aquellos que han contribuido al informe o formulado comentarios al mismo.

Resumen

Cuando un consumidor adquiere un nuevo teléfono inteligente, ¿qué está pagando exactamente?

El teléfono consta de muchas piezas y componentes fabricados en todo el mundo, y el precio debe cubrir sus costos. El consumidor también está pagando por el trabajo de las personas que fabricaron los componentes y ensamblaron el producto final, y por servicios como el transporte y la venta al por menor del producto en una tienda física o en línea. Y, lo que es más importante, está pagando capital intangible: la tecnología que hace funcionar el teléfono inteligente, su diseño y su marca.

Hoy en día la producción es global. Las empresas realizan diferentes etapas de producción en lugares del mundo distintos. En cada etapa de la cadena de suministro o cadena global de valor de cada producto, el valor es generado por los trabajadores, la maquinaria de producción y, cada vez más, el capital intangible –elementos que no se pueden tocar, pero que son cruciales para el aspecto, las sensaciones, la funcionalidad y el atractivo de un producto–. El capital intangible resulta fundamental para determinar el éxito en el mercado: qué empresas tienen éxito y cuáles fracasan.

¿Es posible cuantificar la importancia del capital intangible? ¿Qué tipos de intangibles son más valiosos en cada etapa de producción y para los diferentes productos de consumo? ¿Cómo gestionan las empresas sus activos intangibles en las cadenas globales de valor, y qué papel desempeña la propiedad intelectual (PI) en la generación de rendimiento para esos activos?

Aunque existen numerosos estudios sobre el desarrollo de las cadenas globales de valor, se dispone de pocos datos para responder a las preguntas referidas. Uno de los objetivos de este informe es contribuir a subsanar esas lagunas de conocimiento. Para ello se analiza el nivel macroeconómico, presentando estimaciones originales de los ingresos atribuibles a los activos intangibles en 19 cadenas globales de valor manufactureras, y también se estudia más en profundidad el papel de los intangibles a través de estudios de caso específicos sobre las cadenas de valor de los teléfonos inteligentes, el café y las células fotovoltaicas.

Entender qué papel desempeñan los activos intangibles en las cadenas globales de valor resulta importante para la formulación de políticas.

Las inversiones en capital intangible son una fuente clave de crecimiento económico, y una mejor comprensión de cómo se generan y explotan esos activos en un mercado globalizado puede ayudar a los legisladores a lograr un entorno propicio para tales inversiones. Del mismo modo, los encargados de la formulación de políticas en las economías en desarrollo, que buscan apoyar a las empresas locales en los esfuerzos de estas por mejorar sus capacidades de producción dentro de las cadenas globales de valor mundiales, deben entender que la adquisición de activos intangibles es esencial para conseguirlo.

El desarrollo de las cadenas globales de valor

Los procesos de producción se han disgregado y distribuido por todo el mundo...

El desarrollo de las cadenas globales de valor es una importante característica distintiva de la denominada "segunda oleada de globalización", que dio comienzo en algún momento de la segunda mitad del siglo XX. La invención de la máquina de vapor en el siglo XVIII desencadenó la primera oleada de globalización, que alcanzó su punto álgido a principios del siglo XX. El comercio internacional durante aquella primera oleada consistió principalmente en el intercambio comercial de productos básicos y productos manufacturados totalmente ensamblados. Lo que destaca del comercio internacional en la segunda oleada de globalización es la disgregación del proceso de producción, ubicándose diferentes etapas de producción en lugares del mundo distintos. Como resultado, en los patrones comerciales de algunas industrias se aprecia actualmente un aumento del comercio multidireccional de bienes intermedios.

Varios elementos contribuyeron a este cambio en la organización de la producción global:

- La caída de los costos del comercio internacional ha permitido que sea rentable disgregar la producción en varios lugares. Si disponer de un transporte más económico y rápido supuso un impulso para el comercio internacional ya durante la primera fase de la globalización, la llegada del transporte aéreo, la generalización del transporte en contenedores y otras innovaciones han reducido todavía más los costos.

- Las políticas comerciales cada vez más liberales adoptadas tras la Segunda Guerra Mundial –después de la proliferación de políticas proteccionistas en el período de entreguerras– también ayudaron a reducir los costos del envío de mercancías de un país a otro.

- Las modernas tecnologías de la información y de las comunicaciones (TIC) resultaron esenciales para posibilitar la dispersión geográfica de la producción. En particular, unos costos de comunicación cada vez más bajos y una tecnología informática cada vez más potente permitieron a las empresas coordinar procesos de producción complejos en muchos lugares del mundo.

...desencadenando un rápido crecimiento del comercio mundial, mayor que el aumento de la producción en el mundo

Como resultado, el comercio internacional aumentó sustancialmente. Puesto que las piezas y los componentes cruzan las fronteras varias veces antes de que finalmente se ensamblen los productos resultantes –que a menudo vuelven a exportarse– el crecimiento del comercio mundial ha superado al de la producción. La relación entre el comercio y el producto interno bruto (PIB) se ha más que duplicado en el último medio siglo (gráfico 1).

El capital intangible se ha vuelto más importante en la producción que tiene lugar en las cadenas globales de valor

La producción en el siglo XXI se caracteriza por la denominada popularmente "curva de la sonrisa", propuesta por primera vez a principios de la década de 1990 por el director ejecutivo de Acer, Inc. Como se ilustra en el gráfico 2, la curva de la sonrisa reconoce la importancia creciente de las etapas anteriores y posteriores a la fabricación y postula que esas etapas representan porcentajes cada vez mayores del valor total de la producción. La sonrisa creciente que se muestra en el gráfico 2 refleja que los activos intangibles –tecnología, diseño, valor de marca, competencias de los trabajadores y del equipo directivo– han adquirido una importancia fundamental en los mercados dinámicamente competitivos. Las empresas invierten continuamente en capital intangible para mantenerse por delante de sus rivales.

A medida que las economías prosperan, las preferencias de los consumidores se desplazan hacia productos que responden a gustos diferenciados y ofrecen una «experiencia de marca» más amplia.

Gráfico 1

El comercio mundial crece más rápido que la producción mundial

Comercio como porcentaje del PIB

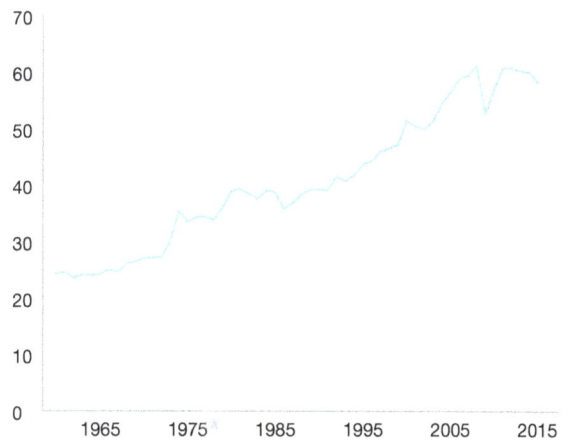

Véase el gráfico 1.2.

Gráfico 2

Producción en el siglo XXI – una sonrisa creciente

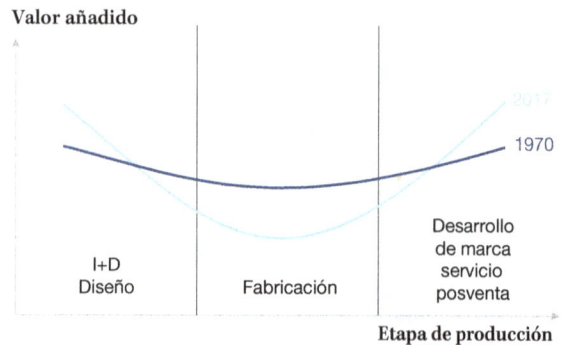

Véase el gráfico 1.4.

¿Qué rentabilidad aportan los activos intangibles?

Aunque resulte atractivo e intuitivo, el concepto de la curva de sonrisa presenta sus limitaciones. Puede representar con un grado aceptable de precisión la distribución del valor añadido para las empresas que realizan todas las etapas de producción, pero es más difícil de aplicar a nivel de toda la economía, donde las cadenas de valor de las empresas se cruzan y se superponen. Además, no proporciona ninguna explicación sobre qué es lo que genera valor añadido en las diferentes etapas de producción. Por ejemplo, un "mayor valor añadido" no necesariamente significa que las actividades subyacentes sean más rentables, estén asociadas con empleos mejor remunerados o, en general, sean «más deseables».

Se puede obtener una mejor comprensión de lo que genera valor en las cadenas globales de valor cuantificando los ingresos atribuibles a la mano de obra, el capital tangible y el capital intangible utilizados en la producción que tiene lugar en dichas cadenas. En la investigación realizada para este informe, los economistas Wen Chen, Reitze Gouma, Bart Los y Marcel Timmer analizaron precisamente ese tipo de variables (véase el capítulo 1). Su enfoque consistió en dos pasos. En primer lugar, recabaron datos macroeconómicos sobre los porcentajes de valor añadido en 19 grupos de productos manufacturados que abarcaban 43 economías y una región correspondiente al resto del mundo, que en su conjunto representaban alrededor de una cuarta parte de la producción mundial. Luego desglosaron el valor añadido en cada etapa en ingresos atribuibles a la mano de obra, el capital tangible y el capital intangible, como se ilustra en el gráfico 3.

El capital intangible representa alrededor de un tercio del valor total de la producción...

En el gráfico 4 se presentan los porcentajes de los ingresos atribuibles a los tres factores de producción de todos los productos manufacturados y vendidos en todo el mundo desde 2000 hasta 2014. El capital intangible representó de promedio un 30,4% a lo largo de ese período; casi el doble del capital tangible. Curiosamente, aumentó del 27,8% en 2000 al 31,9% en 2007, pero se ha estancado desde entonces.

Los ingresos totales atribuibles al capital intangible en las 19 industrias manufactureras aumentaron en un 75% entre 2000 y 2014 en términos reales, situándose en 5,9 billones de dólares de los Estados Unidos (USD) en 2014.

Gráfico 3

Desglose de las cadenas globales de valor

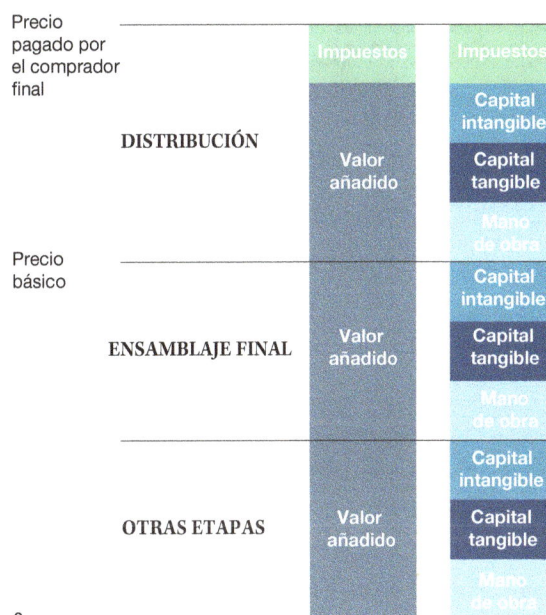

Véase el gráfico 1.6.

...generando las industrias de productos alimenticios, vehículos de motor y textiles alrededor de la mitad de los ingresos atribuibles al capital intangible

¿En qué productos fabricados mediante cadenas globales de valor se utilizan los intangibles de manera más intensa? En el cuadro 1 pueden observarse los porcentajes de ingresos atribuibles a cada factor para los 19 grupos de productos manufacturados ordenados de mayor a menor en función del valor total de su producción. Para todos los grupos de productos, el capital intangible representa una mayor proporción del valor añadido que el capital tangible.

Cuadro 1

Porcentajes de ingresos por grupos de productos manufacturados, 2014

Denominación del grupo de productos	Porcentaje de ingresos atribuible al capital intangible (%)	Porcentaje de ingresos atribuible al capital tangible (%)	Porcentaje de ingresos atribuible a la mano de obra (%)	Valor total de la producción (miles de millones de USD)
Alimentación, bebidas y productos de tabaco	31,0	16,4	52,6	4.926
Vehículos de motor y remolques	29,7	19,0	51,3	2.559
Textiles, prendas de vestir y productos de cuero	29,9	17,7	52,4	1.974
Otra maquinaria y equipo	27,2	18,8	53,9	1.834
Computadoras, productos electrónicos y ópticos	31,3	18,6	50,0	1.452
Muebles y otras manufacturas	30,1	16,3	53,7	1.094
Productos derivados del petróleo	42,1	20,0	37,9	1.024
Otro equipo de transporte	26,3	18,5	55,2	852
Equipo eléctrico	29,5	20,0	50,6	838
Productos químicos	37,5	17,5	44,9	745
Productos farmacéuticos	34,7	16,5	48,8	520
Productos de fabricación metálica	24,0	20,8	55,2	435
Productos de caucho y plásticos	29,2	19,7	51,1	244
Metales básicos	31,4	25,6	43,0	179
Reparación e instalación de maquinaria	23,6	13,2	63,2	150
Productos de papel	28,0	20,9	51,1	140
Otros productos minerales no metálicos	29,7	21,5	48,9	136
Productos de madera	27,5	20,0	52,5	90
Productos de impresión	27,1	21,2	51,7	64

Fuente: Chen et al. (2017)

La participación de los intangibles en esa generación de valor es especialmente marcada –más del doble de los tangibles– en productos farmacéuticos, químicos y derivados del petróleo. También es relativamente alta para productos alimenticios, así como para productos informáticos, electrónicos y ópticos. En términos de rendimientos absolutos, los tres grupos de productos más grandes (productos alimenticios, vehículos de motor y textiles) representan cerca del 50% de los ingresos totales atribuibles al capital intangible en esas 19 cadenas globales de valor.

Estos y otros datos presentados en el informe ofrecen por primera vez una estimación del rendimiento de las inversiones en activos intangibles utilizados para la fabricación de productos en las cadenas globales de valor; algo que hasta ahora –en gran medida– no había logrado cuantificarse. No obstante, la investigación deja sin resolver ciertas cuestiones y algunos de los aspectos metodológicos del estudio son cuestionables.

Por ejemplo, ¿qué economías cosechan los rendimientos del capital intangible? La pregunta es obvia, pero la respuesta es esquiva. Por un lado, mediante precios de transferencia y prácticas relacionadas, las empresas pueden trasladar fácilmente sus ganancias de un lugar a otro. Por lo tanto, un activo intangible puede originarse en una economía, pero la mayoría de sus rendimientos pueden aparecer en otra. Más importante aún, el aumento de la propiedad transfronteriza y compartida de intangibles está socavando la noción de activos e ingresos ligados a un lugar específico.

La naturaleza precisa del capital intangible y la manera en que afecta a los modelos comerciales de los participantes en las cadenas globales de valor difieren ampliamente de unas industrias a otras. Los estudios de caso sobre el café, la energía fotovoltaica y los teléfonos inteligentes que se incluyen en este informe ofrecen perspectivas más concretas sobre la naturaleza del capital intangible y las estrategias empresariales predominantes.

El caso del café

El café es uno de los productos agrícolas de mayor importancia comercial. Representa la fuente de ingresos de casi 26 millones de agricultores en más de 50 economías en desarrollo, pero el 70% de la demanda proviene de países de altos ingresos, donde se captura la mayor parte del valor añadido del café vendido. Una de las causas es la corta vida útil del café tostado, lo que implica que en la mayor parte de los casos el tueste se realiza cerca de los lugares de consumo. Esta distribución del valor añadido refleja también la importancia económica de las actividades finales en la cadena global de valor.

El capital intangible en la cadena de suministro del café corresponde principalmente a las innovaciones tecnológicas en las etapas finales de esta y a las marcas

El estudio de caso sobre el café destaca dos formas clave de capital intangible en la cadena global de valor (véase el capítulo 2):

- La tecnología asociada al cultivo de café y a la transformación del café en un producto de consumo atractivo y de alta calidad. De las patentes concedidas y que están relacionadas con el café, se desprende que las etapas de la cadena de valor más innovadoras son las más cercanas al consumidor, entre ellas el procesamiento de los granos de café y, sobre todo, la distribución final de los productos cafeteros (gráfico 5). La última

etapa incluye las modernas máquinas de expreso y las cápsulas de café que encontramos en muchos hogares y oficinas.

Gráfico 4

El capital intangible captura más valor que el capital tangible

Valor añadido como porcentaje del valor total de todos los productos fabricados y vendidos en el mundo

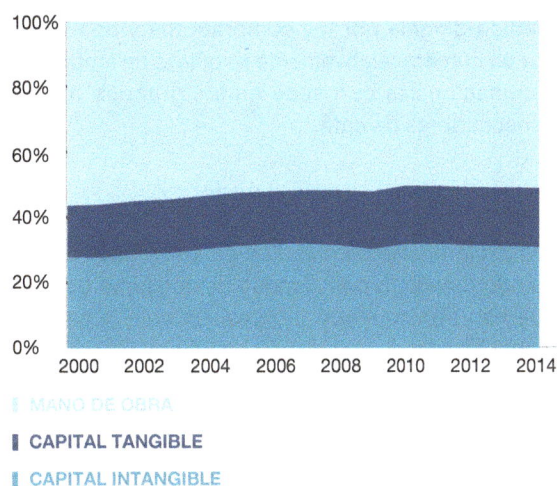

MANO DE OBRA
CAPITAL TANGIBLE
CAPITAL INTANGIBLE

Véase el gráfico 1.7.

Gráfico 5

La mayoría de las innovaciones en el sector del café tiene lugar en actividades próximas al consumidor

Porcentaje de empresas del sector del café y porcentaje de solicitudes de patente relacionadas con el café por segmento de la cadena de valor

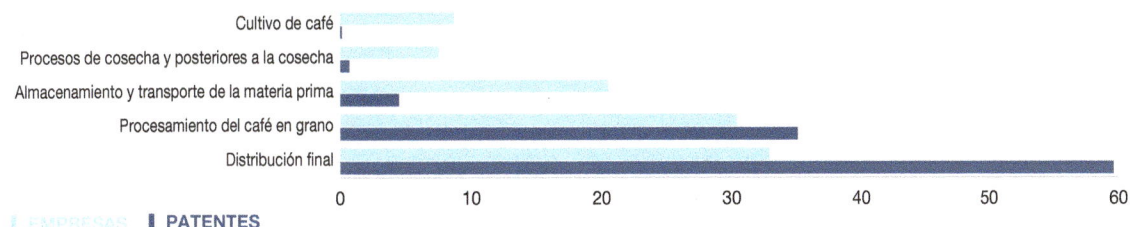

EMPRESAS   PATENTES

Véase el gráfico 2.5.

- La reputación e imagen de marca, que permite a las empresas de productos de consumo diferenciar su oferta de la de sus rivales. La marca juega un papel importante en todos los segmentos del mercado del café, incluido el café soluble y tostado que se vende en las tiendas de alimentación, los productos cafeteros relacionados con el café expreso y las cafeterías.

Además de los activos vinculados a la tecnología y las marcas, las empresas que dirigen la cadena global de valor del café se benefician de relaciones de larga data con los distribuidores que operan en las últimas etapas de la cadena. El resultado es que la cadena global de valor del café está en gran medida dirigida por los compradores y dominada por un número relativamente pequeño de empresas multinacionales con sede en los grandes países consumidores de café.

Diferentes oleadas de consumo de café...

Las preferencias cambiantes de los consumidores han dado lugar a tres oleadas de consumo de café que han transformado progresivamente la cadena global de valor:

- La primera oleada se centró en los consumidores que en gran medida consumen café en casa. Los productos –ya sean granos de café tostados envasados, café soluble o, más recientemente, cápsulas de una sola porción– están estandarizados, y las diferencias de precio reflejan la calidad de las mezclas de café.

- La segunda oleada surgió con los clientes que prefieren consumir el café en un entorno social. En este segmento del mercado, los productos van desde el típico expreso italiano hasta mezclas más elaboradas de café y leche espumosa. Además del café en sí, la mayoría de las cafeterías en este segmento del mercado ofrecen un ambiente diferenciado para atraer a sus consumidores. La calidad de los granos de café utilizados en la segunda oleada tiende a ser más alta que los de la primera. Además, en la segunda oleada se introdujeron normas voluntarias de sostenibilidad, según las cuales se comunica a los consumidores el origen del café y se les informa de que los agricultores perciben una remuneración justa.

- Los destinatarios del segmento de mercado de la tercera oleada son consumidores de café cuyo paladar es exigente, que están dispuestos a pagar precios más elevados. A este tipo de comprador le interesa conocer la procedencia de los granos de café, las técnicas de cultivo y el mejor modo de preparar el café a fin de apreciar al máximo su sabor, cuerpo, aroma, fragancia y textura en boca. Los granos de café tienden a ser de una calidad superior a los utilizados en los otros dos segmentos del mercado.

...están remodelando la cadena de valor global del café...

La primera oleada todavía representa del 65% al 80% de la cantidad total de café consumido, pero solo el 45% del valor del mercado mundial. Esto quiere decir que los precios unitarios en la segunda y tercera oleadas son más elevados (véase el gráfico 6). La segunda y, más recientemente, la tercera oleada, están redefiniendo el control de la cadena global de valor del café. En particular, el abastecimiento de café en la primera oleada solía amoldarse a las exigencias del mercado, y los compradores mezclaban distintos tipos de café de diferentes partes del mundo. La introducción de las normas voluntarias de sostenibilidad en la segunda oleada estableció vínculos más directos entre los productores de café y los actores de las últimas etapas de la cadena de valor. Estas relaciones han cobrado todavía mayor importancia en la tercera oleada y, de hecho, han acortado la cadena de valor al eliminar a los intermediarios en el comercio del café.

...la tercera oleada ha brindado oportunidades para una mayor participación de los cultivadores de café

El cambio en las preferencias de los consumidores asociado con la segunda oleada, y especialmente con la tercera, ha generado oportunidades para una mayor participación de los cultivadores de café de los países exportadores. El énfasis en este segmento del mercado es similar al perfil de sabor en la industria del vino, que valoriza el *terroir*, la variedad de uva y el trabajo artesanal que se lleva a cabo en su producción.

La información sobre el origen y la variedad de los granos de café, sobre cómo fueron cultivados y procesados, y sobre si los agricultores reciben una compensación adecuada se han convertido en una parte integral de la venta de café.

Para los productores de café, la comunicación directa con los compradores puede en ocasiones llevar a que se compartan conocimientos y tecnología, lo que ayuda a mejorar el cultivo del café y su procesamiento. El gráfico 6 muestra cómo los precios de venta más elevados característicos de la tercera oleada van asociados a una mejor remuneración de los cultivadores de café.

Gráfico 6

Los cafés de la tercera oleada tienen precios más elevados, y los cultivadores obtienen una remuneración mejor

Distribución de los ingresos por segmento de mercado (USD/libra)

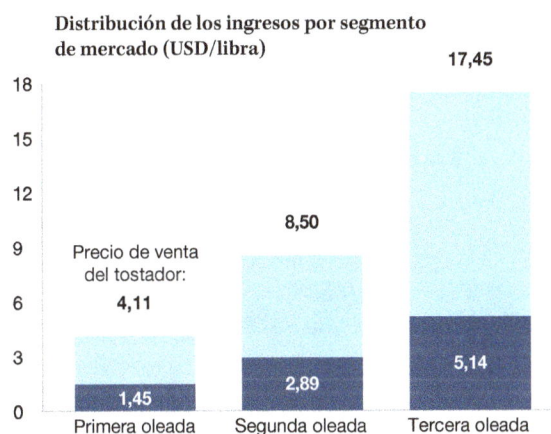

Véase el gráfico 2.3

En respuesta a la demanda de café en la tercera oleada, cada vez más cultivadores de café se están esforzando por diferenciar su producto del café genérico, adoptando sus propias estrategias de marca. Además, algunos países productores de café obran para promocionar sus cafés originales en los mercados extranjeros, mientras que las asociaciones de productores de café y otras entidades tratan de proteger mediante derechos de PI sus activos de marca en los mercados consumidores más importantes –por ejemplo las marcas Juan Valdez, de Colombia, y Jamaica Blue Mountain Coffee.

El caso de la energía fotovoltaica

Gracias en parte al apoyo de las políticas públicas, la demanda de sistemas fotovoltaicos ha crecido exponencialmente desde principios de la década de 2000. Al mismo tiempo, el rápido progreso tecnológico ha llevado a reducciones dramáticas del precio de los módulos de energía solar fotovoltaica: tan solo entre 2008 y 2015, los precios cayeron un 80%.

Las innovaciones ligadas a la reducción de costos han modelado la competencia en la cadena de valor fotovoltaica

El estudio de caso sobre la cadena de valor fotovoltaica describe la forma en que los sistemas fotovoltaicos cristalinos se erigieron como la tecnología fotovoltaica dominante (véase el capítulo 3). Su producción comprende cinco etapas principales: la purificación del silicio, la fabricación de lingotes y obleas, la producción de células fotovoltaicas, el ensamblaje de módulos y la integración de estos en sistemas fotovoltaicos. Los activos intangibles de los participantes en la cadena de valor consisten principalmente en tecnología avanzada (especialmente en las etapas más iniciales). Esta tecnología a menudo requiere conocimientos específicos que las empresas mantienen en secreto, aunque la actividad de patentamiento ha aumentado rápidamente –especialmente desde 2005 (gráfico 7).

Tradicionalmente, la mayor parte de las innovaciones de productos en esta industria provenía de empresas estadounidenses, alemanas, japonesas y australianas. Sin embargo, con el tiempo, los paneles y sistemas fotovoltaicos se han convertido esencialmente en productos básicos: su característica más relevante es la cantidad de electricidad que producen por cada dólar invertido. En ese contexto, la dinámica de la industria ha estado profundamente marcada por las estrategias de reducción de los costos de producción. Los actores del mercado que han tenido éxito son los que lograron reducir sus estructuras de costos invirtiendo en equipos de producción más potentes, aumentar su eficiencia gracias a innovaciones de procesos complementarias y producir a gran escala.

15

Gráfico 7

La mayoría de la actividad de patentamiento tiene lugar en un número reducido de países

Primeras solicitudes de patente relacionadas con el sector fotovoltaico según su origen, presentadas desde 2000 a 2015

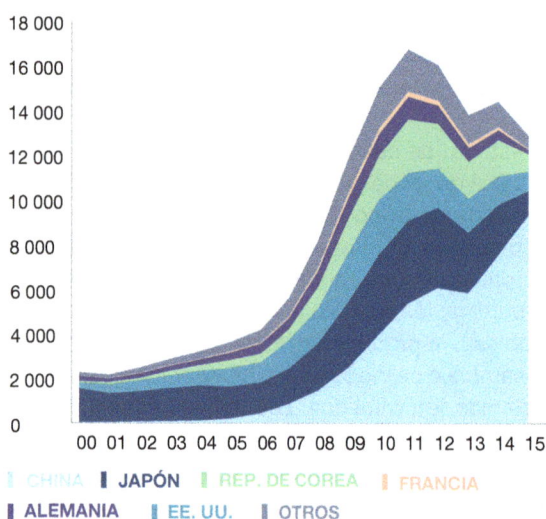

Véase el gráfico 3.8.

La innovación sigue estando geográficamente concentrada

La innovación en tecnología fotovoltaica sigue estando geográficamente concentrada. Las solicitudes de patente relacionadas con el sector fotovoltaico son presentadas, en gran mayoría, en China, Alemania, el Japón, la República de Corea y los Estados Unidos, y los innovadores chinos son la mayor fuente de solicitudes de patente desde 2010 (gráfico 7). Curiosamente, la distribución de la actividad de patentamiento atendiendo a su origen varía notablemente según la tecnología fotovoltaica de que se trate, y las entidades chinas, por ejemplo, se centran más en la tecnología de módulos solares y menos en la tecnología de células que entidades de otros lugares (gráfico 8).

Gráfico 8

El foco de la actividad de patentamiento varía de unos países a otros

Distribución porcentual de patentes relacionadas con el sector fotovoltaico por origen y segmento de la cadena de valor, 2011-2015

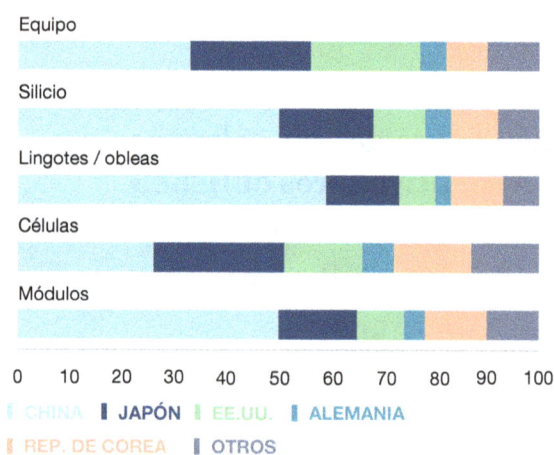

Véase el gráfico 3.10.

China se ha convertido en un actor dominante en la cadena global de valor fotovoltaica...

La participación en la cadena de valor global fotovoltaica ha cambiado notablemente en la última década, en particular con la reubicación de las actividades de producción iniciales e intermedias a China. Los productos fotovoltaicos inicialmente inventados en el mundo occidental décadas atrás ya no estaban protegidos por patentes, y las empresas chinas solo necesitaron adquirir el conocimiento necesario para fabricar sus componentes de manera eficiente a lo largo de la cadena de valor, para lo cual se valieron principalmente de dos canales de transferencia de la tecnología:

- Las empresas chinas adquirieron tecnologías fotovoltaicas mediante la compra de equipos de producción de última generación de proveedores internacionales.

- Al ingresar a la industria en la década de 2000, las empresas fotovoltaicas chinas se beneficiaron de la llegada de ingenieros y ejecutivos cualificados del extranjero, que aportaron conocimientos tecnológicos, capital y redes profesionales a China.

Gráfico 9

Las empresas líderes en el mercado de los teléfonos inteligentes se quedan con una gran parte del valor

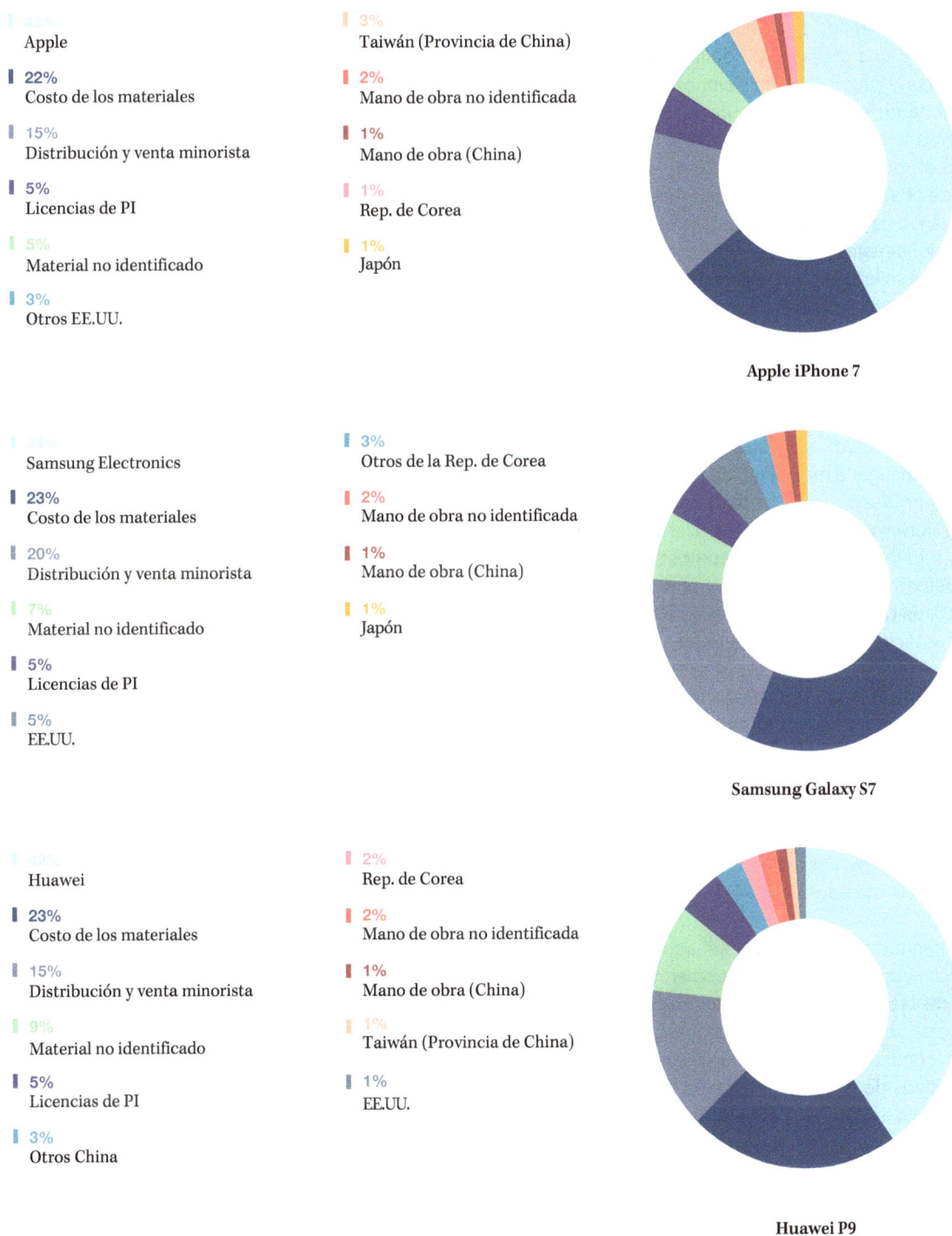

42%
Apple

22%
Costo de los materiales

15%
Distribución y venta minorista

5%
Licencias de PI

5%
Material no identificado

3%
Otros EE.UU.

3%
Taiwán (Provincia de China)

2%
Mano de obra no identificada

1%
Mano de obra (China)

1%
Rep. de Corea

1%
Japón

Apple iPhone 7

34%
Samsung Electronics

23%
Costo de los materiales

20%
Distribución y venta minorista

7%
Material no identificado

5%
Licencias de PI

5%
EE.UU.

3%
Otros de la Rep. de Corea

2%
Mano de obra no identificada

1%
Mano de obra (China)

1%
Japón

Samsung Galaxy S7

42%
Huawei

23%
Costo de los materiales

15%
Distribución y venta minorista

9%
Material no identificado

5%
Licencias de PI

3%
Otros China

2%
Rep. de Corea

2%
Mano de obra no identificada

1%
Mano de obra (China)

1%
Taiwán (Provincia de China)

1%
EE.UU.

Huawei P9

Véase el gráfico 4.4

*...rediseñando el panorama mundial
de innovación fotovoltaica*

Los cambios en la producción dentro de la cadena global de valor, junto con la fuerte caída de los precios, sometió a muchos fabricantes tradicionales del sector fotovoltaico en los Estados Unidos, Europa y otros lugares a una presión competitiva, lo que provocó quiebras y propició adquisiciones. Esto explica, en parte, la disminución del número de solicitudes de patente relacionadas con la energía fotovoltaica en todo el mundo después de 2011 –en el gráfico 7 puede observarse cómo esta tendencia se deriva del descenso de solicitudes de patente en las economías tradicionalmente más innovadoras–. Entre los países que más solicitudes de patente presentan, China es el único en que el número de solicitudes ha continuado aumentando tras 2011.

Sin embargo, el panorama de las solicitudes de patente no está exento de matices. Con un mercado solar fotovoltaico saturado y precios bajos –que dan lugar a márgenes de beneficio ajustados– las empresas supervivientes han intensificado sus inversiones en I+D para desarrollar nuevas tecnologías fotovoltaicas que sean competitivas en cuanto a costos. Si se analizan más pormenorizadamente los datos de patentes se observa que el número de presentaciones por solicitante ha seguido creciendo desde 2011 en los países donde acostumbra a darse una intensa actividad de patentamiento, lo que sugiere que las empresas que continúan en el mercado solicitan más patentes. De hecho, entre esas compañías, la actividad de patentamiento ha estado creciendo más rápido que la inversión en I+D, lo que parece indicar que los derechos de patente pueden ser más importantes para asegurar el rendimiento futuro de la I+D.

Una segunda respuesta a la saturación del mercado y a los reducidos márgenes comerciales es que los fabricantes del sector fotovoltaico se están involucrando cada vez más en etapas finales de la cadena de valor, como el desarrollo de proyectos y la adquisición de activos de reputación a través de actividades de desarrollo de marcas. Dicha estrategia puede ayudar a las empresas a generar demanda para los productos que fabrican en las etapas anteriores de la cadena de valor y aumentar los márgenes de beneficio, especialmente en los mercados de servicios locales y menos competitivos.

El caso de los teléfonos inteligentes

*Un número relativamente pequeño de empresas
controla la cadena de valor de los teléfonos inteligentes*

Las cadenas de valor de los teléfonos inteligentes están lideradas por un número relativamente pequeño de empresas que operan bajo marcas fuertes e invierten mucho en tecnología y diseño de productos. El estudio de caso analiza tres empresas de este tipo –Apple, Samsung y Huawei– y determinados modelos de teléfonos inteligentes que estas ofertan (véase el capítulo 4). Las principales características de la cadena de valor de los teléfonos inteligente son las siguientes:

- Las empresas que lideran la cadena de valor, además de fabricar su propia tecnología también adquieren componentes y tecnología de otras empresas, las cuales pueden a su vez ser innovadoras. Ciertos componentes, como los microcircuitos y las baterías de los teléfonos, son altamente complejos y su producción se lleva a cabo en cadenas globales de suministro diferenciadas.

- Las empresas que lideran las cadenas de valor requieren acceso a la tecnología empleada en los estándares de interoperabilidad y conectividad, como el estándar de teléfonos celulares LTE (siglas en inglés de la tecnología denominada Long-Term Evolution) de cuarta generación (4G). Empresas como Nokia, Ericsson, Qualcomm, InterDigital, Huawei, Samsung, NTT DoCoMo y ZTE aportan tecnologías patentadas para el desarrollo de dichos estándares, que son definidos por organizaciones especializadas en la fijación de normas. El acceso a estas tecnologías implica generalmente el pago de licencias.

- Los teléfonos inteligentes necesitan un sistema operativo y otras aplicaciones informáticas específicas para móviles, a menudo desarrolladas por terceros. Samsung, Huawei y otros usan el sistema Android, creado por Google, mientras que Apple emplea su propio sistema iOS.

- En el caso de Apple, el ensamblaje del producto final lo realizan grandes fabricantes que operan en régimen de diseño original o por contrato. Por lo general, Samsung internaliza el ensamblaje en sus propias fábricas, mientras que Huawei realiza ciertas tareas de ensamblaje en la propia empresa y otras son externalizadas.

- Las empresas que lideran las cadenas de valor tienen sus propias tiendas, pero colaboran también con terceros del sector minorista para distribuir sus productos a los consumidores. El modelo de Apple se basa más en tiendas propias.

Las estimaciones sobre la captura de valor muestran que las empresas líderes obtienen un rendimiento sustancial de su capital intangible, especialmente Apple...

Para obtener información sobre el rendimiento de los intangibles en el caso de los teléfonos inteligentes, el estudio de caso estima los denominados porcentajes de captura de valor de las tres firmas líderes. Estas proporciones son conceptualmente similares a los rendimientos macroeconómicos atribuibles al capital intangible –de los que se ha tratado anteriormente– aunque existen diferencias metodológicas importantes que reflejan la disponibilidad de los datos subyacentes.

El gráfico 9 muestra los porcentajes de valor capturado para tres modelos de teléfonos inteligentes. Por cada iPhone 7 vendido, a un precio que ronda los 809 USD, Apple se queda con el 42%. Si bien los porcentajes de captura de valor de Huawei y Samsung son comparables, Apple captura más valor en términos absolutos que sus dos competidores debido al precio *premium* del iPhone y al volumen de ventas sustancialmente más alto de este producto. Las cifras referidas evidencian los altos rendimientos que genera el capital intangible en esta industria, especialmente para Apple.

...aunque otras empresas también se benefician

Sin embargo, sería demasiado simplista concluir que solo las empresas líderes obtienen rendimiento del capital intangible. Ciertos proveedores de componentes que cuentan con tecnología patentada en los Estados Unidos y Asia obtienen márgenes significativos, al igual que sucede con proveedores de tecnología como Qualcomm. No obstante, las subcontratas que realizan el ensamblaje final obtienen márgenes relativamente bajos, lo que refleja la menor importancia del capital intangible en esa etapa de producción. Sus beneficios se deben principalmente a los altos volúmenes de actividad.

Los participantes en la cadena de valor de teléfonos inteligentes dependen en gran medida de la PI para obtener réditos económicos de su capital intangible

En el estudio de caso también se trató de identificar las solicitudes de protección de la PI relativas a productos y tecnologías relacionados con los teléfonos inteligentes, lo cual resultó extremadamente complicado. Los esquemas de clasificación de patentes existentes no ofrecen categorías que permitan encuadrar directamente todas las invenciones relacionadas con los teléfonos inteligentes. De hecho, muchas innovaciones fundamentales para el funcionamiento de los teléfonos inteligentes no se enmarcan en las categorías de clasificación más directamente asociadas con estos, tales como «terminales portátiles de comunicación» o «teléfonos».

Además, muchos inventos pueden no ser exclusivos al campo de los teléfonos inteligentes y, en algunos casos, ni siquiera se pensó que fueran relevantes para los teléfonos inteligentes cuando se presentó la solicitud de patente –como ocurre con la tecnología del sistema de posicionamiento global (GPS)–. Si se aplican los enfoques más amplios al estudio de la actividad de patentamiento, puede considerarse que hasta el 35% del total de primeras presentaciones de solicitudes de patente a nivel mundial guarda relación con los teléfonos inteligentes.

Surgen dificultades similares al tratar de identificar los diseños industriales y las solicitudes de registro de marcas relativas a teléfonos inteligentes. Las estadísticas disponibles en materia de solicitudes muestran que Apple, Huawei y Samsung dependen en gran medida de estas formas de PI, pero no todas sus solicitudes guardan relación necesariamente con sus teléfonos inteligentes. Un ámbito que destaca por su rápido crecimiento en cuanto a actividad de presentación de solicitudes de registro de diseños industriales es el de las interfaces gráficas de usuario (IGU). En la Oficina de Propiedad Intelectual de la Unión Europea, Apple presentó 222 solicitudes de registro de diseños industriales relacionados con dichas interfaces entre 2009 y 2014, mientras que Samsung presentó 379.

La captura de valor está geográficamente concentrada, pero evoluciona con el tiempo

En la historia reciente, un número reducido de países –principalmente los Estados Unidos y algunos países asiáticos– ha capturado la gran mayoría del valor en la producción de teléfonos inteligentes (véase el gráfico 9). Sin embargo, la cadena de valor de teléfonos inteligentes evoluciona dinámicamente, con nuevas tecnologías y cambios en los gustos de los consumidores que benefician a algunos actores y plantean desafíos a otros:

- Los participantes del mercado chino han actualizado rápidamente sus competencias tecnológicas. Huawei, por ejemplo, ha pasado de ser un proveedor de equipos de telecomunicaciones y teléfonos móviles de gama baja a convertirse en un productor líder de teléfonos inteligentes de alta gama, invirtiendo mucho en I+D y creando una marca global. Otros proveedores chinos de teléfonos inteligentes, como Xiaomi, Oppo y Vivo, se encuentran en la actualidad entre las 10 empresas del sector que más venden a nivel mundial.

- Empresas tradicionalmente asociadas a operaciones de ensamblaje, como Foxconn, han adquirido ventajas tecnológicas en ciertos ámbitos, al haber invertido sumas considerables en I+D y creado grandes carteras de patentes.

- Incluso el ensamblaje de teléfonos inteligentes está experimentando cambios constantes. Por ejemplo, el hecho de que las empresas líderes tengan en ocasiones dificultades para satisfacer la elevada demanda, las lleva a probar nuevos fabricantes o países de ensamblaje, como la India en el caso de Apple o Viet Nam en el de Samsung.

- La participación en consorcios de patentes para desarrollar estándares tecnológicos más nuevos, como el LTE, es relativamente intensa en el caso de empresas de Internet como Google o compañías de China y la República de Corea, especialmente Huawei, ZTE y Samsung.

El futuro de las cadenas globales de valor

Las cadenas globales de valor se han convertido en la seña de identidad del comercio internacional en el siglo XXI. Han unido a las economías nacionales como nunca antes y han ayudado a integrar a numerosos países en desarrollo en la economía mundial. ¿De qué manera continuarán evolucionando, y qué papel desempeñan las políticas para garantizar que las cadenas globales de valor favorezcan el crecimiento económico y el aumento del nivel de vida en todo el mundo?

Como se observa en el gráfico 1, la relación entre el comercio y el PIB mundiales ha aumentado más del 100% en los últimos 50 años, pero no ha experimentado crecimiento alguno desde el comienzo de la crisis financiera mundial de 2008. Los estudios sugieren que el estancamiento de la relación entre comercio y PIB puede reflejar que cada vez existen menos oportunidades para que las cadenas de valor mundiales sigan desarrollándose (véase el capítulo 1). A su vez, esto puede apuntar a que un aumento de los intercambios comerciales de la producción mundial no generará en el futuro el mismo crecimiento económico que en las décadas previas a la crisis financiera. Al mismo tiempo, las innovaciones tecnológicas y comerciales, así como las preferencias cambiantes de los consumidores seguirán transformando la producción mundial. Por ejemplo, cabe destacar que las innovaciones en impresión 3D, robótica y fabricación automatizada ya han reconfigurado las cadenas de suministro en varias industrias, y que los futuros avances en esas áreas pueden desencadenar cambios todavía más profundos, hasta el punto dar lugar a la «relocalización» de ciertas tareas de producción, lo que implicaría una reducción del comercio. No obstante, el despliegue de tales tecnologías también podría ayudar a estimular el crecimiento económico.

Los cambios en las cadenas globales de valor – cualesquiera que sean sus causas– afectan a los patrones de producción existentes, lo cual debería ser la principal preocupación de los encargados de la formulación de políticas. La deslocalización de tareas de producción al extranjero puede hacer que los trabajadores afectados pierdan sus empleos o sufran reducciones salariales.

El proteccionismo comercial no es la respuesta a dichos cambios, pues revertir la apertura de los mercados podría ser muy perturbador en sí mismo.

En cambio, los responsables de la formulación de políticas deberían tratar de proporcionar una red de seguridad social que amortigüe los efectos adversos del desempleo y establezca medidas que faciliten el reciclaje de los trabajadores afectados. De hecho, las políticas destinadas a abordar las perturbaciones derivadas de los cambios globales de las cadenas de valor no son, en principio, diferentes de las políticas que tratan de proporcionar soluciones a los cambios naturales que ocurren en cualquier economía sometida a transformaciones estructurales como parte del proceso de crecimiento económico.

Para los encargados de la formulación de políticas en economías de ingresos bajos y medianos, una pregunta clave es cómo apoyar la mejora de las capacidades de producción de las empresas locales que participan en las cadenas globales de valor. En ese sentido, la positiva experiencia de determinadas economías de Asia Oriental sugiere que establecer una combinación de políticas conducentes a inversiones en activos intangibles –entre ellas políticas equilibradas de PI– debería ser una prioridad. Además, los gobiernos tienen un papel importante que desempeñar en la identificación de capacidades industriales preexistentes –a menudo a nivel subregional– y en su potenciación mediante la eliminación de restricciones a la actividad empresarial. Al hacerlo, es importante adoptar una perspectiva de cadena global de valor al analizar cómo evolucionan las oportunidades y los desafíos que encaran los empresarios locales en función de las tendencias de los mercados mundiales.

Cabe señalar que la mejora en una cadena global de valor no puede asimilarse a un juego de suma cero entre diferentes economías nacionales. Si bien puede conducir al desplazamiento de algunos participantes en la cadena, es un fenómeno inherentemente dinámico. El cambio tecnológico y los nuevos ciclos de productos provocan invariablemente reconfiguraciones continuas de las cadenas globales de valor que generan oportunidades de ingreso para algunas empresas y pueden forzar la salida de otras. Además, las escaladas exitosas en las cadenas globales de valor generan crecimiento económico, lo cual amplía el mercado para la producción procedente de las cadenas globales de valor en su conjunto.

La PI y otros activos intangibles aportan el doble de valor añadido a los productos que el capital tangible

Trabajo
Sueldos y otras compensaciones para los trabajadores

Capital tangible
Elementos que intervienen en la producción, como las máquinas, los edificios, los almacenes y los vehículos que transportan las mercancías

Capital intangible
Tecnologías, diseño y valor de la imagen de marca, así como competencias de los trabajadores y conocimientos técnicos en gestión

$1/3$

Un tercio del valor de los productos que se adquieren proviene de activos intangibles como la tecnología y el desarrollo de marcas

I+D   >   Fabricación de piezas   >   Ensamblaje   >   Distribución   >   Producto

Valor añadido   Valor añadido   Valor añadido   Valor añadido

Valor añadido= Diferencia entre los insumos y los resultados en cada etapa de la cadena de producción global

Fuente: Informe Mundial sobre la Propiedad Intelectual en 2017

Capítulo 1
Cadenas globales de valor – panorama del comercio internacional en el siglo XXI

La tecnología, la innovación empresarial y los decrecientes costos ligados al comercio han transformado la organización de la producción mundial. Los procesos productivos se han disgregado y las diferentes etapas de la producción se realizan en lugares distintos. Han surgido complejas cadenas internacionales de suministro, a las que también se denomina cadenas globales de valor, en las que las empresas envían bienes intermedios a la otra punta del planeta para su procesamiento y montaje final. Uno de los cambios de más calado generados por las cadenas globales de valor ha sido la integración de algunas economías en desarrollo en la economía mundial, algo que se ha producido paralelamente a un rápido crecimiento económico de esas economías. Un destacado académico ha calificado dicho fenómeno como "quizás el cambio económico más trascendental de los últimos 100 años."[1]

El desarrollo de las cadenas globales de valor ha ido acompañado de una creciente importancia de los activos intangibles en la actividad económica. En las ediciones anteriores del *Informe mundial sobre la propiedad intelectual* se ha documentado el rápido crecimiento de las inversiones en tecnología, diseño y desarrollo de marcas, que ha superado al aumento de las inversiones tradicionales en activos físicos.[2] De hecho, existe una relación directa entre las dos tendencias. Los activos intangibles influyen en las cadenas globales de valor de dos maneras importantes. En primer lugar, la organización de las cadenas de suministro internacionales (especialmente la deslocalización de tareas manufactureras para las que es preciso un uso intensivo de mano de obra hacia economías con salarios más bajos) implica la transferencia de conocimientos tecnológicos y comerciales de un lugar a otro. Tales conocimientos a menudo están sujetos a diversas formas de propiedad intelectual (PI), tanto PI registrada, por ejemplo, patentes y diseños industriales, como PI no registrada, tales como los derechos de autor o los secretos comerciales. En segundo lugar, la tecnología, el diseño y el desarrollo de marcas determinan el éxito en el mercado y, por lo tanto, afectan a la distribución de valor en las cadenas globales de valor.

A pesar de que existen numerosos estudios sobre el comercio y las cadenas globales de valor, se sabe relativamente poco sobre cómo gestionan las empresas sus activos intangibles cuando deslocalizan la producción al extranjero y cuánto valor productivo se deriva de ellos. Con este informe se pretende contribuir a subsanar esas lagunas de conocimiento, en dos etapas. En primer lugar, se resumen los conocimientos que pueden extraerse de los estudios existentes sobre cadenas globales de valor y se presentan estudios novedosos sobre la contribución macroeconómica de los activos intangibles al valor añadido. En segundo lugar, se examina el papel de los activos intangibles a nivel microeconómico en tres industrias: café, energía fotovoltaica y teléfonos inteligentes. Esos estudios de caso se presentarán en los capítulos 2, 3 y 4, respectivamente.

En este capítulo inicial se busca proporcionar un marco contextual examinando cómo han surgido las cadenas globales de valor, examinando la investigación económica que se ha llevado a cabo sobre la organización de dichas cadenas y proporcionando nuevos datos sobre la contribución de los activos intangibles. Así pues, en la sección 1.1 se proporciona un breve resumen del desarrollo de las cadenas globales de valor durante las últimas décadas y en la sección 1.2 se presentan los conceptos clave en materia de organización y gestión de las cadenas globales de valor. En esa misma línea, dentro de la sección 1.3 se incluyen estimaciones originales del rendimiento que puede atribuirse a los activos intangibles en la producción realizada a través de cadenas globales de valor. En la sección 1.4 se estudia más en detalle de qué manera las compañías que participan en las cadenas globales de valor gestionan sus activos intangibles y cómo las empresas de economías en etapas tempranas de desarrollo industrial pueden adquirir esas competencias. Las deliberaciones sobre estas cuestiones proporcionan el contexto para los estudios de caso que figuran en los capítulos 2, 3 y 4. Finalmente, la sección 1.5 ofrece algunas reflexiones orientadas a la formulación de políticas relativas a la evolución de las cadenas globales de valor.

1.1 – Características del desarrollo de las cadenas globales de valor

El desarrollo de las cadenas globales de valor es una importante característica distintiva de la denominada "segunda oleada de globalización", que dio comienzo en algún momento de la segunda mitad del siglo XX. La invención de la máquina de vapor en el siglo XVIII desencadenó la primera oleada de globalización, que alcanzó su punto álgido a principios del siglo XX. El comercio internacional durante aquella primera oleada consistió principalmente en el intercambio comercial de productos básicos y productos manufacturados totalmente ensamblados. Por entonces, los patrones de exportación e importación de los países reflejaban en gran medida sus ventajas y desventajas comparativas en cada sector.[3] Lo que destaca del comercio internacional en la segunda oleada de la globalización es una mayor especialización vertical: los países se concentran en etapas particulares de la producción. Como resultado, los patrones comerciales han evolucionado hacia un comercio multidireccional de bienes y servicios intermedios en determinadas industrias.[4]

Varios elementos han contribuido a una mayor especialización vertical. La caída de los costos del comercio internacional ha permitido que sea rentable disgregar la producción en varios lugares. Si disponer de un transporte más económico y rápido supuso un impulso para el comercio internacional ya durante la primera fase de la globalización, la llegada del transporte aéreo, la generalización del transporte en contenedores y otras innovaciones han reducido todavía más los costos. Las políticas comerciales cada vez más liberales adoptadas tras la Segunda Guerra Mundial –después de la proliferación de políticas proteccionistas en el período de entreguerras– también ayudaron a reducir los costos del envío de mercancías de un país a otro. Cabe señalar que incluso pequeños descensos en los costos comerciales –ya sean debidos a un abaratamiento del transporte o a una disminución de las barreras a la importación– pueden tener un marcado efecto en la formación de cadenas globales de valor, pues se incurre en dichos costos cada vez que diferentes piezas y componentes cruzan las fronteras nacionales antes del ensamblaje final.[5]

Las modernas tecnologías de la información y de las comunicaciones (TIC) también han resultado esenciales para hacer posible la dispersión de la producción hacia varios lugares.

Como se explicará más adelante, a la hora de decidir si separar o no geográficamente la producción es preciso valorar si los menores costos de producción ofrecidos por dicha deslocalización compensan los mayores gastos de coordinación asociados a la separación geográfica. Los costos de comunicación cada vez más bajos y el progreso continuo de la tecnología informática han inclinado la balanza en favor de la deslocalización.[6]

Gráfico 1.1

Más exportaciones brutas por cada dólar de valor añadido de exportación

Porcentaje del valor añadido de exportación en las exportaciones brutas, total mundial

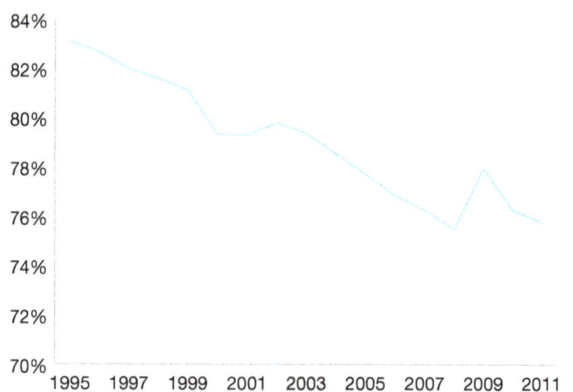

Nota: el valor añadido de exportación hace referencia al valor añadido localmente en las exportaciones brutas de un país.

Fuente: Trade in Value Added Database, OCDE.

Una forma de ilustrar el desarrollo de las cadenas globales de valor es calcular qué porcentaje representa el valor añadido de las exportaciones respecto a su valor total bruto. Si las piezas y los componentes de los productos cruzan las fronteras nacionales varias veces antes de llegar a los consumidores, los valores brutos de exportación de esos bienes superarán el valor añadido a esas exportaciones en cada uno de los lugares de producción. El crecimiento del comercio en las cadenas globales de valor debería conllevar un descenso de la relación entre valor añadido de las exportaciones y exportaciones brutas, como puede observarse en el gráfico 1.1, en el que se pone de manifiesto dicha tendencia: a nivel mundial, la proporción disminuyó en 7 puntos porcentuales entre 1995 y 2011.

Gráfico 1.2

El comercio mundial crece más rápido que la producción mundial

Comercio como porcentaje del PIB

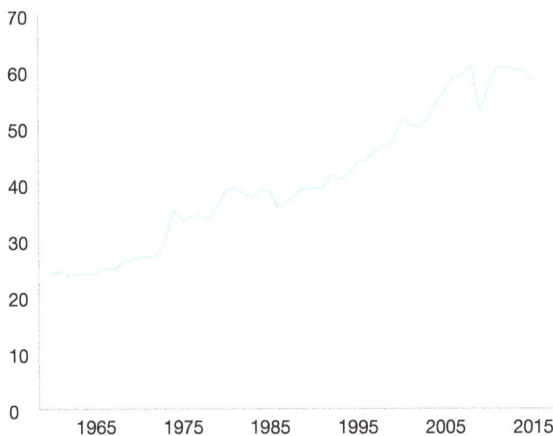

Nota: se define "comercio" como la suma de
exportaciones e importaciones

Fuente: World Bank World Development Indicators, Banco Mundial.

Desafortunadamente, dada la complejidad que entraña capturar el valor añadido en las estadísticas comerciales, no se dispone de datos sobre valor añadido de las exportaciones anteriores a 1995 o posteriores a 2011. Para obtener una perspectiva a más largo plazo y más reciente, el gráfico 1.2 muestra la evolución de la relación entre el comercio y el producto interno bruto (PIB) mundiales. El comercio como proporción del PIB aumentó casi un 240% entre 1960 y 2015. Nótese que las cifras de comercio y de PIB no son directamente comparables: el comercio recoge la producción comercial sobre una base de ingresos mientras que el PIB mide la producción total contabilizando el valor añadido. No obstante, es probable que el marcado aumento de esta relación en el último medio siglo se derive del desarrollo de las cadenas globales de valor; de nuevo, más comercio bruto por cada dólar de producción.

El gráfico 1.2 también muestra que la relación entre comercio y PIB alcanzó su cota máxima en 2008, experimentó una fuerte caída en el curso de la crisis financiera mundial y se ha estancado desde entonces. Todavía es demasiado pronto para establecer si se trata de un fenómeno cíclico asociado a la débil recuperación económica de la crisis financiera o un fenómeno estructural y duradero.

Gráfico 1.3

Perfil regional de las cadenas globales de valor

Porcentaje del valor añadido
de las exportaciones

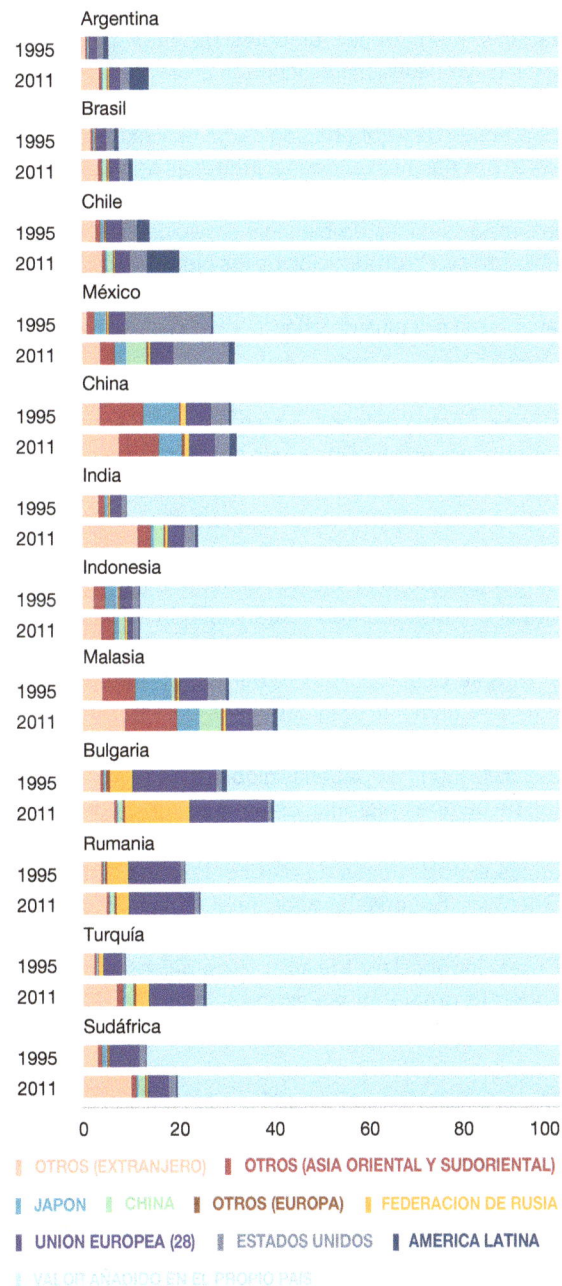

Nota: los porcentajes (extranjeros) mostrados son lo que se conoce
como aportaciones porcentuales de concatenación ascendente
en las cadenas globales de valor, que se definen como la relación
entre el contenido en valor añadido de las importaciones del país
de origen y las exportaciones brutas del país exportador.

Fuente: Trade in Value Added Database, OCDE.

25

Sin embargo, algunos datos sugieren que la especialización vertical puede haber alcanzado sus límites y que es posible que el florecimiento de las cadenas globales de valor al que hemos asistido en las últimas décadas haya tocado techo.[7]

A pesar de la profunda huella de las cadenas globales de valor en el comercio internacional, cabe preguntarse si las cadenas globales de valor tienen un alcance verdaderamente mundial. El gráfico 1.3 ofrece una perspectiva sobre esta cuestión mostrando el porcentaje de valor añadido nacional y extranjero en las exportaciones totales para algunas economías de medianos ingresos. El valor añadido extranjero refleja las importaciones de bienes y servicios intermedios utilizados en la producción de los bienes exportados. En el gráfico también se desglosa el valor añadido extranjero por país de origen.

Del gráfico 1.3 pueden extraerse al menos dos conclusiones. En primer lugar, si bien prácticamente todas las economías han visto cómo aumentaba el porcentaje de valor añadido extranjero en sus exportaciones, algunas se integran más estrechamente en las redes verticales de producción que otras. Por ejemplo, los porcentajes de valor añadido extranjero en Argentina, Brasil e Indonesia son sustancialmente más bajos que los de Bulgaria, China, Malasia y México. India y Turquía destacan por haber experimentado los mayores aumentos porcentuales de valor añadido extranjero en sus exportaciones, de 1995 a 2011. En segundo lugar, las cadenas globales de valor presentan un carácter regional: Estados Unidos representa la mayor participación del valor añadido extranjero en las exportaciones de México; los países de Asia Oriental y Sudoriental aportan el mayor porcentaje de valor añadido extranjero a las exportaciones de China, Indonesia y Malasia; y los países europeos hacen lo propio en las exportaciones de Bulgaria, Rumania y Turquía.

En términos más generales, existen estudios que identifican a Asia Oriental, Europa y América del Norte como los tres bloques regionales en los que están más consolidadas las relaciones dentro de las cadenas de suministros. En pocas palabras, dentro de cada uno de estos bloques, las economías más potentes (de "altos ingresos") exportan bienes y servicios intermedios de tecnología intensiva a economías de medianos ingresos ("economías-fábrica") que luego exportan productos ensamblados a otros lugares, tanto dentro como fuera de su área económica.

Gráfico 1.4

Producción en el siglo XXI – una sonrisa creciente

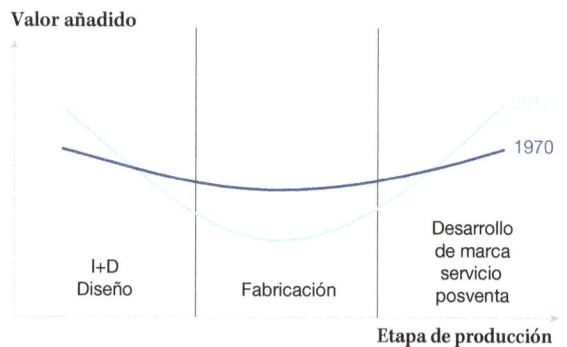

Valor añadido

I+D Diseño

Fabricación

Desarrollo de marca servicio posventa

1970

Etapa de producción

Nota: el desarrollo de marcas se muestra como una etapa de producción posterior a la fabricación, aunque es posible que ya se realicen ciertas actividades de desarrollo de marcas en las primeras etapas previas a la fabricación.

En esos tres bloques, Japón, Alemania y los Estados Unidos han sido las economías más potentes.[8] Sin embargo, las redes de producción verticales han evolucionado sustancialmente a lo largo del tiempo, y China en particular está participando cada vez más en las primeras fases de producción, más intensivas en tecnología.

1.2 – Organización y gestión de las cadenas globales de valor

El concepto de producción en el siglo XXI ha evolucionado enormemente desde las primeras nociones de producción en masa propias de principios del siglo XX. Como testimoniaban las plantas de ensamblaje automotriz de Ford, en aquella época lo importante era convertir las materias primas en piezas y componentes con las que luego se fabricaban productos finales. Había relativamente pocas etapas de producción y se llevaban a cabo en estrecha proximidad geográfica, si no bajo el techo de la misma fábrica.

La producción en el siglo XXI se caracteriza por la denominada popularmente "curva de la sonrisa", propuesta por primera vez a principios de la década de 1990 por el director ejecutivo de Acer, Inc. Como se ilustra en el gráfico 1.4, la curva de la sonrisa reconoce la importancia creciente de las etapas anteriores y posteriores a la fabricación y postula que esas etapas representan porcentajes cada vez mayores del valor total de la producción.

El sencillo concepto de curva de la sonrisa captura dos cambios estructurales importantes:

- En primer lugar, el progreso tecnológico ha sido considerablemente más rápido en la fabricación que en los servicios. Tal como se analizó en la edición de 2015 del *Informe mundial sobre la propiedad intelectual* de la OMPI, esta tendencia ha conllevado un desplazamiento de la mano de obra y el capital de la fabricación a los servicios y, en consecuencia, un aumento del peso de estos en la economía. Se desprende del gráfico 1.4 que el porcentaje de costos totales de las empresas atribuible a gastos de fabricación ha ido disminuyendo progresivamente.

- En segundo lugar, los activos intangibles –tecnología, diseño, valor de marca, competencias de los trabajadores y del equipo directivo– han adquirido una importancia fundamental en los mercados dinámicamente competitivos. Las empresas invierten continuamente en capital intangible para mantenerse por delante de sus rivales. A medida que las economías prosperan, las preferencias de los consumidores se desplazan hacia productos que responden a gustos diferenciados y ofrecen una "experiencia de marca" más amplia.[9]

Confrontadas a las curvas de la sonrisa del siglo XXI, ¿cómo han organizado las empresas la producción a lo largo de la cadena de valor? La respuesta depende en parte de la naturaleza del producto final y la tecnología utilizada para su fabricación. En este sentido, se puede distinguir, en términos generales, entre dos configuraciones básicas de la cadena de suministro, como se muestra en el gráfico 1.5. Por un lado, hay configuraciones "en forma de serpiente" en las que la producción se realiza de forma secuencial, de la obtención de materia prima al procesado y finalización del producto, y se añade valor en cada etapa, como en el ejemplo clásico de Ford; y, por otro, existen configuraciones tipo "araña", en las que una variedad de piezas y componentes confluyen para el ensamblaje del producto final.[10] Por ejemplo, como se analizará con más detalle en los capítulos 2, 3 y 4, las cadenas de suministro del café y la industria fotovoltaica tienden a parecerse a una configuración de serpiente, mientras que la cadena de suministro de teléfonos inteligentes se asemeja más a la de la araña. No obstante, la mayoría de las cadenas de suministro son una mezcla compleja de estas dos configuraciones.

Gráfico 1.5

Configuraciones de las cadenas de suministro – serpientes y arañas

a) Configuración de serpiente

b) Configuración de araña

En cualquiera de las configuraciones, las empresas se enfrentan a dos preguntas básicas: ¿deberían realizar ellas mismas las diversas tareas de producción o subcontratarlas a otras compañías? Y ¿dónde deberían ubicarse esas tareas?

En cuanto a la primera pregunta, una noción importante de teoría económica es que las empresas externalizan ciertas tareas de producción cuando el costo de transacción de proporcionar bienes o servicios específicos recurriendo al mercado es menor que los costos de coordinación en que se incurriría de llevarse a cabo en la propia organización.[11] En la práctica, es más probable que las empresas integren diferentes tareas cuando el hacerlo conlleve sinergias importantes, por ejemplo, al combinar el desarrollo de productos y su fabricación. Si bien es posible que la preocupación por que la tecnología y los conocimientos empresariales puedan filtrarse a los competidores aliente la integración vertical (véase la sección 1.4), la mayor complejidad de producción, la importancia creciente de las etapas previas y posteriores a la fabricación, la estandarización de ciertos procesos de fabricación y la mejora de las TIC han favorecido, con el tiempo, una mayor especialización de las empresas.

Por lo que respecta a la cuestión de dónde deben ubicarse las diferentes tareas de producción, algunas de ellas, especialmente en agricultura y minería, dependen estrechamente de la localización de los recursos naturales.

Cuadro 1.1

Diferentes tipos de gestión de las cadenas globales de valor

Tipo de gestión	Complejidad de las transacciones	Posibilidad de codificación de las transacciones	Capacidades de las empresas suministradoras	Descripción
Mercado	Baja	Alta	Altas	Los compradores responden a las especificaciones y los precios fijados por los suministradores; las transacciones requieren poca coordinación explícita; la sustitución de un suministrador por otro no entraña dificultad.
Cadenas de valor modulares	Alta	Alta	Altas	Los compradores transmiten información compleja pero codificada –por ejemplo, archivos con diseños– a los suministradores, que estos pueden adaptar con flexibilidad; las exigencias en términos de coordinación son bajas y sigue siendo posible la sustitución de proveedores.
Cadenas de valor relacionales	Alta	Baja	Altas	Debe producirse un intercambio tácito de conocimientos entre los compradores y los suministradores para que la transacción tenga lugar; la relación entre el comprador y el proveedor puede obedecer a cuestiones de reputación, proximidad social y espacial, etc.; los altos niveles de coordinación hacen que la sustitución de socios comerciales resulte costosa.
Cadenas de valor cautivas	Alta	Alta	Bajas	El bajo nivel de competencias del proveedor hace necesario un grado elevado de intervención por parte de la firma que lidera la colaboración, que alienta a aquella a "fidelizar" proveedores para beneficiarse de la ampliación de capacidades.
Jerarquía	Alta	Baja	Bajas	La elevada complejidad y dificultad de codificación, junto con el bajo nivel de competencias de los proveedores hacen que la empresa que lidera el proceso de producción tenga que realizar internamente tareas de la cadena de suministro.

Fuente: Gereffi *et al.* (2005).

Cuando este no es el caso, es preciso considerar varios factores. Por un lado, combinar diferentes tareas en un solo lugar reduce los costos de coordinación y comercio y, por otro, la distribución de esas labores en diferentes ubicaciones, ya sea dentro o fuera del país, permite a las empresas beneficiarse de las ventajas que ofrecen las diferentes localizaciones. Esas ventajas pueden adoptar la forma de acceso a competencias especializadas, estructuras de menor costo o proximidad a los mercados de los consumidores finales.[12] La combinación de avances tecnológicos, innovaciones empresariales y la disminución de los costos comerciales han impulsado la progresiva disgregación y dispersión geográfica de los procesos de producción.[13]

La consecuencia más destacable ha sido la deslocalización de las etapas manufactureras que precisan un uso intensivo de mano de obra a economías en desarrollo caracterizadas por una oferta relativamente abundante de trabajadores y, por lo tanto, menores costos salariales. La mayor especialización vertical de las economías, a su vez, ha propiciado un mayor hundimiento de la depresión de la curva de la sonrisa, como se ilustra en el gráfico 1.4.[14]

Cabe señalar que la especialización vertical puede darse tanto entre empresas distintas como dentro de una misma organización. En algunos casos, las empresas deslocalizan la fabricación mediante la creación de una filial en un país extranjero. En otros, se deslocaliza subcontratando la fabricación a empresas independientes. La configuración precisa de las cadenas globales de valor –el número de empresas participantes y la relación entre ellas– difiere sustancialmente de una industria a otra. No obstante, es posible distinguir entre diferentes modelos de gestión de las cadenas globales de valor. En ese sentido, la investigación académica ha descrito la existencia de dos tipologías yuxtapuestas: cadenas dirigidas por los compradores y cadenas dirigidas por los productores.[15] En las primeras, los grandes minoristas y marcas lideran las cadenas de valor y establecen estándares de producción y calidad que los proveedores independientes deben cumplir. En las cadenas dirigidas por los productores, las empresas que las lideran poseen capacidades tecnológicas avanzadas y están más integradas verticalmente, pero recurren a proveedores independientes para insumos especializados.

Gereffi *et al.* (2005) han desarrollado una teoría más elaborada sobre la gestión de las cadenas globales de valor que se basa en el modo en que las empresas que lideran una cadena de valor interactúan con otras empresas de esta. Los autores examinan tres dimensiones de dichas interacciones: la *complejidad* de la transferencia de información y conocimientos requerida para las transacciones en la cadena de valor; la medida en que esa información y conocimientos pueden *codificarse* y, por lo tanto, transmitirse de manera eficiente, y las *capacidades* de las empresas en relación con la transacción dentro de la cadena de valor. Sobre la base de esas tres dimensiones, se establecen cinco tipos de gestión de la cadena de valor, como se expone en el cuadro 1.1.

En un extremo del espectro, los modelos de gestión basados en el mercado requieren poca coordinación entre proveedores y compradores, conectados estos en una etapa concreta de la cadena de valor, y ambas partes pueden cambiar de socio comercial con relativa facilidad. A medida que aumenta la complejidad de las transacciones, disminuye la capacidad de codificar información y conocimientos relevantes, al igual que ocurre con la capacidad de las empresas proveedoras, se requieren altos niveles de coordinación y la sustitución de colaboradores en las cadenas de valor se vuelve cada vez más difícil. A partir de cierto punto del lado opuesto del espectro, la colaboración entre empresas diferentes conectadas en una etapa de la cadena de valor resulta inviable y las compañías que lideran el proceso productivo se ven obligadas a realizar a nivel interno las tareas de la cadena de suministro.

1.3 – ¿Qué rentabilidad aportan los activos intangibles?

Aunque resulte atractivo e intuitivo, el concepto de la curva de la sonrisa presenta sus limitaciones. Puede representar con un grado aceptable de precisión la distribución del valor añadido para algunas empresas que lideran cadenas globales de valor, pero es más difícil de aplicar a nivel de toda la economía, donde las cadenas de valor de las empresas se cruzan y superponen.[16] Y lo que es aún más importante; no proporciona ninguna explicación sobre qué es lo que genera valor añadido en las diferentes etapas de producción. A este respecto, cabe destacar que un mayor valor añadido no necesariamente significa que las actividades subyacentes sean más rentables, estén asociadas con empleos mejor remunerados o que, en general, sean "más deseables".

Por ejemplo, las actividades de mayor valor añadido pueden requerir una gran inversión de capital, en cuyo caso no está claro que los trabajadores involucrados en ellas reciban salarios más altos en comparación con otras de menor valor añadido.[17] De manera similar, las cifras de valor añadido no revelan por sí solas cuánto contribuye el capital intangible a la producción en las cadenas globales de valor –la cuestión central de este informe– ya que el valor añadido refleja el retorno de todos los insumos de producción.

De hecho, entender qué es exactamente lo que genera valor en las cadenas globales de valor requiere un análisis de la cantidad de ingresos atribuibles a la mano de obra, al capital tangible y al capital intangible utilizados en la producción que se lleva a cabo en las cadenas globales de valor. En la investigación realizada para este informe, los economistas Wen Chen, Bart Los y Marcel Timmer analizaron precisamente ese tipo de variables.

Su método de análisis se dividía en dos etapas. En primer lugar, recabaron datos macroeconómicos sobre los porcentajes de valor añadido en 19 grupos de productos manufacturados que abarcaban 43 economías y una región correspondiente al resto del mundo, que en su conjunto representaban alrededor de una cuarta parte de la producción mundial. Esos datos les permitieron dividir la producción de las cadenas globales de valor en tres etapas: distribución, ensamblaje final y otras etapas. En la base de datos resultante puede consultarse, por ejemplo, el valor añadido por la etapa de distribución al precio de venta de los automóviles montados en Alemania.

Como segundo paso, Chen *et al.* (2017) descompusieron el valor añadido por cada etapa y por cada país en los ingresos generados por mano de obra, capital tangible y capital intangible, como se ilustra en el gráfico 1.6. Lo hicieron restando primero la parte del valor añadido atribuible a la mano de obra y al capital tangible, basándose en los datos disponibles sobre salarios, empleo, inventario de activos de capital tangible y utilizando un 4% como tasa de rendimiento del capital tangible. El remanente representa la parte atribuible al capital intangible. La lógica de este enfoque es reconocer que el capital intangible es específico a cada empresa y diferente de otros insumos, porque las compañías no pueden adquirirlo o contratarlo libremente. En otras palabras, el capital intangible es la "levadura" que permite crear valor a partir del trabajo y la inversión que a través de los mercados se realiza en los activos.[18]

Recuadro 1.1

Composición y desglose de las cadenas globales de valor

No se dispone de datos macroeconómicos sobre la producción en las cadenas globales de valor. Si bien parte de esa información puede consultarse en las cuentas nacionales y las estadísticas comerciales, ninguna de ellas proporciona una visión completa. Las estadísticas de las cuentas nacionales contienen información sobre el valor añadido de la producción, pero su clasificación responde a actividades industriales. Por ejemplo, el valor añadido en la industria automovilística captura la fabricación de piezas y componentes, así como el ensamblaje final de los automóviles. Sin embargo, no engloba la producción de materiales en los primeros procesos productivos, los servicios comerciales que respaldan la producción o la distribución de automóviles al consumidor final en las últimas etapas de la cadena de valor. Para complicar aún más las cosas, muchas piezas y componentes provienen del extranjero, que es precisamente lo que hace que las cadenas de valor sean globales. Las estadísticas comerciales ofrecen información sobre la importación de productos intermedios, pero siguen una clasificación por producto y no por actividad industrial.

Para ensamblar las mediciones de valor añadido en las cadenas globales de valor, Chen *et al.* (2017) se basaron en una investigación previa que había buscado rastrear el flujo de productos a través de industrias y países. Confiando en las concordancias entre las estadísticas de la industria y el comercio, combinaron tablas nacionales de insumos y productos con datos de comercio internacional para construir una tabla mundial de insumos y productos (WIOT), que contiene datos sobre 55 industrias –de las cuales 19 son manufactureras– de 43 economías y una región correspondiente al resto del mundo, que juntas representan más del 85% del PIB mundial. La WIOT puede entenderse como una gran matriz en la que se desglosa el valor añadido por cada industria en cada país a productos intermedios que luego son suministrados a otras industrias (ya sea a nivel nacional o en el extranjero) o a productos terminados para el consumo final (nuevamente, para su venta en el propio país o fuera de él).

Un factor que complica este ejercicio es la medición del valor añadido en la etapa de distribución. En las tablas de insumos y productos, el sector de la distribución se considera una industria de margen, lo que significa que los productos finales que compran los mayoristas y los minoristas no son tratados como insumos intermedios. Para poder computar el valor añadido en la distribución, Chen *et al.* calcularon como margen de distribución la relación entre el precio pagado por los consumidores finales (menos impuestos sobre los productos) y el precio percibido por los productores, y luego aplicaron ese margen a las ventas totales de un producto.

El siguiente paso fue trocear las estadísticas de valor añadido previamente ensambladas de acuerdo con los ingresos atribuibles a los factores de producción subyacentes. En primer lugar, se calcularon los valores correspondientes a la mano de obra para cada industria y país, a partir de encuestas nacionales sobre la fuerza de trabajo y otras fuentes de datos. En segundo lugar, Chen *et al.* estimaron los ingresos atribuibles al capital tangible mediante la aplicación de un precio de alquiler de dicho capital a los datos de las cuentas nacionales sobre el inventario de ese tipo de capital, igualmente para cada industria y país. El precio del alquiler se calculó asumiendo una tasa de depreciación específica para cada industria y añadiéndole una tasa de rendimiento real del 4%. Es importante destacar que Chen *et al.* eliminaron determinados activos de capital intangible –entre los que cabe destacar la I+D, los programas informáticos y las bases de datos, y las obras artísticas originales– del inventario de capital cuando esos activos ya estaban incluidos en las cuentas nacionales. Por último, los ingresos atribuibles al capital intangible se calcularon deduciendo las partes atribuibles a la mano de obra y al capital tangible del valor añadido.

Por último, utilizando las relaciones de los flujos industria/producto descritas en la tabla WIOT y el desglose en factores de producción del valor añadido en cada industria y en cada país, se consiguió calcular la contribución de la mano de obra, el capital tangible y el capital intangible a nivel de producto en las cadenas globales de valor.

El recuadro 1.1 proporciona una descripción más completa de las etapas llevadas a cabo en el análisis de Chen *et al.*; su trabajo de investigación ofrece explicaciones técnicas más detalladas.

La investigación de Chen *et al.* (2017) abre nuevos caminos en al menos dos aspectos. Por un lado, ofrece por primera vez una estimación del rendimiento de las inversiones en activos intangibles para la producción llevada a cabo en las cadenas globales de valor; la importancia de este avance radica en que, a pesar de los prometedores intentos de cuantificar tales inversiones, hasta la fecha no se ha conseguido medir con precisión su valor macroeconómico.[19]

En segundo lugar, el estudio incluye la etapa de distribución en el análisis; lo cual es relevante porque los grandes minoristas que participan en las cadenas globales de valor –por ejemplo, Nike– probablemente obtengan rendimiento de sus activos intangibles en esa etapa.[20]

En cuanto a los hallazgos de la investigación, en el gráfico 1.7 se presentan los porcentajes de los ingresos atribuibles a los tres factores de producción de todos los productos manufacturados desde 2000 hasta 2014. El capital intangible representó de promedio un 30,4% a lo largo de ese período; casi el doble del capital tangible. Curiosamente, aumentó del 27,8% en 2000 al 31,9% en 2007, pero se ha estancado desde entonces.

Gráfico 1.6

Desglose de las cadenas globales de valor

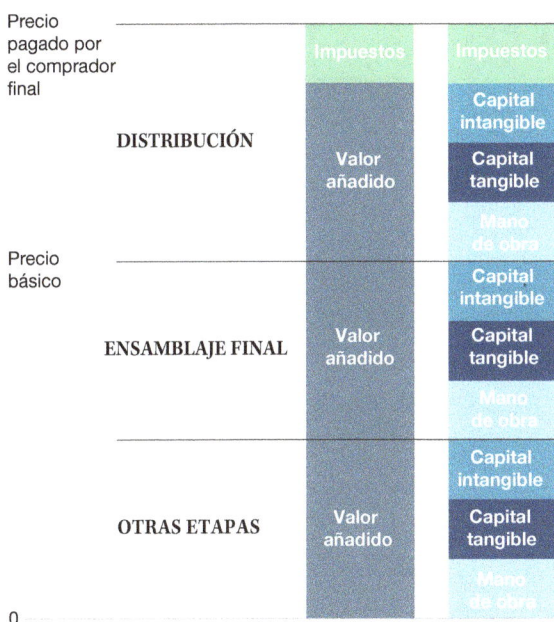

Fuente: Chen et al. (2017).

Los ingresos totales atribuibles al capital intangible en las 19 industrias manufactureras aumentaron en un 75% entre 2000 y 2014 en términos reales, situándose en 5,9 billones de USD en 2014.[21]

Una interpretación de ese aumento del porcentaje atribuible al capital intangible es que las empresas manufactureras globales se beneficiaron de mayores oportunidades para deslocalizar las actividades intensivas en mano de obra a economías de salarios más bajos. Intuitivamente, en los mercados competitivos, un ahorro en costos salariales reducirá los precios finales del producto; si los costos de capital permanecen inalterados, el porcentaje correspondiente al capital intangible debe aumentar en virtud de su definición como parte residual: los intangibles constituirán una porción mayor si el total se hace más pequeño. Sin embargo, se diría que esa tendencia alcanzó su punto máximo en 2007, justo antes de la crisis financiera mundial, como parece confirmar el estancamiento del cociente entre el comercio y el PIB que se muestra en el gráfico 1.2 y los estudios empíricos que sugieren que la especialización vertical puede haber tocado techo.[22]

¿En qué productos fabricados mediante cadenas globales de valor se utilizan los intangibles de manera más intensa? En el cuadro 1.2 pueden observarse los porcentajes de ingresos atribuibles a cada factor para los 19 grupos de productos manufacturados ordenados de mayor a menor en función del valor total de su producción. Para todos los grupos de productos, el capital intangible representa una mayor proporción de valor añadido que el capital tangible. La participación de los activos intangibles en esa generación de valor es especialmente marcada –más del doble de los tangibles– en productos farmacéuticos, químicos y derivados del petróleo. También es relativamente alta para productos alimenticios, así como para productos informáticos, electrónicos y ópticos. En términos de rendimientos absolutos, los tres grupos de productos más grandes (productos alimenticios, vehículos de motor y textiles) representan cerca del 50% de los ingresos totales atribuibles al capital intangible en esas 19 cadenas globales de valor.

Si bien el porcentaje atribuible a los intangibles aumentó para casi todos los 19 grupos de productos durante el período 2000-2014, lo hizo de manera más pronunciada en unos que en otros.

Gráfico 1.7

El capital intangible captura más valor que el capital tangible

Valor añadido como porcentaje del valor total de todos los productos fabricados y vendidos en el mundo

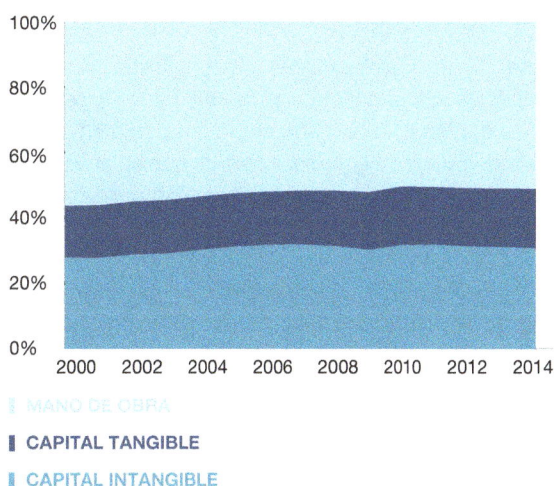

Fuente: Chen et al. (2017).

Cuadro 1.2

Porcentajes de ingresos por grupos de productos manufacturados, 2014

Denominación del grupo de productos	Porcentaje de ingresos atribuible al capital intangible (%)	Porcentaje de ingresos atribuible al capital tangible (%)	Porcentaje de ingresos atribuible a la mano de obra (%)	Valor total de la producción (miles de millones de USD)
Alimentación, bebidas y productos de tabaco	31,0	16,4	52,6	4.926
Vehículos de motor y remolques	29,7	19,0	51,3	2.559
Textiles, prendas de vestir y productos de cuero	29,9	17,7	52,4	1.974
Otra maquinaria y equipo	27,2	18,8	53,9	1.834
Computadoras, productos electrónicos y ópticos	31,3	18,6	50,0	1.452
Muebles y otras manufacturas	30,1	16,3	53,7	1.094
Productos derivados del petróleo	42,1	20,0	37,9	1.024
Otro equipo de transporte	26,3	18,5	55,2	852
Equipo eléctrico	29,5	20,0	50,6	838
Productos químicos	37,5	17,5	44,9	745
Productos farmacéuticos	34,7	16,5	48,8	520
Productos de fabricación metálica	24,0	20,8	55,2	435
Productos de caucho y plásticos	29,2	19,7	51,1	244
Metales básicos	31,4	25,6	43,0	179
Reparación e instalación de maquinaria	23,6	13,2	63,2	150
Productos de papel	28,0	20,9	51,1	140
Otros productos minerales no metálicos	29,7	21,5	48,9	136
Productos de madera	27,5	20,0	52,5	90
Productos de impresión	27,1	21,2	51,7	64

Fuente: Chen et al. (2017).

El gráfico 1.8 representa la tendencia de cuatro de los grupos de productos más grandes. Como muestra, el porcentaje correspondiente a intangibles aumentó solo levemente para los productos alimenticios y textiles, pero más sustancialmente para los vehículos de motor y los productos electrónicos.

Esto puede sugerir que las oportunidades de deslocalización de la producción de alimentos y textiles ya se habían aprovechado en gran medida antes del período objeto de estudio, mientras que en el caso de la automoción y la electrónica ese fenómeno todavía podría haberse dado entre 2000 y 2007.

¿En qué etapa de la producción se generan esos ingresos atribuibles al capital intangible? La descomposición de las cadenas globales de valor sugiere que la distribución y la etapa final de producción representan cada una alrededor de una cuarta parte del valor generado por los activos intangibles, y las otras etapas, la mitad restante.[23] Esa división da idea de la importancia de los activos intangibles en las actividades iniciales de la cadena de producción: no solo la fabricación de piezas, componentes y materiales, sino también una amplia variedad de servicios comerciales, así como actividades agrícolas y mineras.

La contribución de las diferentes etapas de producción a los ingresos atribuibles al capital intangible varía mucho entre los grupos de productos, como se muestra en el gráfico 1.9. Intuitivamente, el patrón que emerge parece corresponderse grosso modo con la distinción entre las cadenas globales de valor globales lideradas por el comprador y las impulsadas por los productores que figura en la sección 1.2.

Las cadenas globales de valor impulsadas por el comprador, como los textiles, los muebles y los productos alimenticios, generan un mayor rendimiento del capital intangible en la etapa de distribución, mientras que las cadenas globales de valor lideradas por los productores, tales como las existentes en las industrias de vehículos motorizados, la electrónica y la maquinaria, obtienen esa rentabilidad antes de la producción final.

Gráfico 1.8

Tendencias diferentes en los diversos grupos de productos

Porcentaje de los ingresos por todos los productos fabricados y vendidos a nivel mundial atribuible a intangibles

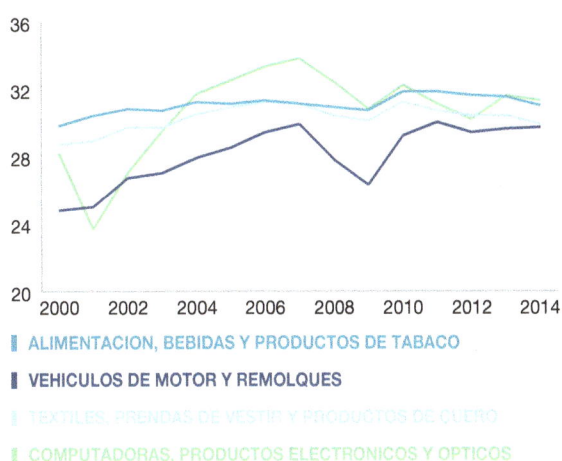

▌ ALIMENTACION, BEBIDAS Y PRODUCTOS DE TABACO

▌ VEHICULOS DE MOTOR Y REMOLQUES

▌ TEXTILES, PRENDAS DE VESTIR Y PRODUCTOS DE CUERO

▌ COMPUTADORAS, PRODUCTOS ELECTRONICOS Y OPTICOS

Fuente: Chen et al. (2017).

Los hallazgos de Chen *et al.* (2017) subrayan la importancia de los activos intangibles a la hora de generar valor en la producción llevada a cabo en las cadenas globales de valor. Sin embargo, la investigación también deja ciertas cuestiones sin respuesta y algunos de los aspectos metodológicos del estudio son cuestionables. Una pregunta no resuelta es qué explica concretamente los ingresos atribuidos a los intangibles. Según la metodología de Chen *et al.*, esos ingresos representan toda la rentabilidad que una empresa concreta es capaz de generar a través del mercado más allá del rendimiento imputable al capital tangible y la mano de obra. En esa categoría se incluyen claramente la reputación y la imagen de la marca, las ventajas tecnológicas y el atractivo de los diseños, que distinguen los productos de una empresa de los de otra, activos intangibles que las empresas tratan de proteger mediante diversos instrumentos de protección de la PI.

No obstante, también se incluyen conocimientos organizativos y gerenciales que pueden estar protegidos por secretos comerciales, y pueden incluirse otros factores, más allá de los activos ligados a la reputación y los conocimientos, que generan grandes beneficios económicos. Por ejemplo, es probable que el elevado porcentaje de activos intangibles característico de los

productos petrolíferos (véase el cuadro 1.2) refleje las rentas derivadas de esos recursos naturales que perciben los productores de petróleo.[24] Las economías de escala que se generan tanto en el ámbito de la oferta como en el de la demanda pueden contribuir al poder de mercado sin estar directamente relacionadas con los activos intangibles.

Una segunda pregunta no resuelta es qué economías cosechan los rendimientos del capital intangible. La pregunta es obvia, pero la respuesta es esquiva. Por un lado, mediante precios de transferencia y prácticas relacionadas, las empresas pueden trasladar fácilmente las ganancias de un lugar a otro (ver cuadro 1.2). Por lo tanto, un activo intangible puede originarse en una economía, pero la mayoría de sus rendimientos pueden aparecer en otra. Más importante aún, el aumento de la propiedad transfronteriza y compartida de intangibles está socavando la noción de activos e ingresos ligados a un lugar específico.

Finalmente, se refieren a continuación algunos aspectos que deben tenerse en cuenta al interpretar los hallazgos de la investigación de Chen *et al.* (2017):[25]

- La validez de las conclusiones depende en gran medida de la calidad de los datos subyacentes. Si bien ha habido avances estadísticos importantes en la medición de las redes de producción mundiales, aún existen importantes brechas a ese respecto. Por ejemplo, es difícil captar adecuadamente el comercio internacional de servicios y medir el valor agregado en la etapa de distribución. Además, el uso de tablas internacionales de insumo-producto se basa en suposiciones relativamente rígidas, tales como la similitud de las estructuras de producción entre las empresas de una misma industria o de un mismo país.

- Como ya se mencionó, la manipulación de los precios de transferencia y las prácticas afines, en particular entre partes relacionadas, pueden distorsionar la distribución del valor añadido a lo largo de las cadenas globales de valor (véase el recuadro 1.2). Esto podría generar sesgos en las estimaciones de los porcentajes de ingresos atribuidos a cada etapa de producción, como se muestra en el gráfico 1.9. Sin embargo, en la medida en que tales prácticas simplemente trasladen las ganancias de una etapa de producción a otra, no deberían afectar las estimaciones de los porcentajes de ingresos que engloban todas las etapas de producción, como se presenta en los gráficos 1.7 y 1.8 y en el cuadro 1.2.

Gráfico 1.9

Cadenas globales de valor dirigidas por los compradores y cadenas globales de valor dirigidas por los productores

Porcentaje de ingresos atribuibles a capital intangible por etapa de producción, 2014

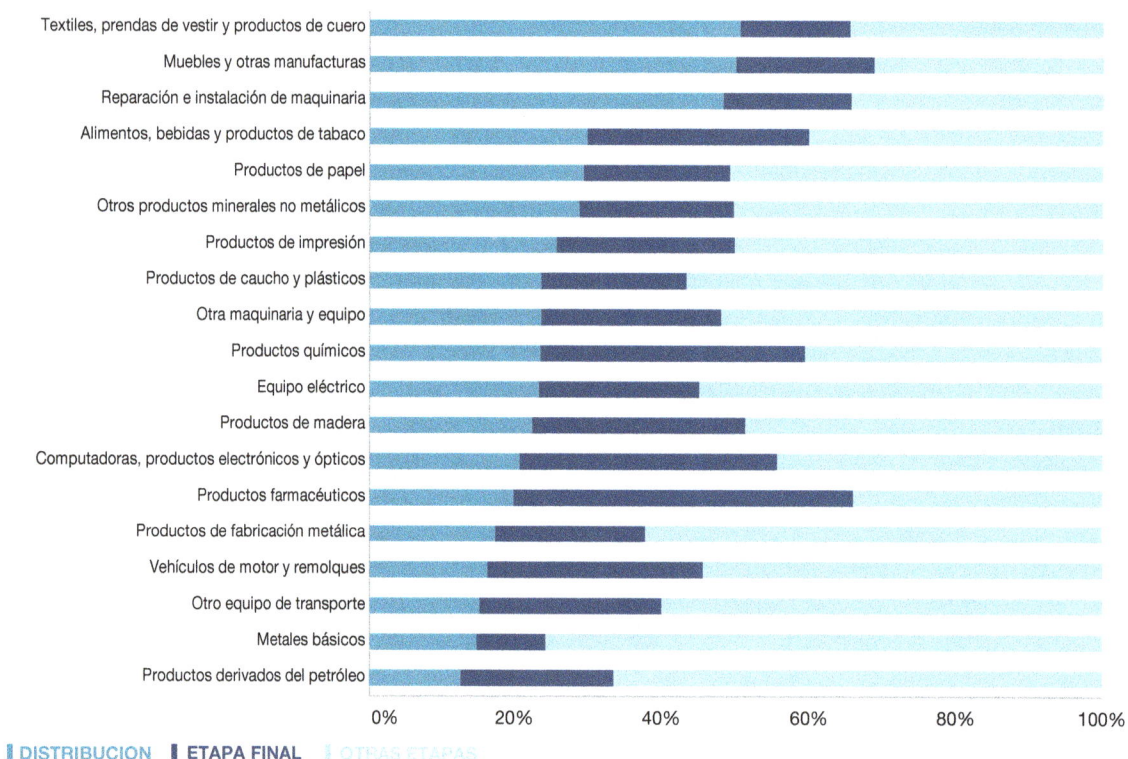

DISTRIBUCION   ETAPA FINAL   OTRAS ETAPAS

Fuente: Chen et al. (2017).

- La asignación de capital intangible a diferentes etapas de producción, como se muestra en la figura 1.9, también puede verse afectada por la clasificación estadística de las empresas que dirigen las cadenas globales de valor. Por ejemplo, si los productores de bienes "sin fábrica" se clasifican como minoristas o mayoristas, el rendimiento atribuible a los activos intangibles se imputará a la etapa de distribución, mientras que si se clasifican como fabricantes, esa rentabilidad se consignará en una de las otras fases de producción.

1.4 – Permeabilidad de las cadenas globales de valor a los activos intangibles

A la luz del valor sustancial generado por los activos intangibles, una pregunta clave es cómo administran los activos intangibles dentro de sus redes de producción global las firmas que poseen tales activos. Una pregunta que guarda relación con esa y que resulta igualmente importante es cómo pueden adquirir activos intangibles las empresas que no poseen dichos activos.

Recuadro 1.2

Cómo la manipulación de los precios de transferencia y las prácticas conexas distorsionan la medición en las cadenas globales de valor

Las cuentas nacionales y las estadísticas comerciales tratan de medir la actividad económica real que tiene lugar en diferentes países, así como el valor económico real del comercio de bienes y servicios que ocurre entre países. Sin embargo, estas se basan en estados de cuentas financieras y declaraciones de aduanas efectuados por las empresas mismas que no siempre reflejan el verdadero valor de mercado de las transacciones económicas subyacentes. Una fuente importante de sesgo de medición proviene de las estrategias que buscan transferir las ganancias imponibles de las jurisdicciones de elevados tipos impositivos a otras que aplican gravámenes fiscales más suaves. Los activos intangibles, con frecuencia derechos de PI, se sitúan a menudo en el núcleo de esas estrategias.

Una práctica ampliamente observada es la manipulación de precios de transferencia, ejemplificada en el gráfico 1.10. La empresa A, situada en un país de tasas impositivas altas, vende su propiedad intelectual a su filial B, radicada en un país de leve presión fiscal. A su vez, la filial B licencia esa PI a una empresa relacionada, C, en otro país con impuestos elevados. La consignación por parte de la compañía multinacional de un precio de adquisición de la PI inferior al de mercado y el sobredimensionamiento de las regalías por el uso de la PI le permite trasladar las ganancias de las jurisdicciones de alta tasa impositiva a la de menor presión fiscal.

Un factor clave que hace posible la manipulación de los precios de transferencia es la dificultad de valorar los activos intangibles. Las normas en materia de precios de transferencia aplicadas en contabilidad financiera y tributaria han establecido como estándar el criterio de "condiciones de mercado", según el cual las transacciones entre empresas relacionadas bajo control común deben efectuarse a un precio similar al de una transacción comparable con una empresa externa no relacionada. Sin embargo, los activos intangibles son específicos de la empresa, y por lo general no existen transacciones comparables de terceros, con lo cual los precios de transferencia solo se pueden imputar o estimar. Además, el valor de los activos intangibles puede ser altamente incierto, especialmente en una etapa temprana cuando aún no se han comercializado los bienes o servicios resultantes. Esa incertidumbre proporciona a las empresas un amplio margen de maniobra para establecer los precios de venta de la PI y el montante de las regalías entre las entidades afiliadas.

Desde una perspectiva estadística, la manipulación de los precios de transferencia que se describe en el gráfico 1.10 lleva a una subestimación del valor añadido en las jurisdicciones con tasas de impuestos elevadas y a su exageración en las de menor presión fiscal. Además, distorsiona las estadísticas comerciales, pues las importaciones de servicios de propiedad intelectual del país de baja tasa de impuestos figurarían subestimadas y sus exportaciones, sobredimensionadas.[26]

La transferencia de beneficios puede adoptar otras formas. En lugar de transferir PI a una filial extranjera, una empresa también puede sobrefacturar o subfacturar insumos intermedios intensivos en PI que se comercializan dentro de las cadenas de suministro de la compañía y para los cuales, una vez más, no existen precios de referencia basados en el mercado. Dichas prácticas implican transferencias similares del valor añadido de un país a otro, pero la distorsión del comercio se reflejaría en las estadísticas de comercio de bienes y no en las de servicios. Otras prácticas relacionadas incluyen la "comercialización de servicios" a través de entidades de propósito especial, así como arreglos mediante los cuales las multinacionales establecen una presencia comercial en un país sin que esta sea considerada un establecimiento permanente a nivel tributario y, por lo tanto, no se incluye en las estadísticas comerciales nacionales del país, como estudian más en detalle Neubig y Wunsch-Vincent (2017).

Si bien es difícil obtener cifras fiables, está claro que las prácticas de optimización fiscal de las multinacionales generan movimientos sustanciales de los beneficios declarados de unas jurisdicciones a otras. En el nivel micro, Seppälä et al. (2014) estudian la cadena de valor de una multinacional finlandesa para un solo producto de maquinaria de precisión. Sobre la base de datos internos de la empresa procedentes del departamento de facturación, los investigadores concluyen que la distribución geográfica de las ganancias no coincide necesariamente con la localización de los activos más valiosos de la multinacional. En el nivel macro, y utilizando datos de encuestas de la Oficina de Análisis Económico de EE.UU., Rassier (2017) estima el grado de transferencia de beneficios de las multinacionales estadounidenses, y concluye que las empresas muy activas en el ámbito de la I+D presentan una mayor inclinación a imputar ganancias a filiales extranjeras que las compañías que no requieren mucha I+D, lo que subraya el importante papel que desempeñan los activos intangibles en las prácticas de optimización fiscal. Basándose en una variedad de fuentes y realizando varias suposiciones, Neubig y Wunsch-Vincent (2017) estiman de forma conservadora que la transferencia de beneficios ligada a transacciones de PI transfronterizas podría ascender en todo el mundo a 120.000 millones de USD cada año, lo que equivale a un 35% del total mundial de comercio transfronterizo en servicios de PI. Lo más destacado es que el PIB de Irlanda registró un aumento del 26% en 2015, lo que refleja en gran medida el ingreso de activos intangibles y otros activos internacionalmente móviles de las multinacionales que ubican sus oficinas centrales en ese país.[27]

Para abordar estas preguntas, es útil distinguir entre dos tipos de activos intangibles:

- Los *activos de conocimiento* comprenden la tecnología y el diseño, así como los conocimientos organizativos, logísticos, gerenciales y otros conocimientos conexos. Una característica común de los activos de conocimiento es que no son de naturaleza excluyente y, a diferencia de los activos tangibles, no están necesariamente vinculados a ningún lugar en particular. Por ejemplo, la I+D ligada a un automóvil nuevo puede llevarse a cabo en una ubicación, pero una vez que se desarrolla el automóvil, su producción puede extenderse a gran cantidad de lugares.

- Por *activos de reputación* se entiende la confianza que los consumidores depositan en la marca de una empresa, la cual se debe por un lado a la satisfacción derivada de las compras anteriores de productos de esa marca y por otro a la imagen asociada con las diferentes marcas. Los activos de reputación son de naturaleza excluyente: las marcas solo tienen un valor reputacional si se utilizan en relación con un solo producto o empresa. Además, aunque las marcas a veces pueden obtener una reputación internacional, generalmente esta no se extiende fácilmente a través de las fronteras; así pues, las empresas pueden poseer sólidos activos de reputación en algunos mercados, pero no en otros.[28]

Gestión de los activos de conocimiento

Para que las inversiones en innovación generen rendimiento, las empresas deben ser capaces de apropiarse de sus activos de conocimiento. El escenario ideal sería lograr capturar en su totalidad el valor generado por esos activos sin que se filtrase ningún conocimiento a los competidores.[29] En la práctica, tal "apropiación perfecta" no es por lo general posible.

La rentabilidad que una empresa obtenga de sus activos de conocimiento dependerá, entre otras cosas, de cómo controle la transferencia de esos conocimientos.

En un primer momento, cuando se generan nuevos conocimientos, las empresas se ven confrontadas a un conocido dilema. Por un lado, tienen incentivos para mantener sus innovaciones en secreto y así conservar su ventaja sobre los competidores; a tal efecto, la legislación de secreto comercial hace posible proteger la información confidencial contra la divulgación no autorizada, pero es posible que los competidores logren aplicar ingeniería inversa a los productos presentes en el mercado. Por otro lado, las empresas pueden proteger sus innovaciones mediante derechos de PI. en cuyo caso necesitan divulgarlas, pero se benefician de la exclusividad, al menos por un tiempo limitado. Varios factores influirán en la elección de una estrategia de gestión del conocimiento. Ciertos activos de conocimiento –como la tecnología de procesos y los conocimientos organizativos– pueden mantenerse en secreto, mientras que esto no es posible con otros, como el diseño de los productos.

Del mismo modo, los derechos de PI permiten proteger ciertos activos de conocimiento (por ejemplo las invenciones tecnológicas, en el caso de las patentes) pero no otros, como numerosos tipos de innovaciones de servicios.

En ocasiones, los activos de conocimiento también pueden tomar la forma de competencias especializadas de los trabajadores, y retener esas habilidades es a menudo una parte importante de la estrategia de gestión del conocimiento de una empresa. Sin embargo, también existen restricciones legales en ese ámbito; así, por ejemplo, la legislación limita hasta qué punto las cláusulas de no competencia que figuran en los contratos de trabajo pueden impedir que los trabajadores creen su propio negocio o se vayan a la competencia.[30]

Gráfico 1.10

Traslado de beneficios a un intermediario con titularidad de la PI

Empresa A en un país de presión fiscal elevada: creación, mejora, mantenimiento y protección de PI

Venta de PI →

← Precio de acquisición

Empresa relacionada B en un país de tipos impositivos bajos: titularidad de la propiedad intelectual, funciones y riesgos mínimos

Concesión de licencias sobre la PI →

← Regalías por el uso de la PI

Empresa relacionada C en un país de presión fiscal elevada: explotación y uso de la PI

Fuente: Neubig y Wunsch-Vincent (2017).

Como se menciona en la sección 1.2, hay consideraciones relativas a la gestión del conocimiento que determinan la organización de las cadenas globales de valor, sobre todo si las empresas integran verticalmente las diferentes tareas de producción o si las externalizan a proveedores independientes.[31] La externalización puede generar un ahorro sustancial en los costos, pero también puede suponer un riesgo de filtración de activos de conocimiento clave a futuros competidores. Esto depende en gran medida de las relaciones que rigen las cadenas globales de valor, como se indica en el cuadro 1.1. La fuga de conocimientos es una preocupación en las cadenas de valor relacionales y cautivas, especialmente cuando la empresa que dirige una cadena global de valor transfiere tácitamente conocimientos a empresas colaboradoras que podrían convertirse en futuros competidores. Por esta razón, las compañías multinacionales limitan a veces la transferencia de conocimiento a tecnologías más antiguas, cuya fuga no representaría una amenaza competitiva inmediata.[32] Al mismo tiempo, unos derechos de PI sólidos pueden ayudar a las empresas a transferir tecnologías patentadas dentro de la cadena de suministro y, de hecho, facilitan la subcontratación de diversas tareas de producción.

Otra posibilidad más es que las empresas compartan abiertamente o licencien algunos de sus activos de conocimiento, en parte para fomentar la adopción de nuevas tecnologías y en parte para obtener acceso a la tecnología de otras empresas. Este último punto ha resultado importante para las denominadas tecnologías complejas, definidas como tecnologías consistentes en numerosas invenciones patentables por separado, lo que podría dar lugar a una distribución amplia de la titularidad de las invenciones patentadas. Las tecnologías complejas incluyen la mayoría de las TIC, ámbito en el que se ha experimentado el crecimiento más rápido en términos de patentes durante las últimas tres décadas. Mediante acuerdos de concesión recíproca de licencias, las empresas negocian el acceso a las tecnologías que requieren para comercializar sus propias innovaciones.[33]

En la mayoría de los casos, la protección de la PI es un elemento crucial en la estrategia de gestión del conocimiento de una empresa. En un estudio sobre la economía del Reino Unido, por ejemplo, se descubrió que algo más de la mitad de las inversiones en activos intangibles correspondían a activos protegidos por derechos de PI.[34]

Gráfico 1.11

La presentación de solicitudes internacionales de patente se concentra en un número más reducido de oficinas que las solicitudes internacionales de registro de marca

Porcentaje del total mundial de solicitudes de patente y de registro de marca presentadas por no residentes correspondiente a las cinco mayores oficinas receptoras, 2015

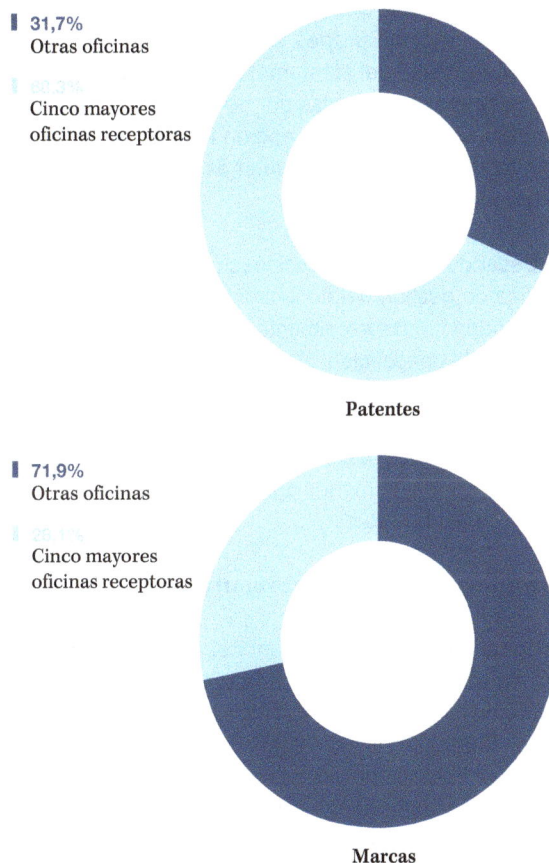

31,7%
Otras oficinas

Cinco mayores
oficinas receptoras

Patentes

71,9%
Otras oficinas

Cinco mayores
oficinas receptoras

Marcas

Nota: a fin incluir en el cómputo los diferentes sistemas de registro de marcas en todo el mundo, las estadísticas sobre marcas hacen referencia a la cantidad de clases especificadas en las solicitudes de registro de marca.

Fuente: Centro de datos estadísticos de la OMPI sobre propiedad intelectual, julio de 2017.

Sin embargo, decidir qué activos de conocimiento proteger mediante derechos de PI y en qué países hacerlo requiere una planificación cuidadosa. La obtención de derechos de patente resulta particularmente onerosa, especialmente cuando se lleva a cabo en muchos países. Por esta razón, las empresas a menudo limitan la cobertura de sus patentes a los países de economías más grandes y los países en que se lleva a cabo la etapa de producción dentro de la cadena global de valor.

Esto explica por qué los cinco mayores receptores mundiales de solicitudes de patentes del extranjero –las oficinas nacionales de patentes de China, Japón, la República de Corea y los Estados Unidos, así como la Oficina Europea de Patentes– representan cerca del 70% del total mundial de las solicitudes de patentes presentadas por no residentes (véase el gráfico 1.11).[35] Con la excepción de China, se solicitan relativamente pocas patentes en economías de ingresos bajos y medianos.

A pesar de estas observaciones generales, las estrategias de gestión del conocimiento de las empresas dependen fundamentalmente de la naturaleza de sus activos de conocimiento y sus modelos comerciales, que difieren ampliamente de una industria a otra. Los estudios de caso que figuran en los capítulos 2 a 4 ofrecen perspectivas más concretas sobre las estrategias más utilizadas, al menos en las cadenas globales de valor objeto de estudio.

Gestión de los activos de reputación

Al igual que los activos de conocimiento, los activos de reputación pueden desempeñar un papel importante en la organización de las cadenas globales de valor. Subcontratar partes del proceso de producción conlleva el riesgo de perder el control sobre la calidad de piezas y componentes. Los insumos defectuosos o de baja calidad pueden exponer a una empresa líder a riesgos de reputación considerables, especialmente cuando el problema se descubre después de que la producción haya sido comercializada. Del mismo modo, las percepciones de los consumidores sobre esa misma empresa podrían verse influidas por la forma en que sus proveedores tratan a sus trabajadores y protegen el medioambiente. Estas consideraciones favorecen la integración vertical pura o, al menos, una intervención profunda de las empresas que dirigen las cadenas de valor en las operaciones comerciales de sus proveedores.

La estandarización de productos y la certificación independiente de proveedores son mecanismos adicionales que ayudan a las empresas a reducir los riesgos de reputación derivados de la fragmentación de las cadenas de suministro globales.

Los principales instrumentos de propiedad intelectual que protegen los activos de reputación son las marcas y las indicaciones geográficas. Si bien la adquisición de derechos de marca es relativamente barata, la gestión de una cartera global de marcas también requiere una planificación cuidadosa y la toma de decisiones estratégicas. Para empezar, las marcas pueden englobar no solamente nombres de productos, sino también formas bidimensionales y tridimensionales, sonidos, colores y otras características asociadas a aquellos. A diferencia de las patentes, que las empresas utilizan principalmente para proteger su PI en países de la cadena global de valor donde se lleva a cabo la producción, existen poderosas razones para que las compañías traten de proteger al menos sus principales marcas en todos los mercados en los que estén o planeen estar activas. La falta de certidumbre acerca de la propiedad de una marca puede resultar costosa, especialmente una vez que se comercializan nuevos productos. Por esa razón, las carteras mundiales de marcas de las grandes empresas multinacionales a menudo están integradas por decenas de miles de marcas. Además, la distribución de las solicitudes de registro de marcas por parte de no residentes está menos concentrada que la de las patentes: las cinco oficinas más grandes –las oficinas nacionales de marcas del Canadá, China, la Federación de Rusia y los Estados Unidos de América, así como la Oficina de Propiedad Intelectual de la Unión Europea– representan menos del 30% del total mundial (véase el gráfico 1.11).

Convergencia y desarrollo industrial

Como se señaló en la introducción de este capítulo, el florecer de las cadenas globales de valor ha coincidido con el rápido desarrollo industrial en ciertas economías de ingresos bajo y medianos y con la integración de estas en la economía mundial. Si bien a la vanguardia de esa transformación se sitúa sobre todo China, con su economía a menudo denominada "la fábrica del mundo", otras economías de Asia, Europa del Este y otras partes del mundo han experimentado también un gran desarrollo industrial gracias a su participación en las cadenas globales de valor.

Sin embargo, no está clara la relación causal entre ambos fenómenos. ¿Ha impulsado la participación en las cadenas globales de valor el desarrollo industrial de una manera que de otro modo no hubiera sido posible o, por el contrario, existían en las economías que han experimentado ese desarrollo convergente las condiciones adecuadas para dicho progreso y ello hizo posible su participación en las cadenas globales de valor?

Lo más probable es que la respuesta se encuentre en un punto intermedio. Se podría decir que las cadenas globales de valor hicieron partícipes a aquellas economías que ofrecían los entornos más favorables, a saber: posibilidades de acceso a capital y mano de obra en condiciones interesantes, competencias profesionales requeridas, infraestructura fiable y mercados en rápido crecimiento. Al mismo tiempo, la transferencia de tareas de producción a esas economías generó probablemente oportunidades de modernización industrial que de otro modo podrían no haberse dado. Una pregunta esencial en este contexto es cómo las empresas de economías en vías de industrialización convergente lograron "ponerse al día" y adquirir el conocimiento y los activos de reputación que posibilitaron su participación en las cadenas globales de valor.

En el ámbito de la investigación económica, hace ya tiempo que se estudió de qué manera los activos de conocimiento se difunden a economías convergentes. Así, se ha establecido la existencia de cuatro principales canales de difusión:[36]

- Las empresas de economías convergentes adquieren conocimientos aplicando procesos de ingeniería inversa a productos y tecnologías disponibles en el mercado. Esta forma de difusión del conocimiento puede verse como el reverso de la apropiación imperfecta de los activos de conocimiento por las empresas líderes, como se ha expuesto anteriormente. Los derechos de PI pueden limitar el uso de la ingeniería inversa por parte de las empresas de economías convergentes –al menos si la protección se extiende a una jurisdicción determinada–. Al mismo tiempo, los registros de patentes –de dominio público– ofrecen una rica fuente de conocimiento tecnológico que las empresas de economías convergentes pueden emplear y emplean en sus propias actividades de I+D.[37]

- Las asociaciones entre empresas que dirigen las cadenas globales de valor y empresas de economías convergentes pueden implicar la transferencia de conocimientos de aquellas a estas. Dichas asociaciones pueden adoptar la forma de contratos de concesión de *licencias sobre tecnología* y en ellas, además de otorgase licencias sobre conocimientos patentados, a menudo se produce también una transferencia de conocimientos pertinentes no codificados. En lugar de licenciar su tecnología a empresas independientes, las empresas que lideran las cadenas globales de valor pueden insistir en obtener una participación en el capital de la empresa a la que se transfiere conocimiento, lo que da lugar a *sociedades o proyectos conjuntos*. Por último, también es posible que una empresa que dirige la cadena solo esté dispuesta a transferir conocimientos a una economía convergente mediante la creación de una filial de su titularidad. Una pregunta clave respecto a este modo de difusión es si la adquisición de los activos de conocimiento se limita a la empresa asociada local o si la difusión va más allá de esa compañía, por ejemplo a través de los vínculos existente con clientes y proveedores o a raíz de la migración laborar de trabajadores cualificados (véase a continuación).

- Las empresas de economías convergentes pueden obtener acceso a activos de conocimiento mediante la *importación de bienes de capital* que incorporan conocimiento tecnológico. En particular, la importación de equipos de producción puede permitir a ese tipo de empresas dotarse de capacidades de fabricación vanguardistas. Los vendedores extranjeros de dicho equipo también pueden capacitar a los trabajadores locales para usarlo y mantenerlo, creando una importante base de conocimientos complementaria.

- Finalmente, en la medida en que los activos de conocimiento son habilidades del personal, el movimiento de trabajadores cualificados representa un canal importante a través del cual el conocimiento se difunde de una empresa a otra. Los trabajadores cualificados pueden migrar de compañías extranjeras que dirigen las cadenas globales de valor a empresas de economías convergentes, o pueden crear sus propios negocios. Igualmente importante es que esos trabajadores pueden pasar de filiales locales de compañías extranjeras a empresas locales, lo que ayuda a difundir el conocimiento en las economías convergentes.

Las políticas públicas sobre el comercio, la inversión, la migración y la PI influyen en los resultados de la difusión, aunque los efectos no siempre son claros. Por ejemplo, restringir el comercio puede inhibir la difusión que tiene lugar con la importación de bienes de capital altamente tecnológicos, pero también podría promover la difusión fomentando la inversión extranjera.

Cualquiera que sea el canal utilizado para la difusión tecnológica, el éxito de esta depende en gran medida de la *capacidad de absorción* de las economías convergentes a la hora de comprender y aplicar conocimientos desarrollados en el extranjero. La capacidad efectiva de absorción depende de las habilidades del capital humano para comprender y aplicar la tecnología, los conocimientos organizativos y gerenciales, y las instituciones que coordinan y movilizan los recursos necesarios para la adopción de tecnología. En muchos casos, la capacidad de absorción también implica la capacidad de llevar a cabo innovación tecnológica y organizativa acumulativa para adaptar la tecnología a las necesidades locales. Algunos países han tenido más éxito en la creación de capacidad de absorción que otros. Así, por ejemplo, los economistas consideran que al menos parte del éxito de los países de rápido crecimiento de Asia Oriental radica en su capacidad de iniciar un proceso de absorción y aprendizaje tecnológicos que proporcionó la base para la recuperación económica.[38]

Los economistas han prestado menos atención a la forma en que las empresas de economías convergentes pueden adquirir activos de reputación. Además de crear carteras de productos de calidad elevada y constante, es evidente que para lograr una reputación e imagen de marca sólidas se requieren inversiones publicitarias sustanciales y a menudo dirigidas específicamente a un mercado concreto. Inducir a los consumidores a cambiar de marca puede ser especialmente complicado en industrias maduras con marcas competidoras de larga trayectoria. Las estrategias de marca de las empresas a menudo evolucionan de acuerdo con sus crecientes capacidades de fabricación. Por ejemplo, las empresas en el Japón, la República de Corea y más recientemente China optaron por una estrategia de bajo costo y bajo precio; con el tiempo, pudieron aumentar los precios y la calidad, pasando de productos en gran medida genéricos a marcas muy solicitadas (*premium*).

Otras compañías, incluidas las empresas de la industria de las TIC, se han forjado una reputación como proveedores de ciertos componentes, como fabricantes especializados en el ensamblaje o como subcontratas –por ejemplo, Asus, Acer y Foxconn–. Otras empresas optaron por centrarse en clientes comerciales antes de ingresar a los mercados de consumidores finales con una marca más establecida, como es el caso de Huawei. Por último, otras compañías han adquirido marcas establecidas pertenecientes a empresas radicadas en economías de altos ingresos.[39]

Una vez más, las oportunidades y desafíos que presenta la convergencia en materia de industrialización varían notablemente de un sector a otro y los estudios de caso presentados en los capítulos 2 a 4 ofrecen al menos visiones selectivas de lo que ha contribuido a esa convergencia en las cadenas globales de valor objeto de examen.

1.5 – Conclusiones

Las cadenas globales de valor se han convertido en la seña de identidad del comercio internacional en el siglo XXI. Han propiciado una unión sin precedentes de las economías nacionales y han ayudado a integrar a numerosos países en desarrollo en la economía mundial. ¿De qué manera continuarán evolucionando y qué papel desempeñan las políticas para garantizar que las cadenas globales de valor favorezcan el crecimiento económico y el aumento del nivel de vida en todo el mundo? Sobre la base de lo expuesto en este capítulo, esta sección final trata de ofrecer algunas reflexiones sobre estas dos preguntas con objeto de informar la formulación de políticas.

El futuro de las cadenas globales de valor

Como se describe en la sección 1.1, la relación entre el comercio y el PIB mundiales ha aumentado más del 100% en los últimos 50 años, pero no ha experimentado ningún crecimiento desde el comienzo de la crisis financiera mundial de 2008. Esto puede reflejar el persistente déficit en la demanda agregada a la que muchos economistas atribuyen la débil recuperación tras la crisis.[40] De hecho, los datos preliminares para 2017 sugieren que el crecimiento del comercio está nuevamente sobrepasando el de la producción mundial.[41]

Al mismo tiempo, varios estudios parecen indicar que el estancamiento de la relación comercio/PIB bien puede obedecer a razones estructurales y que la especialización vertical puede haber alcanzado un límite natural (véanse las secciones 1.1 y 1.3). También hay motivos para pensar que haya dejado de existir margen para la introducción de nuevas mejoras en la tecnología de transporte que permitan aumentar el comercio.[42]

¿Deberían los encargados de la formulación de políticas preocuparse por que la "desaceleración" comercial pueda obedecer a motivos estructurales? Por una parte, la respuesta es afirmativa. Una mayor especialización vertical de la economía mundial quizá no proporcione el mismo ímpetu de crecimiento en el futuro que en la segunda oleada de globalización. Al mismo tiempo, las innovaciones tecnológicas y comerciales, así como las preferencias cambiantes de los consumidores seguirán transformando la producción mundial. De manera más prominente, los desarrollos en impresión 3D, robótica y fabricación automatizada ya han reconfigurado las cadenas de suministro en varias industrias, y un mayor progreso en estas áreas puede desencadenar un cambio más profundo. Estas transformaciones bien pueden llevar a la "reconversión" de ciertas tareas de producción. Tal resultado implicaría un menor comercio transfronterizo de bienes intermedios. Sin embargo, el despliegue de esas tecnologías podría ayudar a estimular el crecimiento económico. En ese caso, una disminución de la relación comercio / producción sería una señal de progreso, más que una fuente de preocupación.

Otro factor clave que afecta a las cadenas globales de valor es la mejora de las capacidades de producción en las economías convergentes. Así, cabe por ejemplo destacar que las empresas chinas tienden cada vez más a adquirir las piezas y los componentes que necesitan en el mercado nacional, en lugar de importarlos del extranjero.[43] Este fenómeno reduce de manera similar la dependencia del comercio transfronterizo y puede haber contribuido al estancamiento de la relación entre comercio y PIB en el mundo. Sin embargo, la mejora de las capacidades de producción debería en último término fomentar el crecimiento.[44]

Los cambios en las cadenas globales de valor – cualesquiera que sean sus causas– afectan a los patrones de producción existentes, lo cual debería ser la principal preocupación de los encargados de la formulación de políticas. La deslocalización de tareas de producción al extranjero puede hacer que los trabajadores afectados pierdan sus empleos. En términos más generales, existen datos que sugieren que una mayor especialización vertical ejerce presión sobre la mano de obra no cualificada en las economías de altos ingresos y contribuye al aumento de la desigualdad de ingresos. Un destacado estudio, por ejemplo, estima que la competencia ejercida por las importaciones explica una cuarta parte del declive del empleo manufacturero en EE.UU. entre 1990 y 2007.[45] Una pregunta importante en este contexto es de qué manera el papel cada vez más sustantivo del capital intangible en la producción que se lleva a cabo en las cadenas globales de valor afecta a la compensación de los trabajadores con diferentes niveles de cualificación. Una hipótesis es que la creciente importancia de los activos intangibles ha beneficiado especialmente a los trabajadores con más talento, los denominados "superestrellas".[46] Sin embargo, no se dispone de datos sistemáticos que validen esa hipótesis.

¿Cómo deben responder los encargados de la formulación de políticas a las alteraciones que provocan los cambios en las cadenas globales de valor? El proteccionismo comercial no es la respuesta. Como se abordó en la sección 1.1, la liberalización progresiva del comercio ha sido uno de los factores que han posibilitado el crecimiento de las cadenas globales de valor. Como la formación de las cadenas globales de valor es muy sensible a los costos comerciales subyacentes, revertir la apertura de los mercados podría acarrear graves consecuencias. Además, no restablecería los viejos patrones de producción, ya que la tecnología de producción actual ha evolucionado mucho. Así pues, los economistas abogan generalmente por proporcionar una red de seguridad social que amortigüe los efectos adversos del desempleo y establezca medidas que faciliten el reciclaje de los trabajadores afectados. De hecho, las políticas destinadas a abordar las perturbaciones derivadas de los cambios globales de las cadenas de valor no son, en principio, diferentes de las políticas que tratan de proporcionar soluciones a los cambios naturales que ocurren en cualquier economía sometida a transformaciones estructurales como parte del proceso de crecimiento económico.

Mejora de las capacidades en las cadenas globales de valor

Para los encargados de la formulación de políticas en economías de ingresos bajos y medianos, una pregunta clave es cómo apoyar la mejora de las capacidades de producción de las empresas locales que participan en las cadenas globales de valor. En ocasiones esa cuestión se plantea en términos de cómo "ascender en la cadena de valor" o cómo "capturar más valor de la participación en las cadenas globales de valor". Sin embargo, tales perspectivas centradas en el "valor" pueden resultar engañosas. Como se señala en la sección 1.3, el valor añadido quizá no sea la medida correcta para evaluar la rentabilidad o los beneficios atribuibles al capital y la mano de obra que participan en una cadena global de valor. Además, la noción de "captura de valor" puede sugerir que la participación en una cadena global de valor es un "juego de suma cero», que genera cuantiosos beneficios para algunos participantes –presumiblemente las empresas que dirigen la cadena de valor– a expensas de otros. Sin embargo, aunque las diferencias en el poder de negociación pueden repercutir en la distribución vertical de las ganancias, los réditos obtenidos en una cadena global de valor guardan una relación bastante directa con el capital y la mano de obra empleados en la producción dentro la cadena de valor. Los rendimientos obtenidos por el capital y la mano de obra, a su vez, dependen de la abundancia de esos factores de producción en cada economía y de su grado de productividad.

De hecho, la cuestión de cómo mejorar las capacidades en las cadenas globales de valor no es en principio diferente de la cuestión más general de cómo estimular el desarrollo industrial. Por lo tanto, las prescripciones en materia de políticas que los economistas han formulado para promover el crecimiento industrial también son aplicables al progreso en las cadenas globales de valor. Entre esas recomendaciones, cabe destacar la creación de instituciones que fomenten el aprendizaje tecnológico y una creciente capacidad de absorción, como se describe en la sección 1.4. No obstante, el desarrollo de las cadenas globales de valor plantea algunas cuestiones de especial interés tanto en los ámbitos de la política industrial como comercial.

En cuanto al primero, las estrategias de política industrial han evolucionado mucho en las últimas décadas, tanto en la práctica como en el ámbito académico.[47] Sin embargo, si hay un consenso en esa evolución, es que los gobiernos tienen un papel importante que desempeñar en la identificación de capacidades industriales preexistentes –a menudo a nivel de subregiones– y en su potenciación mediante la eliminación de restricciones a la actividad empresarial y la realización de inversiones públicas complementarias con objetivos precisos.[48] Dependiendo de la industria en cuestión, puede ser importante adoptar una perspectiva de cadena global de valor al analizar las oportunidades y los desafíos que encaran los empresarios locales. Tal visión puede ser relevante, por ejemplo, a la hora de identificar capacidades especializadas en la cadena de producción que podrían desarrollarse aún más para facilitar participaciones nuevas o mejoradas en las cadenas globales de valor, o a la hora de monitorear tendencias en los mercados de consumidores finales en todo el mundo y evaluar qué oportunidades ofrecen para las empresas locales. En esta etapa analítica, también es útil preguntarse de qué manera las diferentes formas de PI pueden ayudar a mejorar en las cadenas globales de valor.

En cuanto a la política comercial, las oportunidades de participación exitosa en las cadenas globales de valor dependen, por supuesto, de la apertura de los mercados –que permite a las empresas importar insumos intermedios y exportar productos procesados– y de medidas de integración más profundas que facilitan la realización de negocios a lo largo de la cadena de suministro. Estas medidas de integración de mayor calado incluyen fomentar la compatibilidad de la regulación, armonizar los estándares en materia de productos y tecnología y llevar a cabo una apertura de mercados para los servicios empresariales de apoyo a la producción en las cadenas globales de valor. En el ámbito de la PI, por ejemplo, las empresas se enfrentan a costos considerables para proteger sus diferentes derechos de PI en un gran número de jurisdicciones. Las iniciativas de cooperación –como los sistemas de archivo de la OMPI para patentes, marcas y diseños industriales– ayudan a los usuarios de la PI a reducir esos costos, al tiempo que dejan la decisión final sobre la concesión de derechos de PI a los Estados miembros participantes.

Como nota final, cabe señalar que la mejora de la posición en una cadena global de valor no puede asimilarse a un juego de suma cero entre diferentes economías nacionales. Si bien puede conducir al desplazamiento de algunos participantes en la cadena –y por lo tanto puede crear trastornos, como se señaló anteriormente– es intrínsecamente un fenómeno dinámico. El cambio tecnológico y los nuevos ciclos de productos provocan invariablemente reconfiguraciones continuas de las cadenas globales de valor que generan oportunidades de entrada para algunas empresas y pueden forzar la salida de otras. Además, la mejora de la posición en una cadena global de valor genera crecimiento económico, circunstancia que amplía el mercado para la producción procedente de las cadenas globales de valor en su conjunto.

Notas

1. Véase Baldwin (2012).

2. Véase OMPI (2011, 2013, y 2015).

3. Véase, por ejemplo, Krugman (1995) para un análisis pormenorizado de las dos oleadas de globalización.

4. Hummels *et al.* (2001) han calculado el aporte de la especialización vertical al crecimiento del comercio internacional de determinados países.

5. Véase Yi (2003) para explicación sistemática de este punto.

6. Véase Baldwin (2012) para un análisis pormenorizado.

7. Constantinescu *et al.* (2016) documentan un descenso en la elasticidad de la relación comercio/PIB a largo plazo.

8. Véase Baldwin (2012).

9. Véase OMPI (2011, 2013 y 2015) para un análisis pormenorizado de la manera en que la dinámica de competencia en los mercados incentiva la inversión en activos intangibles y un papel más prominente de las actividades de desarrollo de marcas.

10. Baldwin y Venables (2013) fueron los primeros en introducir la distinción entre configuraciones en forma de "serpiente" y de "araña" para las cadenas de suministro.

11. Véase Coase (1937) y Alchian y Demsetz (1972).

12. Baldwin y Venables (2013) ponen de manifiesto que el tipo de configuración de la cadena de suministro –en forma de serpiente o de araña– presenta implicaciones complejas para el equilibrio entre fuerzas centrífugas, que favorecen la dispersión de la producción, y fuerzas centrípetas, que favorecen la realización de diferentes tareas de producción en la misma localización.

13. Fort (2016) proporciona datos sobre la manera en que los avances en las TIC han favorecido la fragmentación de la producción en el caso de las empresas estadounidenses. Cabe destacar que los efectos parecen ser más marcados en la deslocalización dentro del ámbito nacional que en la dirigida hacia el extranjero.

14. Las diferencias de costos salariales no son el único motivo por el que las empresas se abastecen de bienes en el extranjero. Desde hace tiempo, se acepta en la literatura económica que las economías de escala y la diferenciación de productos son factores relevantes para explicar la especialización y el comercio, sobre todo cuando se trata de economías de altos ingresos con costos salariales similares. Véase Helpman y Krugman (1985).

15. Véase Gereffi y Fernandez-Stark (2016) para una reseña reciente de la cuestión.

16. Véase Baldwin *et al.* (2014).

17. Krugman (1994) señaló hace tiempo esa circunstancia.

18. Este enfoque coincide con los de Prescott y Visscher (1980) y Cummins (2005).

19. Para estimaciones sobre la inversión en activos intangibles en algunas economías, véase Corrado *et al.* (2013).

20. A ese respecto, Chen *et al.* (2017) amplían el anterior ejercicio de contabilización de las cadenas globales de valor presentado por Timmer *et al.* (2014).

21. El valor final de los productos manufacturados se ajustó a la baja para tener en cuenta la inflación utilizando el índice de precios al consumo de los EE.UU.

22. Véanse, en particular, Constantinescu *et al.* (2016) y Timmer *et al.* (2016).

23. Los porcentajes exactos en 2014 fueron del 27% para la distribución, el 26,6% para la producción final y el 46,4% para otras etapas. El porcentaje atribuible a la distribución disminuyó ligeramente a partir de 2000. El porcentaje correspondiente a la producción final disminuyó en 4,2 puntos porcentuales, mientras que el correspondiente a otras etapas se incrementó en 5,5 puntos porcentuales.

24. De hecho, el porcentaje de activos intangibles en los productos derivados del petróleo parece guardar una estrecha correlación con el precio mundial del petróleo. Véase Chen *et al.* (2017).

25. Véase Chen *et al.* (2017) para un análisis pormenorizado de esas y otras consideraciones cuestionables.

26. En las estadísticas de la balanza de pagos, los servicios relacionados con la PI figuran como "cargos por el uso de la propiedad intelectual no incluidos en otra parte" y "la venta de los derechos de propiedad intelectual que dimanan de la investigación y el desarrollo", según se explica detalladamente en el Manual de Estadísticas del Comercio Internacional de Servicios, 2010, elaborado por el Equipo de Tareas Interinstitucional de las Naciones Unidas sobre las estadísticas del comercio internacional de servicios (2011).

27. Véase "Ireland's 'de-globalised' data calculate a smaller economy," Financial Times, 18 de julio de 2017.

28. Véase el capítulo 2 en OMPI (2013) para un análisis pormenorizado de las características especiales de los activos de reputación.

29. Véase Teece (1986) para una explicación detallada del concepto de apropiación.

30. Véase el capítulo 1 en OMPI (2015) para un análisis pormenorizado.

31. De hecho, la gestión del conocimiento es un elemento fundamental en las teorías modernas sobre las empresas multinacionales. Véase Teece (2014) para una reciente revisión bibliográfica al respecto.

32. Véase Maskus *et al.* (2005) para la información extraída de encuestas a tal efecto.

33. Véase el capítulo 2 en OMPI (2011) y el capítulo 4 del presente informe para un análisis pormenorizado.

34. Véase Goodridge *et al.* (2016).

35. Ese porcentaje corresponde a las solicitudes de patente presentadas en 2015, según consta en la base de datos estadísticos de la OMPI sobre PI: https://www3.wipo.int/ipstats.

36. Para revisiones bibliográficas más amplias, véanse Hoekman *et al.* (2005) y Arora (2009).

37. Véase OMPI (2011).

38. Véanse el capítulo 1 en OMPI (2015) y Nelson y Pack (1999) para un análisis pormenorizado.

39. Véase el capítulo 1 en OMPI (2013) para un análisis pormenorizado.

40. Véase el capítulo 1 en OMPI (2015).

41. En Perspectivas de la Economía Mundial, Actualización de julio de 2017, del Fondo Monetario Mundial, se pronostica un crecimiento del 4% en el comercio y del 3,5% en la producción.

42. Cosar y Demir (2017) concluyen que la práctica del transporte en contenedores ha producido importantes ahorros en el transporte marítimo, lo que a su vez explica una parte importante del aumento del comercio mundial. Sin embargo, ya se materializado la mayor parte del efecto producido por el uso del transporte en contenedores en el aumento de la actividad comercial.

43. Constantinescu *et al.* (2016) indican que en China ha disminuido el porcentaje de importaciones de piezas y componentes para la exportación de mercancías.

44. Samuelson (2004) demuestra en un modelo teórico que las actividades de mejora de las capacidades de producción en una economía de ingresos bajos respecto de la que una economía de ingresos altos tenía anteriormente una ventaja comparativa pueden, bajo determinadas circunstancias, reducir los ingresos per cápita de esta última. Sin embargo, siempre aumentarán los ingresos mundiales per cápita.

45. Véase Autor *et al.* (2013).

46. Véase Rosen (1981) para el estudio fundamental de las consideraciones económicas de los trabajadores superestrellas. Haskel *et al.* (2012) ofrecen un marco teórico que explica la manera en que la integración económica puede impulsar los ingresos reales de los superestrellas.

47. Véase Rodrik (2004).

48. Véanse los enfoques que promueven Foray (2014) y Rodrik (2008) para la formulación de políticas industriales y de innovación.

Referencias

Alchian, A.A. y H. Demsetz (1972). Production, information costs, and economic organization. *American Economic Review*, 62(5), 777-795.

Arora, A. (2009). Intellectual property rights and the international transfer of technology. In WIPO (ed.), *The Economics of Intellectual Property*. Ginebra: OMPI, 41-64.

Autor, D.H., D. Dorn y G.H. Hanson (2013). The China syndrome: local labor market effects of import competition in the United States. *American Economic Review*, 103(6), 2121-2168.

Baldwin, R. (2012). Global Supply Chains: Why They Emerged, Why They Matter, and Where They Are Going. *CEPR Working Paper No. 9103*.

Baldwin, R. y A. Venables (2013). Spiders and snakes: offshoring and agglomeration in the global economy. *Journal of International Economics*, 90(2), 245-254.

Baldwin, R., T. Ito y H. Sato (2014). The Smile Curve: Evolving Sources of Value Added in Manufacturing. Mimeografía disponible en: www.uniba.it/ricerca/dipartimenti/dse/e.g.i/egi2014-papers/ito.

Chen, W., R. Gouma, B. Los y M. Timmer (2017). Measuring the Income to Intangibles in Goods Production: A Global Value Chain Approach. *WIPO Economic Research Working Paper No. 36*. Ginebra: OMPI.

Coase, R.H. (1937). The nature of the firm. *Economica*, 4(16), 386-405.

Constantinescu, C., A. Mattoo y M. Ruta (2016). The global trade slowdown: cyclical or structural? *Journal of Policy Modeling*, 38(4), 711–722.

Corrado, C., J. Haskel, C. Jona-Lasino y M. Iommi (2013). Innovation and intangible investment in Europe, Japan, and the United States. *Oxford Review of Economic Policy*, 29(2), 261-286.

Cosar, K. y B. Demir (2017). Shipping Inside the Box: Containerization and Trade. *CEPR Discussion Paper No. 11750*.

Cummins, J.G. (2005). A new approach to the valuation of intangible capital. En Corrado, C., J. Haltiwanger y D. Sichel (eds), *Measuring Capital in the New Economy*, NBER Book Series Studies in Income and Wealth, 47-72.

Foray, D. (2014). *Smart Specialisation: Opportunities and Challenges for Regional Innovation Policy.* Londres: Routledge.

Fort, T.C. (2016). Technology and Production Fragmentation: Domestic *versus* Foreign Sourcing. *NBER Working Paper 22550*.

Gereffi, G., J. Humphrey y T. Sturgeon (2005). The governance of global value chains. *Review of International Political Economy*, 12(1), 78-104.

Gereffi, G. y K. Fernandez-Stark (2016). *Global Value Chain Analysis: A Primer* (2nd edition). Durham, NC: Duke University Center on Globalization Governance & Competitiveness.

Goodridge, P., J. Haskel y G. Wallis (2016). UK Intangible Investment and Growth: New Measures of UK Investment in Knowledge Assets and Intellectual Property Rights. Trabajo de investigación encargado por la Oficina de Propiedad Intelectual del Reino Unido.

Haskel, J., R.Z. Lawrence, E.E. Leamer y M.J. Slaughter. (2012). Globalization and U.S. wages: modifying classic theory to explain recent facts. *Journal of Economic Perspectives*, 26(2), 119-140.

Helpman, E. y P. Krugman (1985). *Market Structure and Foreign Trade*. Cambridge, MA: MIT Press.

Hoekman, B. M., K. E. Maskus y K. Saggi (2005). Transfer of technology to developing countries: unilateral and multilateral policy options. *World Development*, 33(10), 1587-1602.

Hummels, D., J. Ishii y K.-M. Yi, (2001). The nature and growth of vertical specialization in world trade. *Journal of International Economics*, 54(1), 75-96.

Equipo de Tareas Interinstitucional de las Naciones Unidas sobre las estadísticas del comercio internacional de servicios. (2011). *Manual sobre Estadísticas del Comercio Internacional de Servicios 2010 (MSITS 2010)*. Ginebra, Luxemburgo, Madrid, Nueva York, París y Washington D.C.: Naciones Unidas/Fondo Monetario Internacional/Organización de Cooperación y Desarrollo Económicos /Oficina de Estadística de la Unión Europea /Conferencia de las Naciones Unidas sobre Comercio y Desarrollo/ Organización Mundial del Turismo/ Organización Mundial del Comercio.

Krugman, P. (1994). Competitiveness: a dangerous obsession. *Foreign Affairs*, 73(2), 28-44.

Krugman, P. (1995). Growing world trade: causes and consequences. *Brooking Papers on Economic Activity*, (1), 327-377.

Maskus, K.E., S.M. Dougherty y A. Mertha (2005). Intellectual property rights and economic development in China. En Fink, C. y K.E. Maskus (eds), *Intellectual Property and Development: Lessons from Recent Economic Research*, Nueva York: Oxford University Press y el Banco Mundial, 295-331.

Nelson, R.R. y H. Pack (1999). The Asian miracle and modern growth theory. *The Economic Journal*, 109(457), 416-436.

Neubig, T.S. y S. Wunsch-Vincent (2017). A Missing Link in the Analysis of Global Value Chains: Cross-Border Flows of Intangible Assets, Taxation and Related Measurement Implications. *WIPO Economic Research Working Paper No. 37*. Ginebra: OMPI.

OMPI (2011). Informe mundial de propiedad intelectual, edición de 2011: Los nuevos parámetros de la innovación. Ginebra: Organización Mundial de la Propiedad Intelectual.

OMPI (2013). Informe mundial sobre la propiedad intelectual, edición de 2013: *Las marcas: Reputación e imagen en el mercado mundial*. Ginebra: Organización Mundial de la Propiedad Intelectual.

OMPI (2015). Informe mundial sobre la propiedad intelectual, edición de 2015: *La innovación revolucionaria y el crecimiento económico*. Ginebra: Organización Mundial de la Propiedad Intelectual.

Prescott, E.C. y M. Visscher (1980). Organization capital. *Journal of Political Economy*, 88, 446-461.

Rassier, D. (2017). Intangible Assets and Transactions within Multinational Enterprises: Implications for National Economic Accounts. *WIPO Economic Research Working Paper No. 38*. Ginebra: OMPI.

Rodrik, D. (2004). Industrial Policy for the Twenty-First Century. *CEPR Discussion Paper No. 4767*.

Rodrik, D. (2008). Normalizing Industrial Policy. *Commission on Growth and Development, Working Paper No. 3.* Washington, DC: Banco Mundial.

Rosen, S. (1981). The economics of superstars. *American Economic Review*, 71(5), 845-858.

Samuelson, P.A. (2004). Where Ricardo and Mill rebut and confirm arguments of mainstream economists supporting globalization. *Journal of Economic Perspectives*, 18(3), 135-146.

Seppälä, T., M. Kenny y J. Ali-Yrkkö (2014). Global supply chains and transfer pricing: insights from a case study. *Supply Chain Management*, 19(4), 445-454.

Teece, D.J. (1986). Profiting from technological innovation: implications for integration, collaboration, licensing and public policy. *Research Policy*, 15, 285-305.

Teece, D.J. (2014). A dynamic capabilities-based entrepreneurial theory of the multinational enterprise. *Journal of International Business Studies*, 45, 8-37.

Timmer, M., A.A. Erumban, B. Los, R. Stehrer y G.J. de Vries (2014). Slicing up global value chains. *Journal of Economic Perspectives*, 28(2), 99-118.

Timmer, M., B. Los, R. Stehrer y G.J. de Vries (2016). An Anatomy of the Global Trade Slowdown Based on the WIOD 2016 Release. *Groningen Growth and Development Centre Research Memorandum No. 162*, Universidad de Groninga.

Yi, K.-M. (2003). Can vertical specialization explain the growth of world trade? *Journal of Political Economy*, 111(1), 52-102.

Los intangibles son decisivos para aprovechar nuevas oportunidades en el mercado del café.

Los agricultores pueden incrementar sus ingresos mediante la venta de cafés de gran calidad. Para ello, deben modernizarse las explotaciones y debe invertirse en el desarrollo de marcas.

Precio de venta del café
(en USD/libra)

Precio de venta del tostador
4,11 USD

Precio de venta del tostador
8,50 USD

Precio de venta del tostador
17,45 USD

Café convencional

Cafeterías

Baristas independientes

Precio de exportación
1,45 USD

Precio de exportación
2,89 USD

Precio de exportación
5,14 USD

Fuente: Informe mundial sobre la propiedad intelectual en 2017

Capítulo 2
Café: las elecciones de los consumidores remodelan la cadena global de valor

El café es una de las bebidas cuyo consumo está más extendido en todo el mundo: cada día se toman prácticamente 35.000 tazas por segundo.[1] En los Estados Unidos de América, donde se encuentra el mayor mercado en cuanto a tamaño y valor, el 75% de la población bebe café.[2]

El café, entendido como producto básico, se produce en el Sur global, pero se consume mayoritariamente en el Norte global. Aproximadamente el 70% de la demanda de ese producto procede de países de países de ingresos altos, que suelen concentrarse en el hemisferio norte y se denominan países importadores de café. Por su parte, los países productores de café se encuentran en el hemisferio sur y se enmarcan en la categoría de países de ingresos bajos y medios.

El café es uno de los productos básicos agrícolas objeto de transacciones comerciales que reviste mayor importancia, en especial para los países productores, dado que constituye la fuente de ingresos de prácticamente 26 millones de agricultores en más de 50 economías en desarrollo.[3] Además, en el caso de siete países concretos, las exportaciones de café representan más del 10% del total de los ingresos de exportación a lo largo de los tres últimos decenios.[4] Si bien la importancia de las exportaciones de café para los ingresos de los países se ha reducido con el paso del tiempo, concederles mayor protagonismo en la cadena global de valor del café puede contribuir al desarrollo económico de esos países, en especial, para luchar contra la pobreza.

La popularidad del café va al alza. Una cantidad creciente de países, que a diferencia del Japón y los países europeos no tienen la consideración de importadores tradicionales de café, aumentan el nivel de consumo de esa bebida. Según estimaciones de la Organización de las Naciones Unidas para la Alimentación y la Agricultura (FAO) y la Organización Internacional del Café (OIC) elaboradas por separado, las economías menos desarrolladas experimentan un crecimiento del consumo más rápido.[5] Asimismo, los nuevos servicios y productos en la esfera del café impulsan a más consumidores a tomar esa bebida al modificar las modalidades de consumo de los productos de café, los diversos tipos disponibles, y los lugares y momentos en que tomarlos.

El estudio de la cadena global de valor del café revela información clave sobre el modo en que las economías más pobres que dependen de los productos básicos agrícolas pueden mejorar las actividades de su cadena de valor con miras a sacar provecho del comercio internacional. Tradicionalmente, la gobernanza regida por el mercado y los compradores ha dominado la cadena global de valor del café, en la que los participantes en sus últimas fases generan el grueso del valor. Sin embargo, gracias a la reciente evolución experimentada en un nuevo segmento del mercado cafetero, los productores de café que llevan a cabo su actividad en las fases iniciales del proceso gozan de oportunidades para incrementar su participación en la cadena global de valor.

La inversión en activos intangibles y la propiedad de los mismos es una de las estrategias con la que los participantes en el sector del café pueden captar un mayor valor añadido a lo largo de la cadena global de valor del café.

En este capítulo se analiza la función de los activos intangibles en la cadena global de valor del café. En primer lugar, se describe la evolución de la cadena a lo largo de los decenios, y se hace hincapié en la importancia de los consumidores de café a la hora de dinamizar la actual cadena global de valor. En la sección 2.2 se aborda la importancia de los activos intangibles en la cadena global de valor, y se presta una atención particular a la influencia que esos activos ejercen en la distribución del valor añadido. En la sección 2.3 se examina con mayor detalle el uso de los activos intangibles con miras a enriquecer las actividades a lo largo de la cadena de valor, y se analizan los flujos tecnológicos entre los diversos participantes de la cadena.

2.1 – La naturaleza cambiante de la cadena de valor del café

2.1.1 – Del café en baya en el árbol al café en la taza: una cadena internacional de valor

Como sucede con la mayoría de los productos básicos que son objeto de transacciones comerciales, la cadena de suministro del café se asemeja a una serpiente. Empieza con el agricultor, quien elige la variedad de cafeto, lo cultiva y cosecha las bayas de café. Cuando esas bayas han madurado, se someten a diferentes procesos posteriores a la cosecha que permiten obtener café verde.

Recuadro 2.1

Los riesgos del comercio del café

El precio del café está sujeto a una elevada volatilidad porque las condiciones meteorológicas y los brotes de enfermedades condicionan su producción.[6] Esa amplia fluctuación de precio entraña riesgos tanto para los compradores como para los vendedores que participen en operaciones en las que se comercie con café. A fin de mitigar esos riesgos, se recurre al mercado de futuros como referencia para la mayoría de las operaciones con café verde en grano.

Los compradores —importadores, tostadores y productores de café soluble— celebran un contrato mercantil estándar con los vendedores —agricultores, exportadores o importadores de café— que se rige por los precios de referencia establecidos por las plataformas internacionales de intercambio de Nueva York, para la variedad arábica, y de Londres, para la variedad robusta.[7] En el contrato, el precio suele estar todavía por determinar, y se especifica una determinada calidad del café, una ubicación de entrega concreta y un plazo de entrega específico. Se acuerda un diferencial y, posteriormente, se suma al precio del café verde fijado en momentos diferentes por comprador y vendedor en el mes de entrega de futuros estipulado.[8]

El precio total que percibe el vendedor puede presentar diferencias notables respecto del precio pagado por los compradores porque, por lo general, los precios finales de los futuros se deciden en momentos distintos.

Determinados actores ayudan a reducir el riesgo en el comercio del café. En particular, importadores y sociedades de comercio exterior desempeñan una importante función propiciadora del comercio del café al asumir parte del riesgo de la operación. Por ejemplo, en el contrato suscrito entre comprador y vendedor se especificará que, en el momento de la llegada de los productos cafeteros, su aceptación estará "supeditada a la aprobación de una muestra". Si el comprador rechaza el cargamento de café porque el producto incumple el estándar de calidad o una norma técnica concreta, el vendedor deberá tomar posesión del producto en el punto de destino.

Por lo general, los caficultores o los exportadores radicados en países productores de café no pueden hacer frente a ese costo adicional ni al riesgo añadido, ni tampoco pueden asumirlos. En cambio, los intermediarios están en mejores condiciones para encontrar un comprador distinto para el cargamento y para hallar una solución alternativa para el comprador original que lo ha rechazado.

Fuente: OIC y Banco Mundial (2015) y Samper et al. (2017).

En función de las estructuras de mercado presentes en los diversos países productores de café, los procesos posteriores a la cosecha pueden llevarse a cabo en la explotación, en una cooperativa, en instalaciones de beneficio en seco o en húmedo propiedad de los comerciantes locales, o incluso en instalaciones de beneficio propiedad de los exportadores.

Acto seguido, los exportadores o las cooperativas seleccionan los granos de café verde en función de la densidad, tamaño y color, y los envasan según definiciones y estándares específicos establecidos por los importadores de café o los usuarios industriales, como tostadores y productores de café soluble.

El café verde que llega a granel a los países importadores de café se guarda en almacenes. Los importadores pueden mezclar y combinar distintos tipos de café verde en grano procedentes de diversos países a fin de satisfacer las preferencias de los consumidores. Luego, venden esas mezclas o los cargamentos de café verde a tostadores o productores de café soluble.

Los tostadores o productores de café soluble también pueden preparar mezclas de café verde en función de sus necesidades.

El siguiente paso consiste en tostar los granos de café verde, para lo que aplican sus propias fórmulas y protocolos de tostado a fin de obtener perfiles organolépticos específicos adaptados a las preferencias gustativas de los clientes de cada región.

En el gráfico 2.1 se ilustra la cadena de suministro del café. Su carácter internacional viene dado por dos aspectos principales. En primer lugar, como se ha apuntado con anterioridad, la mayoría del café se consume en países importadores ricos, como los Estados Unidos de América, Alemania, el Japón, Francia e Italia. Si bien el consumo de café en los países productores también ha crecido de forma continuada en los últimos decenios, su nivel todavía es significativamente inferior al de sus homólogos más ricos.[9]

En segundo lugar, el breve período de conservación del café tostado en grano obliga a que la mayoría del proceso de tostado se lleve a cabo cerca de los lugares de consumo. Hasta hace poco, las tecnologías de envasado y distribución no permitían conservar adecuadamente la calidad y el sabor del café en grano tostado.

Gráfico 2.1

Flujo del café en la cadena global de valor

Panorama general de la cadena global de valor del café en el que se muestran modificaciones para los segmentos de mercado más recientes.

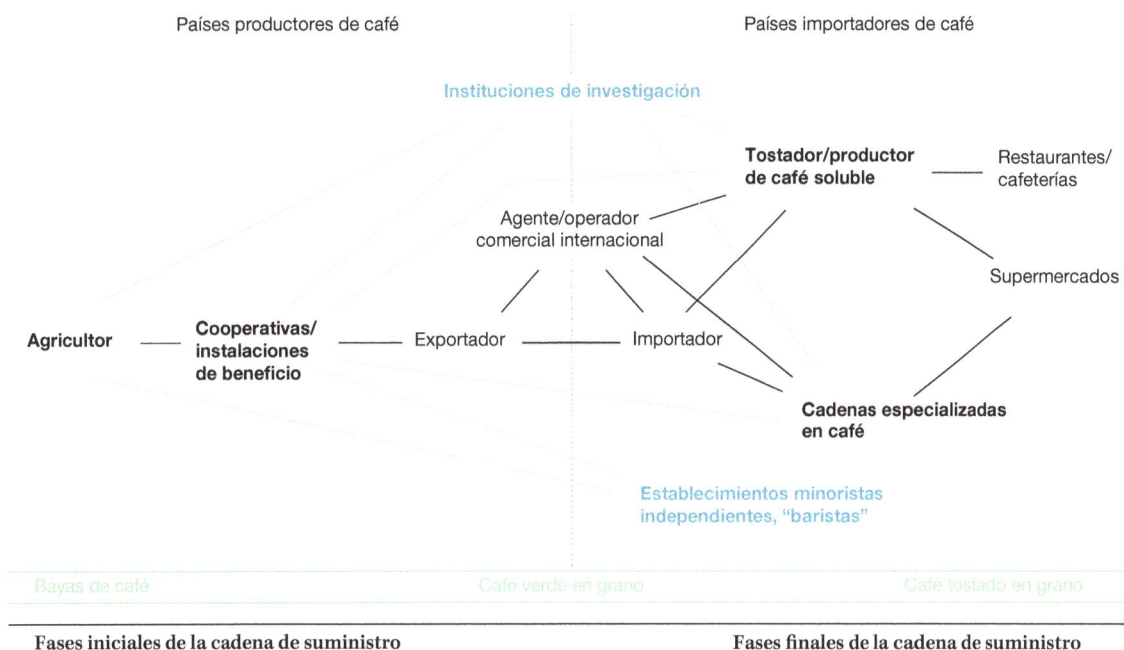

Fuente: OMPI, a partir de Ponte (2002) y Samper et al. (2017).

Nota: Las líneas de color negro indican vínculos tradicionales entre participantes; las líneas de color azul indican vínculos relativamente nuevos en los que incide la creciente importancia de los segmentos de mercado de las oleadas segunda y tercera.

A causa de esa lenta evolución tecnológica, los tostadores de países productores de café tenían dificultades para exportar el café tostado a todo el mundo. Por lo tanto, esos países tienden a exportar el café verde —un bien intermedio en la cadena de valor— y los procesos de mezcla y tostado se suelen llevar a cabo en los países importadores.

2.1.2 – Los consumidores como principal prioridad: las nuevas formas de demanda modifican la cadena global de valor

Tradicionalmente, los compradores han sido quienes han impulsado la cadena global de valor del café, y los tostadores, grandes minoristas y comercializadores de marcas han monopolizado la mayoría del valor. Esos participantes en las fases finales de la cadena de valor también son quienes determinan los estándares de producción y calidad para el resto del sector.

Sin embargo, esa gobernanza basada en el mercado está cambiando lentamente. La aparición de dos nuevos segmentos de mercado en el ámbito del consumo de café está modificando el modo en que se percibe el consumo de esa bebida, al pasar del café como mero producto al café como bebida vinculada a productos y servicios de índole social. Así, beber café es ahora una práctica con un carácter más social, y la exigencia de sus consumidores ha aumentado.

Esos nuevos segmentos de mercado brindan a los diversos participantes oportunidades para incrementar su importancia en la cadena.

La demanda de café se divide en tres segmentos de mercado: convencional, diferenciado y vivencial. Esos segmentos también se denominan oleadas primera, segunda y tercera, respectivamente, y se diferencian en función de los grupos destinatarios de consumidores, las ofertas de productos y los precios.

Primera oleada: un segmento de mercado "convencional"

El segmento de mercado de la primera oleada representa el mayor porcentaje de consumo de café en cuanto a volumen y valor de mercado. Samper *et al.* (2017) calculan que constituye entre el 65% y el 80% del consumo total de café, y su valor asciende a 90.000 millones de USD o, en otras palabras, el 45% del valor total del mercado mundial del café.[10]

El grupo destinatario de consumidores de ese segmento bebe café principalmente en casa. Su consumo responde a una necesidad diaria de energía, y se sirve de productos de precio razonable que los consumidores pueden adquirir fácilmente en cualquier gran cadena minorista o pequeño supermercado.

Se trata de productos normalizados —en forma de café tostado en grano envasado, café soluble y, más recientemente, cápsulas monodosis—, pero pueden presentar diferencias notables en cuanto a sabor a fin de satisfacer preferencias regionales. Las diferencias entre productos rivales pueden reducirse a aspectos como la calidad de la mezcla de café con respecto al precio.

Hasta hace unos pocos decenios, la calidad de la mayoría de los granos de café empleados en esos productos era entre baja y media, pero esa tendencia a utilizar café en grano de baja calidad ha ido cambiando a medida que grandes tostadores como JAB y Nestlé han presentado productos nuevos destinados a consumidores más sofisticados. A modo de ejemplo, cabe citar las cápsulas monodosis de café procedente de un origen determinado o mezclas de granos de café de mayor calidad.

El mercado rige la gobernanza de la cadena global de valor del café en ese segmento. El costo es el aspecto que los compradores de café (importadores, tostadores y productores de café soluble) tienen en cuenta a la hora de adquirir el café verde. Si el precio de los granos de la variedad arábica es mayor que el de la variedad robusta, puede que los compradores opten por adquirir mayores cantidades de café robusta y lo procesen hasta conseguir un producto que satisfaga determinados estándares. Además, el origen del café verde no ha sido un factor de venta significativo en ese segmento. Importadores, tostadores y productores de café soluble comprarán café en grano de numerosos lugares diferentes mientras cumpla sus requisitos de calidad.

Los participantes en la cadena de valor del café asumen riesgos al comerciar con café verde en el mercado abierto. El precio de ese producto tiende a experimentar importantes fluctuaciones a lo largo del tiempo, por lo que se recurre a los contractos en el mercado de futuros (véase el recuadro 2.1).

Segunda oleada: un segmento de mercado "diferenciado"

El segmento de mercado de la segunda oleada se centra en los consumidores que se decantan por el consumo de café en un contexto social. En ese segmento, los consumidores pueden degustar un amplio abanico de bebidas elaboradas a partir de expreso en un emplazamiento cómodo y práctico.

Los productos de café de la segunda oleada comprenden desde el típico expreso italiano hasta combinaciones más elaboradas de café con leche en espuma. Para preparar esas bebidas, camareros experimentados, también denominados baristas, aplican técnicas concretas normalizadas. Además, se otorga importancia al aspecto social vinculado al consumo de café; la mayoría de las cafeterías de ese segmento de mercado ofrecen un ambiente característico a fin de atraer a los clientes.

La calidad del café en grano utilizado tiende a ser superior a la del café de la primera oleada. A lo largo de los dos últimos decenios, los establecimientos especializados en café han apelado a la conciencia social de los consumidores al ofrecer bebidas elaboradas a partir de granos de café cultivados de forma sostenible cuyos agricultores han percibido una remuneración adecuada.

Como sucede con la primera oleada, la gobernanza de la cadena global de valor de la segunda oleada también se basa en el mercado. Sin embargo, el mayor interés de los consumidores por la procedencia del café en grano, las técnicas de cultivo empleadas y la percepción, o no, de salarios justos por parte de los agricultores ofrece a los participantes oportunidades de diferenciación y, de ese modo, pueden perfeccionar sus actividades a lo largo de la cadena de valor. Las normas voluntarias de sostenibilidad (NVS) refuerzan la imagen de los establecimientos especializados en café, y consolidan su impronta de responsabilidad social y el valor percibido por los consumidores, además de diferenciar el café de la segunda oleada de las marcas de la primera oleada.

Cuadro 2.1

Los tres segmentos del mercado del café

	Primera oleada Convencional	Segunda oleada Diferenciada	Tercera oleada Vivencial
Grupo destinatario de consumidores	Consumo diario, mayoritariamente en casa, aunque también puede producirse en cualquier otro lugar	Amplia selección de bebidas de café, normalmente consumidas en un contexto social	Consumidores de café con conciencia social, entusiastas que están dispuestos a pagar más por cafés de alta calidad que cumplen normas de carácter ético
Necesidades de los consumidores	• Energía	• Energía • Vivencia social • Sensibilidad ética o conciencia social	• Energía • Vivencia social • Sensibilidad ética o conciencia social
Productos y servicios	• Mezcla de café tostado envasado • Café soluble (o instantáneo) • Cápsulas monodosis	• Bebidas elaboradas a partir de expreso, como caffè latte, latte macchiato y productos análogos • Conocimientos especializados sobre distintas técnicas de elaboración de las bebidas de café, por lo general normalizadas • Cierto grado de conocimiento del origen de los granos de café y las técnicas de cultivo • Ambiente de la cafetería	• Café en grano de un origen determinado • Mezcla y tostado realizados, por lo general, en el propio establecimiento • Amplios conocimientos especializados sobre distintas técnicas de elaboración con miras a potenciar el aroma y el sabor de cada café • Conocimiento exhaustivo del origen del café en grano y las técnicas de cultivo • Ambiente de la cafetería
Tipos de producción	• Producción a gran escala normalizada • Calidad normalizada	• Distintos tipos de bebidas elaboradas a partir de expreso • Técnicas de elaboración del café y servicio relativamente normalizados • Satisfacción de la necesidad de vivencia social vinculada al consumo de café, similar a la que se experimenta en un establecimiento especializado en café	• Servicio caracterizado por una técnica de tostado adaptada al origen del café • Por lo general, amplio conocimiento de los granos de café, así como de la técnica adecuada de infusión del café y preparación de la bebida, por parte de los baristas
Canales de distribución	• Supermercados • Puntos de venta de productos alimentarios para su consumo in situ	• Supermercados • Internet • Cadenas de establecimientos especializados en café	• Supermercados • Internet • Cadenas de establecimientos especializados en café
Precio	Bajo	Medio-alto	Alto-muy alto
Gobernanza de la cadena global de valor	Mayoritariamente regida por el mercado	Mayoritariamente regida por el mercado	Mayoritariamente regida por las relaciones

Fuente: OMPI, a partir de Humphrey (2006), García-Cardona (2016) y Samper et al. (2017).

Tercera oleada: un segmento de mercado "vivencial"

Los destinatarios del segmento de mercado de la tercera oleada son consumidores de café cuyo paladar es exigente, y los precios se fijan en consecuencia. Los consumidores de ese mercado están dispuestos a pagar precios más elevados por el café. A cambio, quieren conocer la procedencia de los granos de café, las técnicas de cultivo y el mejor modo de preparar el café a fin de apreciar al máximo su sabor, cuerpo, aroma, fragancia y textura en boca.

En los productos de café que conforman ese segmento se relata la historia que hay tras el cultivo de los granos de café, y se especifican las fórmulas de tostado y las técnicas de preparación de las bebidas. Si se estableciera una analogía con el mundo del vino, podría decirse que se hace hincapié en el perfil organoléptico, en el que se otorga importancia al terruño, la variedad de uva y las técnicas artesanales empleadas en la elaboración de un vino.

La calidad del café en grano tiende a ser superior que en los otros dos segmentos de mercado. Los productores de ese mercado se centran en gamas de café de primera calidad, y aplican distintas técnicas de mezcla y tostado adaptadas a cada tipo de grano. El conocimiento que los baristas tienen de los granos de café es máximo, y cabe la posibilidad de que incluso hayan participado de algún modo en el cultivo de los cafetos.

Se sabe que las relaciones marcan la gobernanza de la cadena global de valor de la tercera oleada. La gran importancia que se concede al vínculo directo con los caficultores ha supuesto la reducción de la cadena de valor (compárense las cadenas tradicionales indicadas en color negro y las cadenas más recientes en color azul en el gráfico 2.1). En ese segmento, la cooperación entre agricultores y baristas a menudo se ha traducido en la innovación de productos, incluidos nuevos métodos de preparación de bebidas de café.

En comparación con las dos primeras oleadas, el consumo en ese segmento todavía es relativamente reducido con respecto al conjunto del mercado, pero cabe señalar que experimenta un rápido crecimiento.

2.2 – Activos intangibles y valor añadido

La propiedad de los activos intangibles desempeña una función importante en la cadena global de valor del café y ayuda a explicar los patrones de distribución de los ingresos a lo largo de la misma.

Los activos intangibles tradicionales, como la tecnología, los diseños y las marcas, son importantes a la hora de ayudar a los participantes en la cadena a rentabilizar las inversiones en innovación. Por lo general, esos activos intangibles gozan de la protección que brindan los derechos de propiedad intelectual (PI) tradicionales, como patentes, modelos de utilidad, dibujos y modelos industriales, marcas, derecho de autor y secretos comerciales.

Por su parte, los activos intangibles atípicos también conllevan una importancia capital para ayudar a los participantes a incrementar los ingresos. Por ejemplo, las habilidades de los baristas y sus conocimientos especializados a la hora de mezclar y tostar variedades concretas de café en grano aportan un notable valor añadido al segmento de mercado de la tercera oleada.

Asimismo, el acceso a los canales de distribución en los países importadores de café resulta decisivo para otorgar visibilidad a los productos de café ante consumidores potenciales.

2.2.1 – Diferencias entre el consumo y el cultivo de café: la desigualdad en la distribución de los ingresos

Un porcentaje notable del valor añadido al café a lo largo de la cadena producción se concentra cerca del punto de consumo. A continuación se exponen cinco factores que explican esa pauta.

En primer lugar, el café tostado en grano pierde su aroma y sabor rápidamente, por lo que la mayoría de los granos se exportan en forma de café verde a fin de preservar la calidad.

El café también se exporta como producto soluble. Sin embargo, la producción de café soluble requiere de fuertes inversiones de capital, y ello puede dificultar la entrada en determinados países productores de café. Cabe señalar que, a pesar del alza en las exportaciones de café soluble procedentes de esos países, el valor unitario que perciben es inferior al que consiguen los países importadores.[11]

Uno de los motivos que explican esa discrepancia en el valor comercial radica, probablemente, en las capacidades de desarrollo de marcas y el acceso a los canales de distribución.[12]

En segundo lugar, las preferencias en cuanto a tipos de café —mezclas de granos de las variedades arábica y robusta, o café de un único origen— e incluso grado de tostado de los granos presentan diferencias entre los diversos continentes y regiones. A modo de ejemplo cabe citar los países del norte de Europa, donde se prefieren las mezclas formadas por granos de café arábica menos tostados, mientras que en sus homólogos del sur se decantan por un tostado más intenso de mezclas en las que se incorpora la variedad robusta.[13] Los tostadores y los productores de café soluble ubicados cerca de los consumidores suelen estar en mejores condiciones para adaptar el tipo de mezcla y el grado de tostado a las preferencias regionales que la competencia situada en países productores de café.

Además de adaptar las mezclas y los grados de tostado a las preferencias específicas de cada región, los grandes tostadores emplazan las instalaciones de tostado de tal modo que puedan beneficiarse de las economías de escala. Por ejemplo, una instalación de tostado en Alemania puede encargarse del tostado y las mezcla de café para diversas marcas europeas, reduciendo así los costos y aumentando el nivel de productividad.

En tercer lugar, las políticas de índole industrial aplicadas en los países importadores de café tienden a favorecer la importación de café sin procesar, principalmente verde, por encima del café tostado y el café procesado (soluble). Tales restricciones comerciales, materializadas en forma de progresividad arancelaria, incrementan el costo de todo producto de café tostado, o incluso procesado, que exporten los países productores de café.

Sin embargo, conviene señalar que en el caso de muchos países importadores de café, y en particular en las economías más desarrolladas, los aranceles impuestos al café han sido objeto de una reducción progresiva por conducto de diversos acuerdos comerciales de carácter bilateral, regional y multilateral. En la actualidad, si bien la progresividad arancelaria sigue constituyendo un problema, los aranceles aplicados al café tostado y procesado suelen ser bajos en la Unión Europea y los Estados Unidos de América; en cambio, en la India y Ghana el café soluble está sujeto a impuestos del 35% y del 20%, respectivamente.[14]

Asimismo, según se desprende de un estudio elaborado por la OIC en 2011, es probable que los efectos de esa progresividad arancelaria sean mayores en los consumidores de café de países menos desarrollados que en los consumidores que viven en sus homólogos desarrollados. En particular, los consumidores de países desarrollados no dejarán de comprar café aunque aumente el precio de las bebidas preparadas con ese producto. Ello significa que los consumidores de café de esos países seguirán consumiendo su café de importación favorito incluso aunque se produzca un aumento en los impuestos de modalidades equivalentes a los aranceles aplicados a esas importaciones.

Asimismo, otras medidas reglamentarias afectan a la importación del café tostado y procesado de países productores de café, como las medidas sanitarias y fitosanitarias, que no constituyen restricciones comerciales en sí mismas, pero pueden conllevar mayores costos de cumplimiento normativo para las empresas de países productores de café.

En cuarto lugar, la mayoría de las innovaciones en productos y procesos relacionadas con el procesamiento del café tienen su origen en países importadores de café. Numerosos dispositivos, concebidos para incrementar al máximo el sabor y el aroma del café al tostar, moler e incluso percolar los granos, se han inventado y comercializado a ambas orillas del océano Atlántico.[15]

La elaboración de café soluble, que entraña más procesos que el mero tostado, probablemente se inventó durante la guerra civil de los Estados Unidos de América a fin de que los soldados pudieran beber fácilmente bebidas con cafeína.[16] Sin embargo, Nestlé, mediante la tecnología que patentó para elaborar leche soluble en polvo, pudo mejorar el sabor del café soluble y, así, dominar el mercado de ese producto.[17]

El lanzamiento de nuevos productos y servicios en el ámbito del café ha sido más fácil para los titulares de derechos sobre tecnologías patentadas relacionadas con el café. Así, las patentes y los dibujos y modelos industriales propiedad de Nespresso que protegen sus cafeteras y cápsulas han ayudado a consolidar la sólida presencia de Nestlé en el segmento de mercado de la primera oleada para atender a los consumidores de café. Si bien en la actualidad la mayoría de esas patentes ya han vencido, tanto Nestlé como Nespresso siguen siendo marcas potentes en el mercado del café.

Y, por último, conviene recordar que la promoción de la imagen de marca constituye una importante inversión para fomentar la confianza de los consumidores y ganar cuota de mercado en un mercado relativamente saturado como el del café. Los estudios ponen de manifiesto que los productos de marca pueden exigir mayores precios que sus homólogos genéricos.[18] Numerosos tostadores, productores de café soluble y minoristas realizan importantes inversiones en ese activo intangible con miras a diferenciarse de la competencia y potenciar su fondo de comercio. Tanto Nescafé como Starbucks son marcas bien reconocidas que gozan de gran popularidad entre los consumidores de café de todo el mundo.

Los países productores de café abrazan lentamente la protección de la PI a fin de aprovechar sus activos intangibles.

Cuadro 2.2

Cuadro 2.2: Participantes en el sector del café, actividades de valor añadido y activos intangibles

Participante	Principales actividades de valor añadido	Actores principales	Riesgos	Activos intangibles	Ubicación geográfica
Agricultores	• Cultivo y cosecha de plantaciones de café. • Muchas están vinculadas con cooperativas o asociaciones de agricultores. Las bayas de café se procesan (en seco o en húmedo) en la explotación o bien el siguiente participante de la cadena se encarga de ello.	• Agricultores o productores de café; las explotaciones de la mayoría de los agricultores tienen menos de cinco hectáreas.	• El cambio climático afecta a cultivos y cosechas. • La elevada volatilidad del precio del café y los tipos de cambio nacionales ponen en jaque los ingresos de los agricultores.	• Técnicas de cultivo (tradicionales o no).* • Marcas o indicaciones geográficas.*	• En más de 50 países menos desarrollados.
Cooperativas, instalaciones de beneficio	• Cooperativas basadas en economías de escala a fin de reducir el costo de los procesos de limpieza, separación o clasificación del café verde. • En ocasiones pueden exportar o tostar el café. La mayoría venden a exportadores según las necesidades de esos actores. • En las instalaciones de beneficio se procesan las bayas o se lleva a cabo el descascarillado (eliminación de los restos del fruto del grano). En determinadas zonas desarrollan su actividad en forma de cooperativas.	• Las cooperativas suelen estar ubicadas en otras regiones y no compiten directamente entre sí.	• Volatilidad del precio, riesgos crediticios e incapacidad para controlar las operaciones de descascarillado o beneficio en seco.	• Algunas cooperativas son de titularidad estatal o cuentan con su respaldo. • El vínculo entre cooperativas y agricultores ayuda a difundir nuevas técnicas de cultivo o incluso nuevas variedades de cafeto que pueden plantarse.*	• En países productores de café.
Exportadores e importadores de café	• Se compra el café en grano de agricultores, cooperativas, etc., y se prepara para la exportación. • Algunos exportadores de café también se encargan de tareas posteriores a la cosecha, por ejemplo ,de tareas de limpieza. • Los granos de café se agrupan mediante procesos mecánicos en función de la densidad, tamaño y color a fin de observar las definiciones y los estándares fijados por los clientes. Los procesos de beneficio pueden externalizarse. • Los importadores almacenan el café verde y pueden preparar mezclas. • Se disponen arreglos logísticos a fin de gestionar grandes existencias y entregar puntualmente los productos a los tostadores. • Desde hace poco, también prestan servicios de trazabilidad y certificación por su vinculación con los actores implicados en las fases tanto iniciales como finales de la cadena de valor del café.	• Muchos exportadores de café están vinculados con importadores internacionales o sociedades de comercio exterior. • Presumiblemente, tres empresas controlan el 50% de las importaciones mundiales de café: Volcafe y ECOM, de Suiza, y Neumann Coffee Gruppe, de Alemania. • Los grandes caficultores y cooperativas también pueden ejercer en calidad de exportadores de café.	• Empresas sujetas a un elevado apalancamiento y expuestas a fluctuaciones en el precio y los tipos de cambio.	• Secretos comerciales. • Sólida red o vínculo con los proveedores implicados en las fases tanto iniciales como finales de la cadena de suministro del café. • Conocimientos especializados en cuanto a mezcla, clasificación y determinados procesos. • Patentes. • Pueden acreditar la aplicación de técnicas agrícolas y respaldar el etiquetado ecológico, o cualquier otro tipo de certificaciones que exijan los clientes.*	• Los exportadores cuentan con departamentos de compras emplazados cerca de las explotaciones en países productores de café. • Los importadores tienden a ubicarse en países consumidores de café.
Tostadores y productores de café soluble	• Se procesa el café verde en grano según preferencias regionales y especificaciones normalizadas mediante tecnologías protegidas y conocimientos especializados específicos de cada empresa. • Se distribuye el café tostado y soluble a diversos puntos de venta minorista de café, en función de la especificación normalizada de ese segmento de mercado. • Se invierte en envasado y promoción de la imagen de marca a fin de diferenciar los productos de los de la competencia.	• Nestlé, JABJacobs Douwe Egberts, Strauss, J.M. Smucker Co., Folgers Coffee, Luigi Lavazza SpA, Tchibo GmbH y Kraft Heinz Co. representan prácticamente el 40% de las principales empresas dedicadas al tostado de café en el mercado minorista de la alimentación. • Nescafé (propiedad de Nestlé, de Suiza), y DEK y Dr. Otto Suwelak, de Alemania, son los principales productores de café soluble.	• En el caso de los productores de café soluble, se precisan notables inversiones de capital y se depende de las economías de escala.	• Patentes. • Marcas. • Dibujos y modelos industriales. • Secretos comerciales. • Conocimientos especializados para adaptar la mezcla y el tostado a las preferencias del mercado.	• Suelen encontrarse cerca del mercado de consumo. • Gracias al período de conservación más prolongado de los productos de café soluble, sus productores pueden ubicarse en lugares distantes del mercado de consumo.

Fuente: OMPI, a partir de Samper et al. (2017).

Nota: * indica nuevos activos intangibles fruto de las oportunidades generadas en los segmentos de mercado más recientes.

Gráfico 2.2

La mayoría de los ingresos de los países importadores de café proceden de las ventas minoristas

Proporción de los ingresos totales derivados de las ventas minoristas de café en supermercados correspondiente a países exportadores, importadores y países importadores (1965-2013).

Distribución de ingresos y valor de las ventas de café (USD/libra)

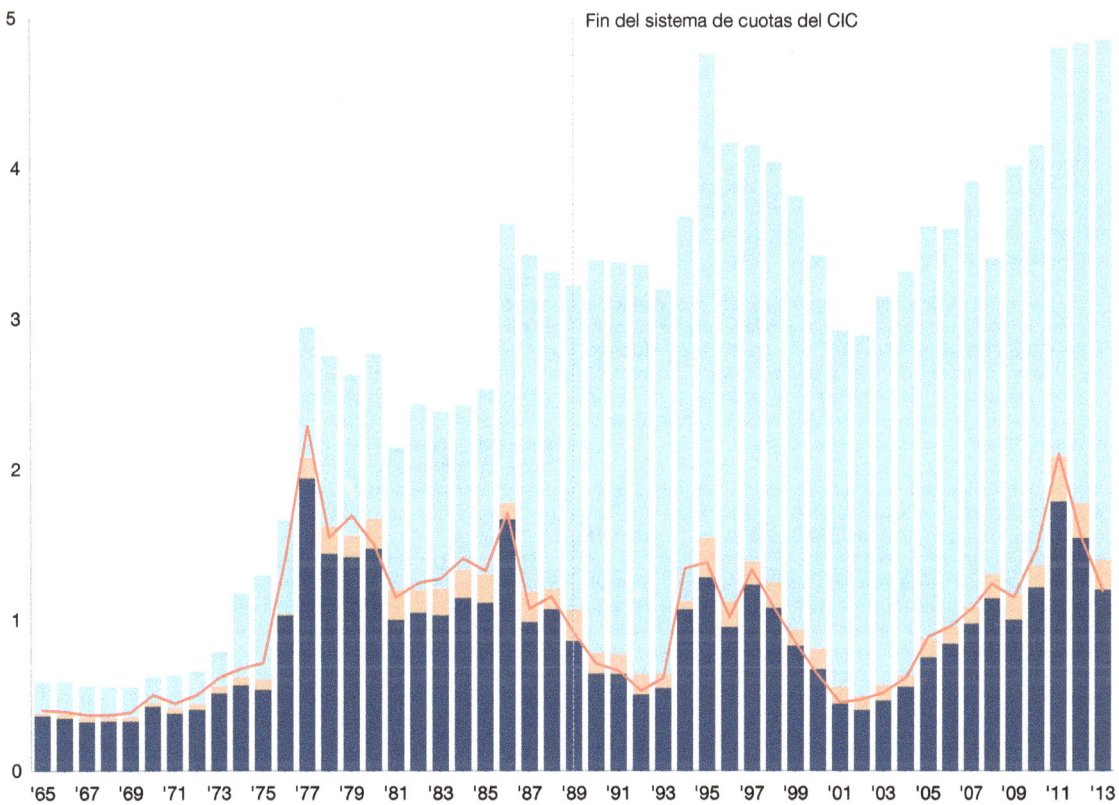

Fin del sistema de cuotas del CIC

| VALOR AÑADIDO EN LOS PAÍSES IMPORTADORES
| INGRESOS EN LOS PAÍSES PRODUCTORES
| INGRESOS DE IMPORTADORES Y PÉRDIDA DE PESO
| PRECIO INDICATIVO DE LA OIC

Fuente: Samper *et al.* (2017) a partir de datos recopilados por la FAO y la OIC.

Nota: Los precios minoristas de ventas en supermercados correspondientes a países importadores de café se expresan en dólares de los Estados Unidos de América (USD) por libra de café tostado, mientras que los ingresos de países productores de café y los precios de importación se expresan en USD por libra de café verde franco a bordo (FOB). La pérdida de peso se debe a los procesos de descascarillado, secado, preparación para la exportación y tostado del café verde. El precio indicativo de la OIC es un precio de referencia del café verde de todos los orígenes y variedades principales. En términos generales, la vigencia del sistema de cuotas del CIC se mantuvo entre 1962 y 1989, pero quedó temporalmente suspendido a causa del elevado precio del café durante el periodo comprendido entre 1975 y 1977.

Aunque muchos de los avances más recientes en tecnologías patentables relacionadas con el café se siguen produciendo en países importadores de café (véase la subsección 2.2.3), algunos países productores también perfeccionan sus propias capacidades de procesamiento del café. A modo de ejemplo, cabe citar el Brasil, donde se produce café tostado y soluble para competir con los tostadores y productores de café soluble de economías más desarrolladas.

Esos países también se afanan en desarrollar la imagen de marca de forma más activa como estrategia para diferenciar sus cafés de los productos de la competencia. Por ejemplo, algunos países han invertido en la protección de su café en grano por conducto de las indicaciones geográficas y las marcas. Así, el café procedente de Jamaica (Blue Mountain) y Colombia (Suaves) ha alcanzado precios superiores.[19]

Recuadro 2.2

Sistema de restricciones mediante cuotas del CIC y sus efectos en la distribución de los ingresos

Entre 1962 y 1989, el CIC dispuso una estricta regulación del comercio mundial del café, aunque no de forma sistemática.[23]

El objetivo del convenio consistía en reducir las fluctuaciones en el precio del café y lograr su estabilización, en especial en contextos de precios bajos. Las partes en el convenio, tanto países productores como países consumidores de café, acordaron una franja de precios objetivo para el café y la limitación de las exportaciones de ese producto mediante la asignación de cuotas de exportación a diversos países productores. Cuando el precio superaba la franja objetivo, se flexibilizaban las cuotas, y cuando quedaba por debajo de ella, se ajustaban. Cuando el precio superaba ampliamente la franja, las cuotas quedaban suspendidas por completo, como sucedió en el período de 1975 a 1977.

A causa de las restricciones impuestas por el sistema de cuotas, el precio del café se mantuvo relativamente elevado entre 1963 y septiembre de 1972, octubre de 1980 y febrero de 1986, y noviembre de 1987 y julio de 1989. Durante 1973 y 1980, las partes en el convenio no alcanzaron un acuerdo y las restricciones mediante cuotas quedaron en suspenso, y desde 1989 el convenio dejó de aplicarse.

Según una estimación de la distribución de los ingresos en el marco del sistema de cuotas del CIC elaborada por Talbot (1997), aproximadamente el 20% de los ingresos del café permanecían en los países productores, mientras que los países importadores de café se quedaban con el 55% de los ingresos.[24] En cambio, cuando dejó de aplicarse el sistema impuesto por el CIC, la proporción del total de los ingresos correspondiente a los países productores de café se redujo hasta el 13% y los países importadores de café registraron un drástico aumento de su parte hasta el 78%.

Talbot advierte de que, si bien cabe la posibilidad de que las restricciones impuestas mediante el sistema de cuotas del CIC expliquen el mayor porcentaje de ingresos de los países productores de café, puede que las fluctuaciones en el precio debidas a cambios en el rendimiento de la producción cafetera a nivel mundial hayan incidido en el reparto de los ingresos entre países productores e importadores.

Un aumento en el precio del café en el plano internacional supondría un trasvase de una mayor parte de los ingresos a los países productores de café, mientras que una bajada conllevaría un incremento del porcentaje reservado para los países importadores.

Cálculos más recientes de la distribución de los ingresos convienen, por lo general, en la apreciación de que los países importadores de café se quedan con una proporción de esos ingresos del café más elevada que antes.[25] Dos factores permiten explicar el menor porcentaje de ingresos de los países productores de café: por un lado, una reducción real del precio del café a nivel internacional y, por otro, un aumento de los costos ajenos al café en el sector cafetero.

El mantenimiento de las restricciones a la producción en el marco del sistema de cuotas conllevó multitud de problemas. En primer lugar, los países importadores de café tenían que consensuar precios más altos que los que habrían percibido sin el sistema de cuotas. En segundo lugar, los productores eficientes de los países productores de café tenían que restringir las ventas de café en grano incluso en coyunturas de precios altos, con la consiguiente pérdida de eventuales ingresos, a fin de dar cumplimiento a la normativa. Así, algunos países destruyeron café en grano en años cafeteros caracterizados por la elevada producción.[26]

Y, en tercer lugar, las restricciones mediante cuotas transmitían información incorrecta a los agricultores en lo concerniente a productividad y decisiones sobre siembra. Puesto que no había vinculación alguna entre el precio que percibían y las necesidades reales de consumo de café verde, se les alentaba a producir por encima de la demanda real del mercado, sometiendo el precio internacional del café a una presión bajista añadida. En un estudio más reciente sobre los efectos de las restricciones mediante cuotas del CIC en la producción de café se aduce que, en la actualidad, las cosechas de café se han reducido, en parte, a causa del menor precio de ese producto tras la resolución del convenio.[27]

A pesar de esos problemas, mientras se aplicaron, las restricciones cumplieron, en general, su objetivo de estabilizar el precio que percibían los productores de café.

Sin embargo, la propiedad de esos activos intangibles tradicionales no basta para conseguir el mismo nivel de acceso a los consumidores de economías más desarrolladas. Puesto que son los consumidores quienes impulsan la cadena de valor, y dada la dificultad para acceder a los canales de distribución en los países importadores, los productores de café de las fases iniciales del proceso se enfrentan a dificultades a la hora de competir en las fases finales del mercado de ese producto. Sin embargo, esa rígida estructura de gobernanza es objeto de un cambio paulatino que coincide con la eclosión del segmento de mercado de la tercera oleada.

2.2.2 – Variación de los ingresos de los participantes en el sector del café según la actividad desempeñada

La actividad que llevan a cabo los participantes en la cadena de valor del café determina la distribución de sus ingresos. Como se ha señalado en el capítulo 1, el valor añadido por diferentes actividades depende de los costos de capital y mano de obra en las distintas fases de la cadena. En particular, el capital intangible contribuye de forma decisiva a explicar el valor añadido a lo largo de la cadena.

Los rasgos de consumo específicos de los tres segmentos de mercado del café inciden en la contribución aportada por cada participante. En algunos casos, la especial importancia del segmento de mercado genera nuevas oportunidades para los participantes, brindándoles la posibilidad de incrementar el valor añadido de su actividad. Por ejemplo, al ejercer en calidad de intermediarios entre caficultores y compradores de café, importadores y exportadores pueden llevar a cabo una labor adicional como agentes promotores de la oferta y la certificación de cafés sujetos a NVS en la segunda oleada.

En la tercera oleada, en cambio, el vínculo directo entre agricultores y minoristas independientes dedicados al café permite prescindir de intermediarios y reduce la cadena de suministro.

La participación en los distintos segmentos de mercado también incide en la capacidad de los participantes para perfeccionar sus actividades y lograr una remuneración más alta, en especial en el caso de aquellos implicados en las oleadas segunda y tercera. En el cuadro 2.2 se facilita una descripción general simplificada de las funciones de los participantes y los activos intangibles conexos. Ese cuadro guarda relación con el gráfico 2.1 al mostrar las modificaciones en las funciones y los vínculos entre participantes en los segmentos de mercado más recientes. Por ejemplo, el comercio directo entre agricultores y minoristas independientes (en azul en el gráfico 2.1) otorga mayor importancia a los nuevos activos intangibles que los agricultores ahora están en condiciones de aprovechar (indicados con un asterisco en el cuadro 2.2).

Cuadro 2.3

Los caficultores perciben ingresos más elevados en los segmentos de mercado más recientes

		Primera oleada		Segunda oleada		Tercera oleada	
		USD/libra (453 g)	Índice	USD/libra (453 g)	Índice	USD/libra (453 g)	Índice
De caficultor a exportador	Productor/explotación agrícola	1,25 a)	86	N/A		4,11	80
	Exportador	N/A		N/A		0,45 d)	
	Beneficio seco	N/A		N/A		0,4	
	Envasado	N/A		N/A		0,11	
	Servicios de cooperativa	N/A		N/A		0,07	
Importador	Café verde FOB	1,45 b)	100	2,89	100	5,14	100
	Costos logísticos y margen de importador			0,24			
	Café verde en almacén	N/A		3,13	108,3	6,58	128
Tostador	Pérdidca de peso y entrega al tostador	N/A		3,91		N/A	
	Envasado y mano de obra directa	N/A		0,84		N/A	
	Otros salarios	N/A		1		N/A	
	Otros costos fijos	N/A		2		N/A	
	Comisión de *Fair Trade USA* por el mantenimiento de la certificación	N/A		0,04		N/A	
	Desplazamiento al lugar de origen	N/A				0,35	
		N/A		0,71		N/A	
	Precio de venta total del tostador	4,11 c)	283	8,5	294	17,45	340

Fuente: OIC (2014), SCAA (2014) y Wendelboe (2015)

a) media simple de todos los países pertenecientes a la OIC que presentaron datos
b) indicador medio de la entrega en muelle menos 10 céntimos para la conversión de entrega en muelle franco a bordo (FOB)
c) media simple de todos los países pertenecientes a la OIC que presentaron datos sobre precios minoristas menos el 30% para cubrir el sobreprecio acumulado a lo largo del canal
d) desglose productor-exportador según cifras de 2012. Índice FOB=100. Los datos de los segmentos de mercado se basan en precios de 2014

Intensa competencia en la primera oleada

Como se ha apuntado con anterioridad, el segmento de mercado de la primera oleada representa la mayor proporción de consumo mundial de café en cuanto a volumen y valor. La ingente cantidad de productos de café vendidos en ese segmento de mercado confiere a los participantes en las fases finales de la cadena de valor (tostadores, productores de café soluble y minoristas) un poder notable con respecto a los demás participantes de la cadena de suministro. Por lo general, esos productores absorben las medidas de ahorro de costos aplicadas a lo largo de la cadena.

Ese segmento de mercado constituye un ejemplo arquetípico de cadena global de valor impulsada por los compradores.

Ahora bien, uno de sus rasgos distintivos es la competencia encarnizada entre productores de café. Ello ha supuesto una considerable consolidación de marcas en los últimos decenios. Siete empresas están detrás de prácticamente el 40% de las ventas de café realizadas en supermercados. Se trata de marcas internacionales, como Jacobs Kronung (Alemania), Maxwell House (Estados Unidos de América) y Nescafé (Suiza), que compiten codo con codo con las marcas propias de los supermercados por la cuota de mercado.

A causa de la feroz competencia, los participantes en las fases finales de la cadena de valor se concentran en mantener los costos bajos y, al mismo tiempo, cumplir estándares con los que los consumidores se han familiarizado. Todo leve cambio de precio puede empujar a los consumidores a cambiar de marca.

En el gráfico 2.2 se muestra la distribución de los ingresos entre países importadores y países exportadores de café en el mercado minorista de los supermercados durante el período comprendido entre 1965 y 2013.[20] Desde 1986, tostadores y productores de café soluble de países importadores de café (en azul claro en el gráfico) se han hecho con una proporción de los ingresos totales del mercado superior a la de los participantes de países productores de café (en azul oscuro). Asimismo, en el gráfico puede apreciarse la evolución paralela de los ingresos de los países productores de café y el precio mundial del café, según el índice de precios compuesto de la OIC. Cabe destacar la vinculación particularmente estrecha entre ambos parámetros desde 1989, cuando se puso fin al sistema de restricciones mediante cuotas del Convenio Internacional del Café (CIC) (véase el recuadro 2.2).

El elevado grado de competencia que se produce en el segmento de mercado de la primera oleada supone que el margen de beneficio en las fases iniciales de la cadena de valor —de agricultores a exportadores en los países productores de café y, en determinados casos, a importadores en los países importadores de café— tenderá a ser pequeño.[21]

Daviron y Ponte (2005) sostienen que los procesos de tostado, mezcla, molienda y envasado al vacío a lo largo de la cadena de valor del café son de un carácter tecnológico relativamente bajo y suponen una pequeña proporción de los márgenes de los participantes en las fases finales de la cadena de valor. En cambio, son las inversiones destinadas a diferenciar los productos de café, en particular mediante iniciativas de promoción de la imagen de marca, las que generan una parte significativa del elevado valor añadido en los países importadores de café.[22]

Importancia de la certificación en la segunda oleada

El inicio del segmento de mercado de la segunda oleada se remonta al decenio de 1990, coincidiendo con la drástica caída que experimentó el precio del café tras el final de las restricciones impuestas mediante el sistema de cuotas del CIC.[28] Poco después, las organizaciones no gubernamentales (ONG) empezaron a hacer hincapié en las repercusiones del bajo precio del café para los agricultores, y reclamaron la adopción de medidas que ayudaran a paliar ese problema. En respuesta a esa demanda, los establecimientos especializados en café, como Starbucks, empezaron a ofrecer cafés que satisfacían las expectativas de los clientes con una mayor conciencia social. Así, en esos establecimientos comenzaron a proliferar cafés y productos ecológicos cultivados de forma sostenible que prometían el pago de precios más elevados a los agricultores, productos anteriormente restringidos a los puntos de venta tradicionales en comercios dedicados a la alimentación saludable.

La mayoría de los establecimientos especializados no gozan de acceso directo a los caficultores y, por consiguiente, deben recurrir a intermediarios para asegurarse de que el café en grano que adquieren cumple los criterios establecidos.

Los exportadores de países productores de café, que mantienen relaciones tanto con los caficultores, por un lado, como con los importadores o tostadores de países importadores de café, por otro, están perfectamente capacitados para organizar el suministro de café en grano certificado que se haya cultivado con arreglo a determinadas técnicas y cumpla otros criterios de sostenibilidad. Asimismo, algunas ONG también ayudan a conseguir certificaciones como las expedidas por Fair Trade o Rainforest Alliance.[29]

Los precios más altos de esos productos de café con certificaciones o etiquetados específicos —que hacen hincapié en el mayor valor que aportan a los participantes en las fases iniciales de la cadena de valor— se traducen en un nivel de ingresos de los agricultores distinto al registrado en la primera oleada (véase el cuadro 2.3). Asimismo, también se han observado abundantes ventajas adicionales claramente asociadas con NVS, desde una mejor conservación de los recursos y el medioambiente hasta unas prácticas laborales más favorables.[30]

Sin embargo, los investigadores discrepan sobre si los agricultores perciben ingresos notablemente superiores. Algunos aducen que los agricultores participantes en ese segmento de mercado perciben precios más elevados que aquellos circunscritos a la primera oleada; pero otros no están plenamente convencidos de ello.[31]

Los más escépticos sostienen que el costo de la aplicación de una NVS y el cumplimiento de las normas de certificación puede contrarrestar el aumento en los ingresos brutos percibidos, o que esos sobreprecios van a la baja.[32]

La importancia del origen del café en la tercera oleada

En el segmento de mercado de la tercera oleada se otorga gran importancia a valorar la bebida de café. Se considera que la información sobre las actividades en las fases iniciales de la cadena de valor —como el origen del café en grano, las técnicas de cultivo empleadas y las condiciones climáticas— tiene prácticamente la misma importancia que las actividades cafeteras de las fases finales de la cadena de valor centradas en el tostado, la mezcla y la preparación de la bebida.

Presumiblemente, este segmento de mercado presenta el mayor potencial de aumento de los ingresos de los participantes a lo largo de la cadena global de valor. En primer lugar, existe comercio directo entre caficultores y minoristas independientes. Esa integración vertical reduce la cadena de suministro y garantiza a los agricultores la percepción de salarios más altos por el café verde. El diferencial de precio medio entre cafés que permitan identificar al agricultor y los que no lo permiten puede alcanzar los 8 USD por libra.[33] Asimismo, en un estudio sobre el mercado estadounidense se calcula que el precio del café de un origen determinado protegido mediante los instrumentos que brinda la PI multiplica por tres, como mínimo, el precio medio minorista del café tostado en los Estados Unidos de América.[34]

En el cuadro 2.3 se muestran los distintos ingresos que los caficultores perciben en los diversos segmentos de mercado. En ese sentido, cabe destacar dos aspectos importantes. En primer lugar, el precio por libra de café pagado en la explotación a un agricultor que atiende a los segmentos de mercado de las oleadas segunda o tercera es superior al que percibe un agricultor dedicado a la primera oleada. En particular, los ingresos medios por libra que perciben los agricultores cuyo café se destina a los consumidores de la tercera oleada triplican los conseguidos con el café que se consumirá en la primera oleada. Aunque esas diferencias en los ingresos son notables, ponen de manifiesto las estrategias de diferenciación empleadas en las fases iniciales de la cadena de suministro. En la segunda oleada, la diferenciación se consigue mediante la aplicación de NVS, mientras que los agricultores cuya producción se destina a la tercera oleada tratan de diferenciarse al hacer hincapié en la calidad del café en grano y mediante las operaciones comerciales directas con tostadores en países importadores de café.

La relación más estrecha que mantienen los participantes en las fases iniciales y finales de la cadena de suministro conlleva una mayor interacción entre ellos. Así, los tostadores están en condiciones de adquirir un conocimiento más profundo de los procesos de cultivo del café y pueden ayudar a los agricultores a mejorar tanto las técnicas de cultivo como las estrategias de mercadotecnia, mientras que, por su parte, los agricultores pueden suministrar el café de alta calidad que los tostadores necesitan.

En ese contexto, los participantes en las fases tanto iniciales como finales de la cadena de suministro del café aumentan el valor que se desprende de sus actividades: los agricultores, al perfeccionar sus técnicas de cultivo y armonizarlas con las necesidades de los tostadores, y los tostadores, al aprovechar los valiosos conocimientos adquiridos sobre el café cultivado a fin de producir bebidas de calidad muy alta.

En el gráfico 2.3 se presenta la distribución de los ingresos en los segmentos de mercado de forma más visual. Mientras que en el gráfico 2.2 anterior se muestra la evolución histórica de la distribución de los ingresos correspondiente al segmento de mercado de la primera oleada, en el gráfico 2.3 se muestra una presentación sucinta de las tres oleadas según precios de 2014.

Gráfico 2.3

La remuneración de los caficultores es mayor si destinan la producción a los consumidores de la tercera oleada

Proporción de los ingresos totales derivados del café que perciben los participantes de los países productores e importadores por segmento de mercado (2014).

Distribución de los ingresos por segmento de mercado (USD/libra)

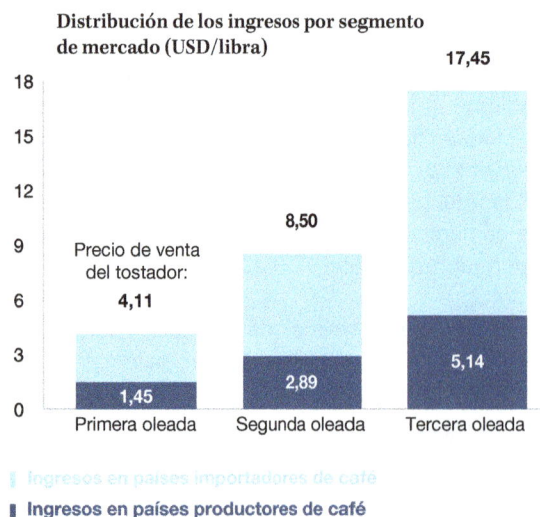

Fuente: OIC (2014), SCAA (2014) y Wendelboe (2015).
Nota: Véanse las notas del cuadro 2.3.

2.2.3 – La propiedad de activos intangibles, un recurso para la captura de valor

La distribución de los ingresos a lo largo de la cadena de valor del café puede explicarse, en parte, por la propiedad de activos intangibles. Como se ha apuntado en la subsección anterior, las inversiones en innovación y promoción de la imagen de marca son factores que, probablemente, explican el elevado valor añadido que se logra en la última parte de la cadena.

Un modo de cuantificar las actividades innovadoras consiste en analizar la titularidad de los derechos de patentes, modelos de utilidad y dibujos y modelos industriales que protegen las invenciones relacionadas con el café, mientras que las actividades de promoción de la imagen de marca pueden medirse gracias a las indicaciones geográficas y las marcas registradas y no registradas, cuando proceda.[35]

Los participantes de países importadores de café son los titulares de la mayoría de los derechos de PI relacionados con el café

Como se apunta en la subsección 2.2.1, la propiedad de la mayoría de los activos intangibles tradicionales conexos suele recaer en los países importadores de café. En el gráfico 2.4 se compara el uso de la PI que hacen, por un lado, los cinco principales países productores y, por otro, los cinco principales países importadores más China.[36]

Como era de esperar, las cifras muestran que gran parte de los derechos de PI relacionados con el café corresponden a los participantes de países importadores.

Los Estados Unidos de América, Suiza e Italia son los tres principales países de origen de los participantes que presentan solicitudes de patente relacionadas con el café. En el caso de las solicitudes de registro de marcas presentadas en la Oficina de Patentes y Marcas de los Estados Unidos de América (USPTO), y dejando de lado a los nacionales de ese país, los países europeos, y más concretamente Italia, Alemania y el Reino Unido, figuran entre los tres principales solicitantes.[37]

Sin embargo, China constituye una notable excepción a la imagen general representada en gráfico 2.4. Las solicitudes de derechos de PI relacionados con el café presentadas por solicitantes radicados en China compiten con las presentadas por solicitantes de los cinco principales países importadores de café.

Con anterioridad a 1995, la cantidad de solicitudes de patente relacionadas con el café presentadas por solicitantes de China se encontraba en un intervalo tan bajo como las presentadas por numerosos países productores de café, como el Brasil, Colombia y México. Ahora

bien, desde 1995, China figura entre los mercados más importantes en los que se solicita protección por patente, junto con los países importadores de café tradicionales, como los Estados Unidos de América y diversos países europeos (véase el recuadro 2.3).

Gráfico 2.4

lLos participantes de países importadores son los titulares de la mayoría de los derechos de PI relacionados con el café

Cifras totales de los distintos tipos de derechos de PI de los que son titulares los participantes radicados en los principales países productores de café en comparación con los derechos equivalentes de los que son titulares los participantes radicados en los países importadores de café más China (1995-2015).

Coffee-importing countries

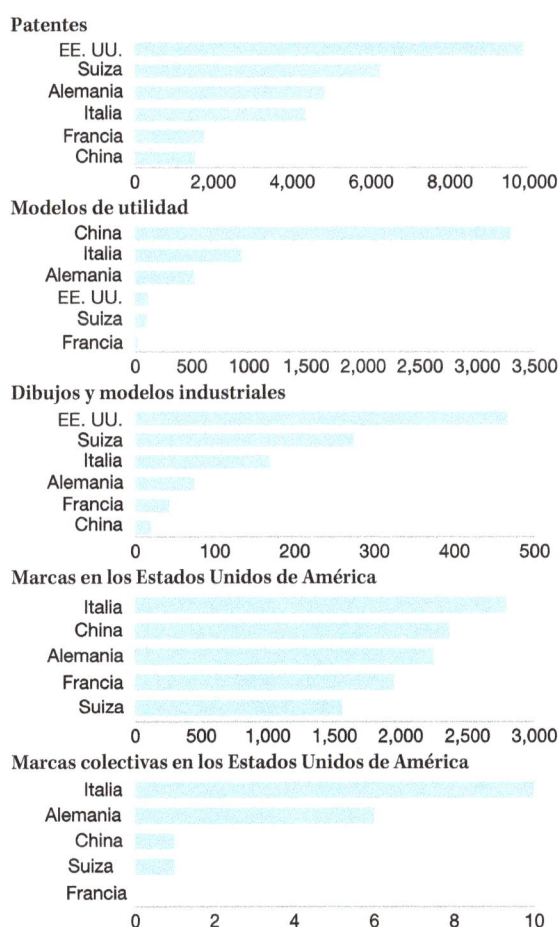

Patentes
- EE. UU.
- Suiza
- Alemania
- Italia
- Francia
- China

0   2,000   4,000   6,000   8,000   10,000

Modelos de utilidad
- China
- Italia
- Alemania
- EE. UU.
- Suiza
- Francia

0   500   1000   1,500   2,000   2,500   3,000   3,500

Dibujos y modelos industriales
- EE. UU.
- Suiza
- Italia
- Alemania
- Francia
- China

0   100   200   300   400   500

Marcas en los Estados Unidos de América
- Italia
- China
- Alemania
- Francia
- Suiza

0   500   1,000   1,500   2,000   2,500   3,000

Marcas colectivas en los Estados Unidos de América
- Italia
- Alemania
- China
- Suiza
- Francia

0   2   4   6   8   10

Coffee-producing countries

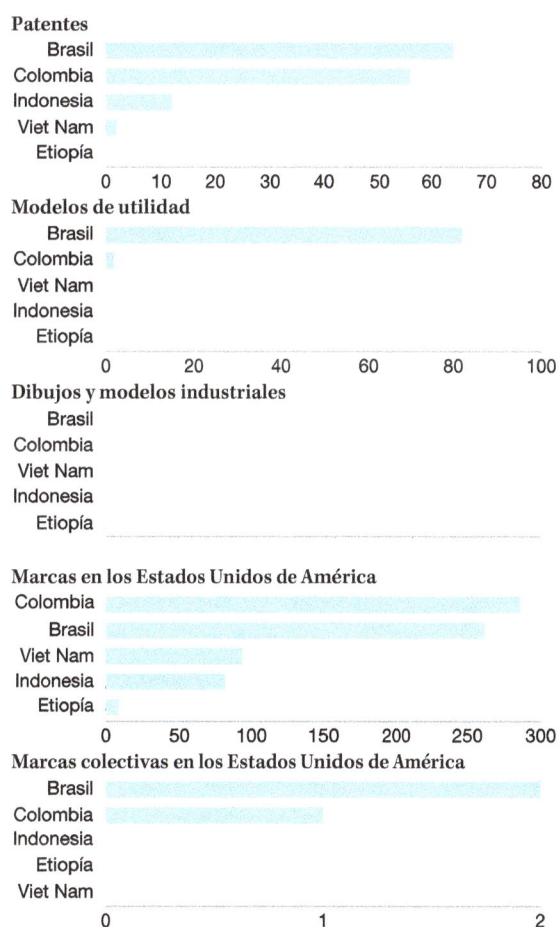

Patentes
- Brasil
- Colombia
- Indonesia
- Viet Nam
- Etiopía

0   10   20   30   40   50   60   70   80

Modelos de utilidad
- Brasil
- Colombia
- Viet Nam
- Indonesia
- Etiopía

0   20   40   60   80   100

Dibujos y modelos industriales
- Brasil
- Colombia
- Viet Nam
- Indonesia
- Etiopía

Marcas en los Estados Unidos de América
- Colombia
- Brasil
- Viet Nam
- Indonesia
- Etiopía

0   50   100   150   200   250   300

Marcas colectivas en los Estados Unidos de América
- Brasil
- Colombia
- Indonesia
- Etiopía
- Viet Nam

0   1   2

Fuente: OMPI, a partir de datos de PATSTAT y la USPTO; véanse las notas técnicas.

Nota: Los datos sobre patentes, dibujos y modelos industriales y modelos de utilidad proceden de la base de datos PATSTAT, mientras que los datos sobre marcas proceden de la USPTO (véase la nota final 36).

Recuadro 2.3

Ingente potencial de crecimiento de China, tanto en términos de producción como de mercado

Gracias a la producción de café arábica suave en la provincia de Yunnan, China es uno de los países que acaba de integrarse en el grupo de productores de café.[38] A lo largo de los dos últimos decenios, la producción cafetera de China se ha multiplicado por dos cada cinco años. Se trata de un mercado con un elevado potencial de crecimiento del consumo de café, y presenta un patrón de consumo similar a la evolución de la demanda de café que se experimentó en el Japón hace 50 años.[39]

Parece existir una evolución paralela entre las actividades de China en la esfera de la PI y el aumento que ese país registra en la producción de café. En el último decenio, se han multiplicado las actividades de presentación de solicitudes tanto de patentes como de registro de marcas, poniéndose a la altura de los países importadores de café de ingresos más altos.

Desde 1995, los solicitantes en China han presentado prácticamente la misma cantidad de solicitudes de patente en la esfera del café que los solicitantes radicados en Francia, y han superado las solicitudes presentadas por solicitantes del Reino Unido.[40] Además, prácticamente 3.300 tecnologías relacionadas con el café gozan de la protección que brindan los modelos de utilidad.[41] No obstante, en la mayoría de las solicitudes de patente presentadas en China se solicita protección únicamente en ese país, por lo que carecen de perspectiva internacional, en contraposición a lo que sucede en los casos de Francia, Italia y el Reino Unido.

Sin embargo, China presentó prácticamente 2.400 solicitudes de registro de marcas en la USPTO en el ámbito de los productos y servicios relacionados con el café, una cifra que supera con creces las aproximadamente 2.200 solicitudes presentadas por Alemania. Esas cifras llevan a pensar en una destacada presencia de las empresas chinas en el mercado estadounidense del café.

Gráfico 2.5

Más de la mitad del conjunto de patentes relacionadas con el café están vinculadas con la distribución final

Porcentaje de empresas del sector del café y porcentaje de solicitudes de patente relacionadas con el café por segmento de la cadena de valor.

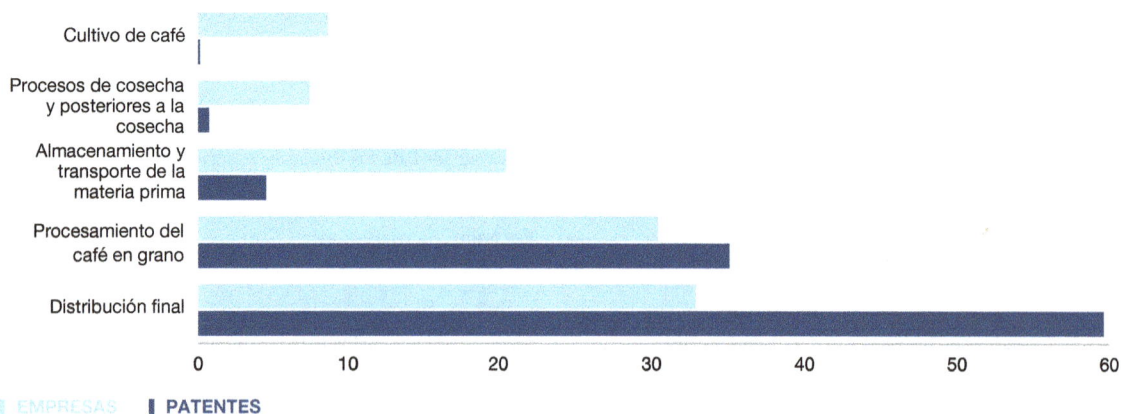

EMPRESAS **PATENTES**

Fuente: OMPI, a partir de datos de PATSTAT y Ukers (2017); véanse las notas técnicas. La clasificación de los segmentos de la cadena de valor se basa en Samper *et al.* (2017).

Nota: Las barras de color azul claro representan la proporción de todas las empresas del sector del café que llevan a cabo su actividad en cada segmento concreto de la cadena de valor. Las barras de color azul oscuro indican la proporción de patentes en la esfera del café correspondientes a cada segmento de la cadena. Probablemente, se subestima la proporción de participantes en el segmento dedicado al cultivo de café, dado que la lista de participantes en el sector del café obtenida del directorio de Ukers incluye únicamente a las empresas inscritas en el mismo.

Gráfico 2.6

Aumento de las solicitudes de registro de marcas, en especial para las oleadas segunda y tercera

Total de solicitudes de registro de marcas en el ámbito del café presentadas en la USPTO por segmento de mercado (1980-2016).

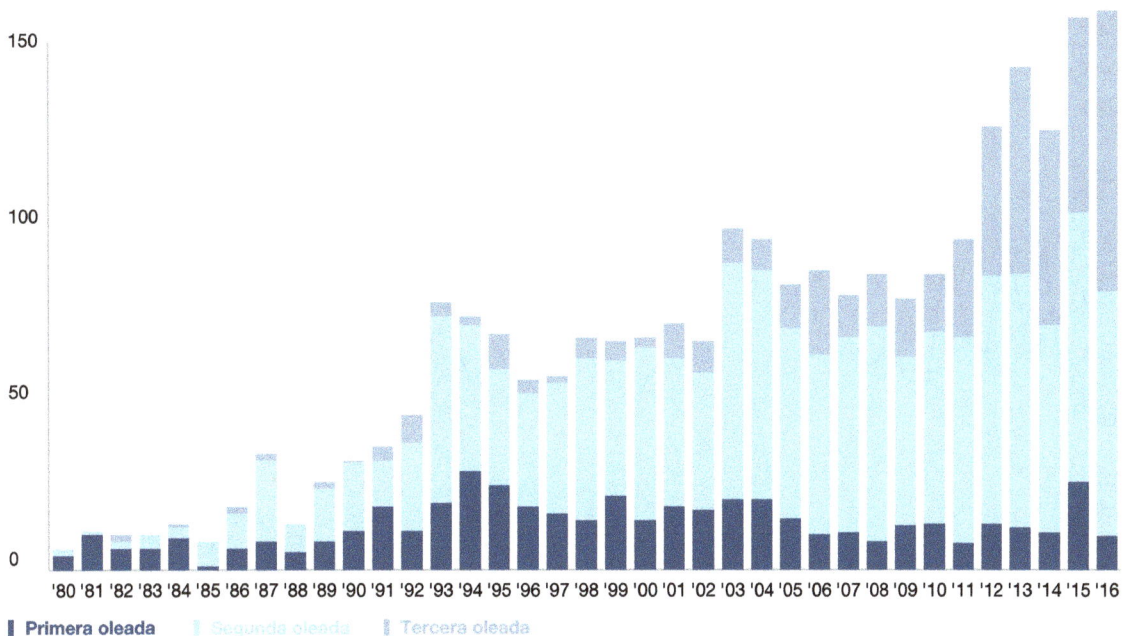

Primera oleada   Segunda oleada   Tercera oleada

Fuente: OMPI, a partir de datos de la USPTO y Premium Quality Consulting (PQC); véanse las notas técnicas.

Notas: PQC ha clasificado las marcas estadounidenses de café según los tres segmentos de mercado del café. La lista de PQC se empleó para determinar las solicitudes de registro de marcas presentadas en la USPTO para cada oleada o segmento de mercado.

La titularidad de derechos de PI es un reflejo de la distribución de los ingresos a lo largo de la cadena valor

En el gráfico 2.5 se compara la distribución de las actividades de patentamiento y las empresas en los distintos segmentos de la cadena de valor del café.[42] Se muestra la proporción de participantes en cada fase de la cadena (en azul claro) y la parte que les corresponde del total de solicitudes de patente en la esfera del café (en azul oscuro).

Más del 90% de todas las actividades de patentamiento relacionadas con el café se concentran en los segmentos de procesamiento del café en grano y distribución final.[43] Esos dos segmentos representan prácticamente dos terceras partes de la cantidad total de empresas en el sector mundial del café. Esos participantes engloban, por lo general, tostadores, productores de café soluble y minoristas que también llevan a cabo sus propios procesos de tostado, por ejemplo, establecimientos especializados en café y minoristas independientes del ámbito cafetero.

En cambio, las labores que suelen realizarse en países productores de café, como el cultivo, la cosecha y los procesos posteriores a la cosecha, representan una actividad de patentamiento más bien escasa. En conjunto, los segmentos dedicados al cultivo y a las labores de cosecha y posteriores a la cosecha representan menos del 2% del total de solicitudes de patente relacionadas con el café.

Los participantes en la fase de distribución final de la cadena de valor llevan a cabo cada vez más actividades de promoción de la imagen de marca. En el gráfico 2.6 se muestra la cantidad de solicitudes de registro de marcas presentadas en la USPTO por marcas minoristas de café de los Estados Unidos de América en las oleadas primera, segunda y tercera.

Aunque, por lo general, se ha producido un auge en las solicitudes de registro de marcas en la esfera de los productos y servicios relacionados con el café desde 1980, la cantidad de solicitudes presentadas por participantes de las oleadas segunda y tercera prácticamente se triplicó entre los años 2000 y 2016.

Gráfico 2.7

Los participantes en el sector del café recurren cada vez más a las actividades de promoción de la imagen de marca como estrategia de diferenciación

Solicitudes anuales de registro de marcas y patentes en la esfera del café (eje de ordenadas de la izquierda) y porcentaje de marcas y patentes relacionadas con el café del total de solicitudes de registro de marcas y patentes (eje de ordenadas de la derecha).

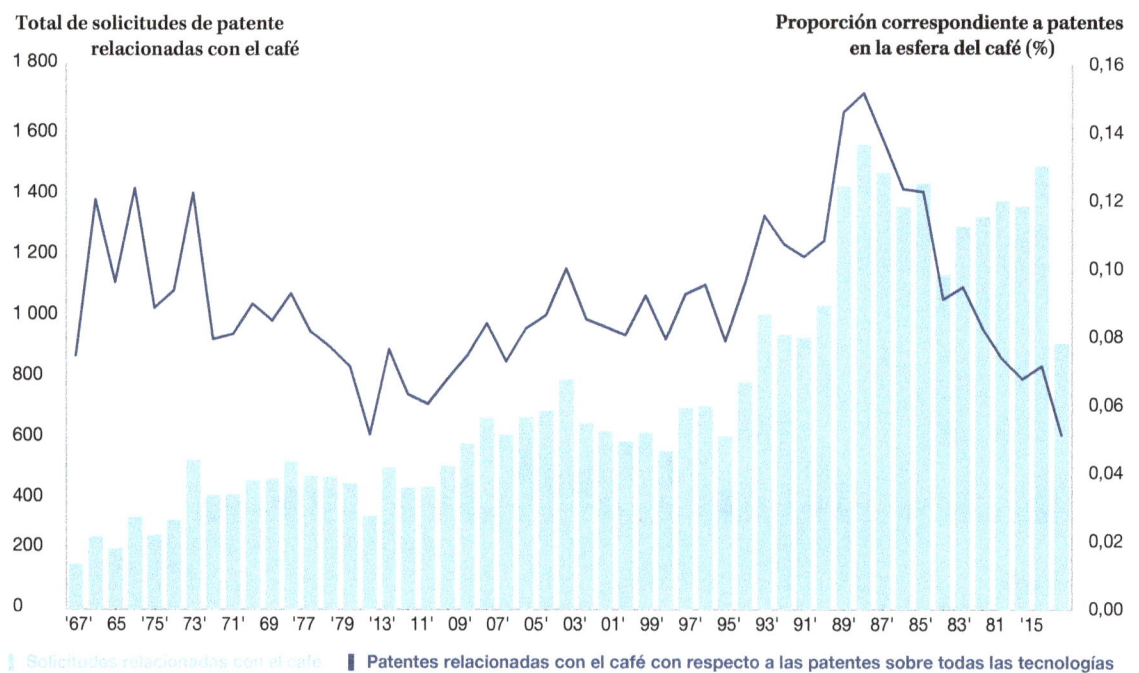

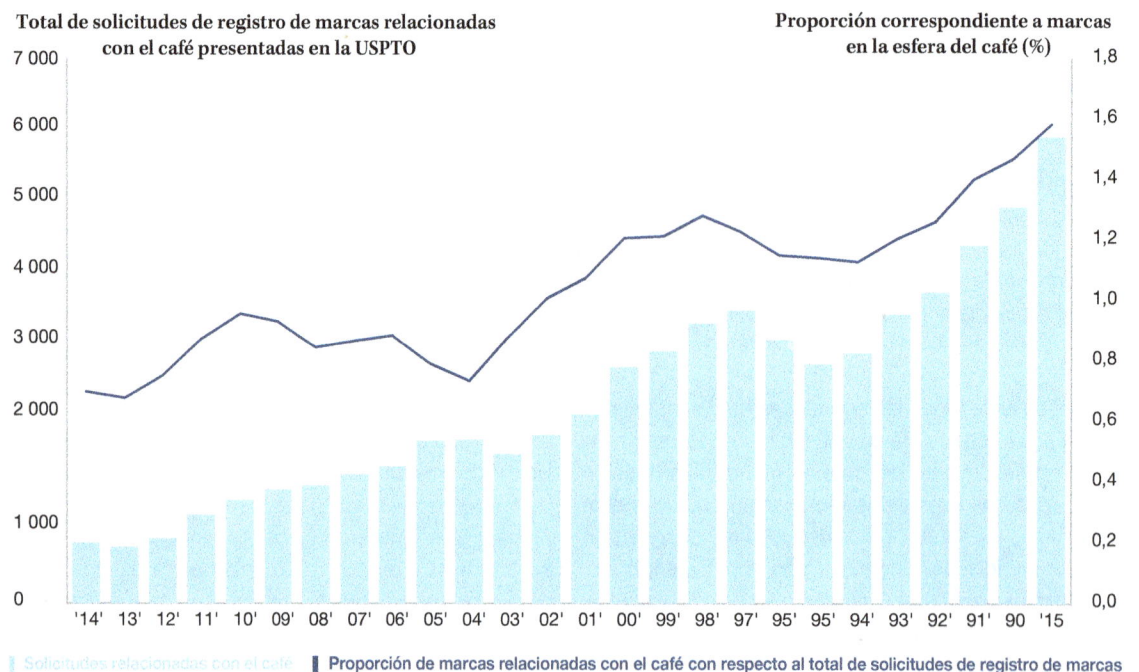

Total de solicitudes de patente relacionadas con el café

Proporción correspondiente a patentes en la esfera del café (%)

1 800 · 1 600 · 1 400 · 1 200 · 1 000 · 800 · 600 · 400 · 200 · 0

0,16 · 0,14 · 0,12 · 0,10 · 0,08 · 0,06 · 0,04 · 0,02 · 0,00

'67' 65 '75' 73' 71' 69 '77' '79' '13' 11' '09' '07' '05' '03' '01' '99' '97' '95' '93' '91' '89' '87' '85' '83' 81' '15'

Solicitudes relacionadas con el café ▮ Patentes relacionadas con el café con respecto a las patentes sobre todas las tecnologías

Total de solicitudes de registro de marcas relacionadas con el café presentadas en la USPTO

Proporción correspondiente a marcas en la esfera del café (%)

7 000 · 6 000 · 5 000 · 4 000 · 3 000 · 2 000 · 1 000 · 0

1,8 · 1,6 · 1,4 · 1,2 · 1,0 · 0,8 · 0,6 · 0,4 · 0,2 · 0,0

'14' '13' '12' 11' '10' '09' '08' '07' '06' '05' '04' '03' '02' '01' '00' '99' '98' '97' '95' '95' '94' '93' '92' '91' '90' '15'

Solicitudes relacionadas con el café ▮ Proporción de marcas relacionadas con el café con respecto al total de solicitudes de registro de marcas

Fuente: OMPI, a partir de datos de PATSTAT y la USPTO; véanse las notas técnicas.

Las solicitudes presentadas por operadores minoristas independientes de la tercera oleada explican una parte importante de ese crecimiento.

El hecho de que cada vez se recurra más a las solicitudes de registro de marcas pone de manifiesto la importancia que se otorga a las actividades de promoción de la imagen de marca en el sector del café en general y, especialmente, en las oleadas segunda y tercera. Esos segmentos de mercado empezaron a cobrar impulso a partir de los años 2000 y 2010, respectivamente.

Las iniciativas de promoción de la imagen de marca, a diferencia de las actividades de patentamiento, van al alza

Con el paso de los años, las solicitudes de registro de marcas en la esfera de los productos y servicios relacionados con el café han aumentado. En el gráfico 2.7 se pone de manifiesto el incremento de las solicitudes de registro de marcas relacionadas con el café en comparación con todas las demás categorías de marcas que se ha producido en los últimos decenios.

Gráfico 2.8

Mercados importantes en cuanto a patentes relacionadas con el café

Porcentaje del conjunto de familias de patentes relacionadas con el café en todo el mundo cuyos solicitantes buscan protección en un país determinado en los períodos comprendidos entre 1976 y 1995 (mapa superior) y entre 1996 y 2015 (mapa inferior).

1976-1995

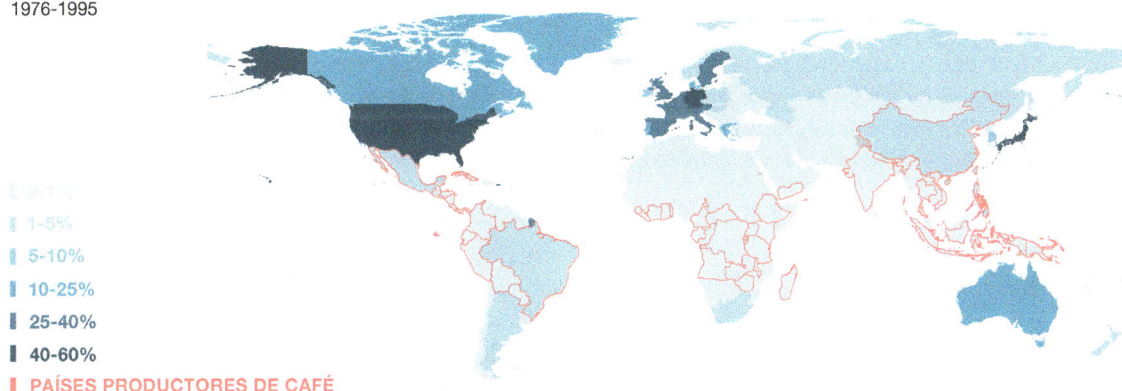

- 0-1%
- 1-5%
- 5-10%
- 10-25%
- 25-40%
- 40-60%
- PAÍSES PRODUCTORES DE CAFÉ

2015-1996

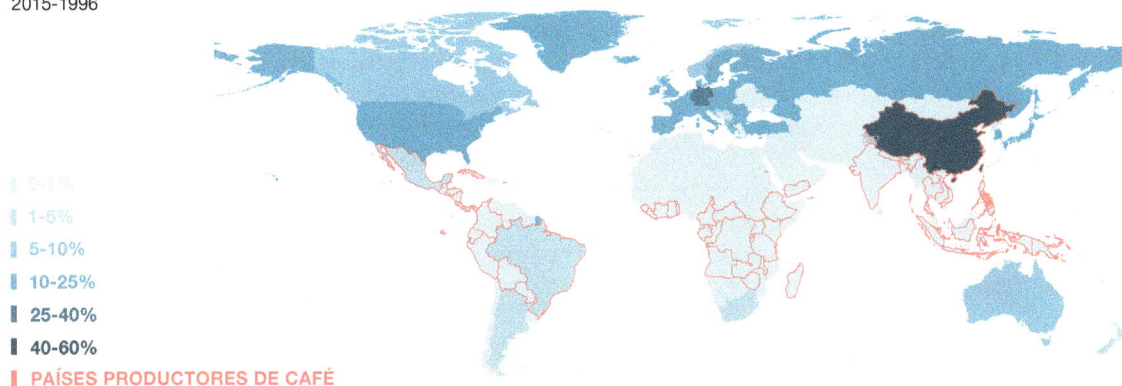

- 0-1%
- 1-5%
- 5-10%
- 10-25%
- 25-40%
- 40-60%
- PAÍSES PRODUCTORES DE CAFÉ

Fuente: OMPI, a partir de datos de PATSTAT; véanse las notas técnicas.

Notas: Las familias de patentes incluidas en el gráfico cuentan por lo menos con un documento de patente expedido por una oficina de PI. Los países señalados con contorno de color rojo son miembros de la OIC clasificados en el grupo de países productores de café más China.

En los años 1991, 2000 y 2010 tuvieron lugar notables aumentos en las solicitudes de registro de marcas en el ámbito del café, coincidiendo con la eclosión y la consolidación de las oleadas segunda y tercera.[44]

En cambio, durante ese mismo período las actividades de patentamiento de tecnologías relacionadas con el café han registrado un aumento desigual. Si bien se ha incrementado la cantidad de patentes en esa esfera, han mermado si se comparan con el conjunto de todas las patentes desde 2005. La presentación anual de solicitudes de patente en el ámbito del café alcanzó su apogeo ese mismo año, al presentarse más de 1.500 solicitudes en todo el mundo.

2.3 – Gestión de los activos intangibles en la cadena de valor del café

Los participantes en la cadena global de valor del café se basan en cuatro criterios para la protección y la gestión de sus activos intangibles: a) proteger las tecnologías patentables en las ubicaciones con competidores; b) utilizar estrategias de diferenciación y, en especial, de promoción de la imagen de marca a fin de destacar por encima de los rivales; c) forjar vínculos más directos con los caficultores; y d) garantizar el rendimiento del café haciendo frente a la problemática del cambio climático y a los problemas asociados con enfermedades del café.

2.3.1 – Protección del café en mercados importantes

Como se ha señalado con anterioridad, la mayoría de los activos intangibles tradicionales de la cadena global de valor del café son propiedad de los participantes de las economías importadoras de café más desarrolladas. Esos participantes protegen su capital intangible en aquellos países en los que deben hacer frente a competidores, normalmente otras economías importadoras de café más desarrolladas.

En el gráfico 2.8 se muestran los lugares de todo el mundo en los que se brindó protección a las tecnologías patentadas en los períodos comprendidos entre 1976 y 1995 (mapa superior) y entre 1996 y 2015 (mapa inferior).

Conviene destacar dos aspectos. Por un lado, la protección de las tecnologías relacionadas con el café se solicita principalmente en las economías más desarrolladas; esa afirmación era cierta en 1995 y lo sigue siendo hoy en día.

El Brasil, China y México son los únicos países productores de café en los que se solicita protección por patente para las invenciones relacionadas con el café. Por otro lado, en cambio, cabe señalar que en las oficinas de PI de mercados de tamaño considerable como China y la Federación de Rusia se presenta actualmente una proporción más elevada de solicitudes de patente en el ámbito del café que en el período anterior a 1996, circunstancia que, probablemente, es un síntoma del aumento en el consumo de café en esos países.

Ahora bien, en China, el incremento de las actividades de patentamiento constituye un hecho singular por cuanto en la mayoría de las solicitudes presentadas en la Oficina Estatal de Propiedad Intelectual (SIPO) de la República Popular China se solicita protección únicamente en ese país y no en otros, mientras que en las solicitudes de patente presentadas en otros países se tiende a solicitar protección en más de una jurisdicción.

2.3.2 – La promoción de la imagen de marca como estrategia de diferenciación

Las estrategias de promoción de la imagen de marca presentan diferencias en los tres segmentos de mercado

En la primera oleada, puesto que es el mercado quien rige la gobernanza, son los compradores quienes controlan la mayoría de los activos intangibles, es decir, tostadores de café y productores de café soluble. En ese segmento, las relaciones de larga data con los distribuidores, las inversiones encaminadas a introducir tecnologías innovadoras y las actividades de promoción de la imagen de marca siguen garantizando la cuota de mercado de los compradores en un mercado competitivo. Nestlé, y la comercialización por conducto de las marcas Nespresso y Nescafé Dolce Gusto de cafeteras monodosis para elaborar café expreso en casa con las correspondientes cápsulas, constituye un ejemplo excelente de la importancia de la promoción de la imagen de marca. Esas cafeteras constituyeron toda una innovación al permitir el consumo doméstico de bebidas monodosis de calidad elaboradas a partir de expreso.

La estructura de gobernanza del segmento de mercado de la segunda oleada también está regida por el mercado. Los participantes realizan importantes inversiones en actividades de promoción de la imagen de marca con miras a diferenciarse de la competencia.

Gráfico 2.9

Los segmentos de mercado más recientes presentan más solicitudes de registro de marcas en los Estados Unidos de América

Cantidad de marcas minoristas en la esfera del café y las correspondientes solicitudes de registro de marcas presentadas por segmento de mercado del ámbito del café (izquierda); distribución de las diferentes modalidades de presentación de solicitudes de registro de marcas por segmento de mercado del ámbito del café (derecha).

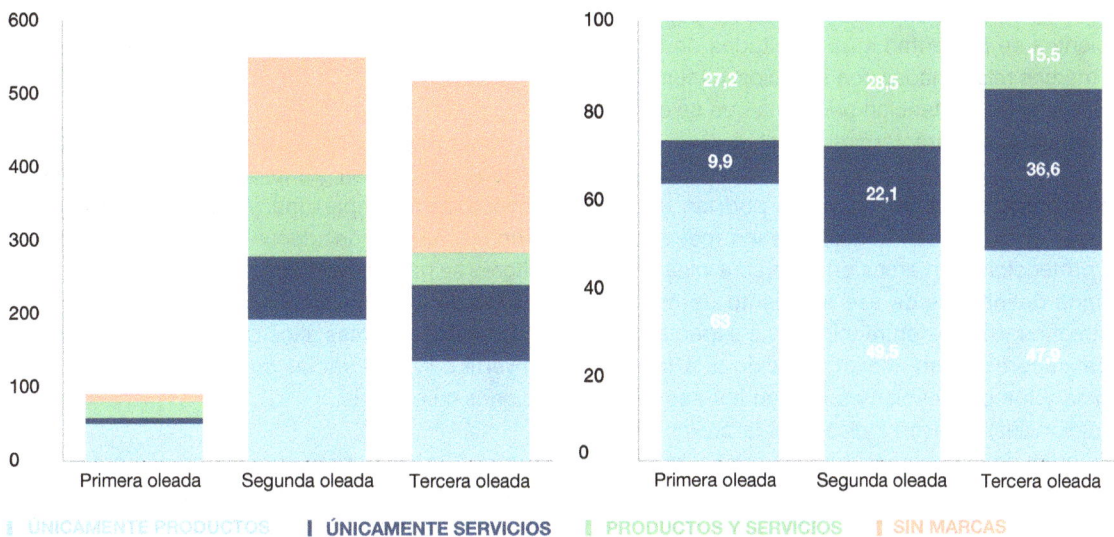

ÚNICAMENTE PRODUCTOS   ÚNICAMENTE SERVICIOS   PRODUCTOS Y SERVICIOS   SIN MARCAS

Fuente: OMPI, a partir de datos de PATSTAT y PQC; véanse las notas técnicas.

Starbucks, por ejemplo, es una de las mayores marcas de café del mundo.[45] Pero el modelo de negocio de los establecimientos especializados en café de la segunda oleada es distinto del modelo de negocio característico de la primera oleada porque se establece una vinculación directa con los consumidores. Esos establecimientos prestan mucha atención a las tendencias de consumo y, con frecuencia, se posicionan como paradigma de determinados estilos de vida.

Los tostadores y productores de café soluble de la primera oleada están tomando conciencia de la gran importancia que los participantes de la segunda oleada otorgan a la certificación y el etiquetado. Una cantidad creciente de envases de café ya incluyen etiquetas de certificación de terceros que indican las técnicas de cultivo de los granos de café y garantizan a los consumidores que los agricultores han percibido una remuneración adecuada.

En el gráfico 2.9 se ilustra la cantidad de solicitudes de registro de marcas presentadas en los Estados Unidos de América por parte de marcas de café minoristas de las oleadas primera, segunda y tercera. Prácticamente todas las marcas minoristas de café que llevan a cabo su actividad en la primera oleada han presentado una solicitud de registro de marca. Si bien en las oleadas segunda y tercera se concentran, en total, más solicitudes de registro de marcas que en la primera oleada, las marcas que operan en la primera oleada tienen más probabilidades que las marcas que desarrollan su actividad en las oleadas segunda o tercera de contar con la protección que brinda un registro de marca. Solo el 12% de las marcas de la primera oleada no son titulares de derechos de marca, mientras que prácticamente el 30% y el 45% de las marcas de las oleadas segunda y tercera, respectivamente, carecen de la protección que brinda el registro de marcas.

En otras palabras, los participantes de la primera oleada tienen más probabilidades de utilizar los mecanismos de registro de marcas que aquellos que se circunscriben a los segmentos de mercado de reciente aparición, circunstancia que pone de relieve el valor de las marcas subyacentes.

Además, los tipos de solicitudes de registro de marcas presentan diferencias según el grupo destinatario de consumidores de los tres segmentos de mercado. Las marcas minoristas de la primera oleada tienden a presentar más solicitudes de registro de marcas relacionadas con productos que las marcas de las oleadas segunda y tercera, hecho que revela la mayor atención que las marcas citadas en primer lugar dedican al consumo en el ámbito doméstico. Por su parte, en el contexto de los dos mercados más recientes se presentan más solicitudes de registro de marcas relacionadas con servicios, circunstancia que evidencia la atención prioritaria que se otorga a los servicios de carácter presencial.

Cabe preguntarse qué factores podrían explicar el uso relativamente reducido de los mecanismos de protección de marcas en la tercera oleada. Los rasgos definitorios de ese segmento de mercado (estrechos vínculos entre minoristas especializados y caficultores, y una mayor atención a la transparencia y los conocimientos que en los segmentos tradicionales) parecen indicar que la promoción de la imagen de marca constituye un capital intangible decisivo que convendría proteger. Sin embargo, los datos sobre presentación de solicitudes de registro de marcas ponen de manifiesto que apenas la mitad de los minoristas de la tercera oleada han solicitado el registro de una marca. La proporción de marcas minoristas de la tercera oleada que no son titulares de derechos de marca es del 45% en comparación con el prácticamente 30% de casos en la segunda oleada y el escaso 12% de la primera oleada.

Una explicación de esa manifiesta disparidad podría encontrarse en las dimensiones reducidas de los nichos en los que operan la mayoría de las marcas minoristas de la tercera oleada. Así pues, cabe la posibilidad de que no precisen de los mecanismos de protección de marcas para lograr el reconocimiento de su imagen de marca. En cambio, es más probable que la magnitud de las marcas de las oleadas primera y segunda sea mayor, y que trabajen para el mercado mundial del café, de tal modo que quizá deban recurrir a mecanismos de protección de la PI más tradicionales.

Aunque la tercera oleada sigue siendo pequeña en cuanto a volumen comercializado, ya ha incidido en la forma en que se llevan a cabo las actividades comerciales en los otros dos segmentos de mercado.

2.3.3 – La tercera oleada brinda a los caficultores oportunidades de mejora

La tercera oleada, con su gobernanza de carácter vivencial, ha repercutido en los métodos de gestión de los activos intangibles en el sector del café. La cadena de valor más reducida, que posibilita el comercio directo con los agricultores, ha brindado nuevas oportunidades de mejora a los participantes, en particular a agricultores y compradores que adoptan la forma de minoristas de cafeterías independientes.

En primer lugar, la información sobre el origen y la variedad del café en grano, las técnicas de cultivo y procesamiento empleadas, y la eventual percepción de una remuneración adecuada por parte de los agricultores se han convertido en aspectos inherentes a la venta de café. Esos conocimientos e información suponen precios más altos del café, que se pueden reinvertir para mejorar las condiciones de las explotaciones cafetaleras.

En segundo lugar, para numerosos compradores el aprovisionamiento de café en grano de alta calidad adquiere una importancia cada vez mayor. El comercio directo es uno de los mecanismos que permite a los compradores garantizar la adquisición de café de gran calidad.

Además, los compradores profundizan en los conocimientos acerca del café y, de ese modo, pueden transmitir su historia a los clientes. Para los caficultores, la comunicación directa con los compradores en ocasiones puede conllevar la puesta en común de tecnologías y conocimientos especializados, contribuyendo así a mejorar las explotaciones y perfeccionar el procesamiento.

Un buen ejemplo de ello lo ofrece el tostador italiano Illycafé y su relación con los caficultores brasileños desde finales del decenio de 1980. Para Illycafé, la colaboración directa con los agricultores garantizaba un suministro relativamente estable de café en grano del Brasil que satisfacía sus requisitos de alta calidad. Para los agricultores, esa misma colaboración les ayudaba a perfeccionar las técnicas de cultivo, los métodos posteriores a la cosecha y las instalaciones de procesamiento, e incluía importantes sistemas oficiales de formación.

En tercer lugar, el origen del café en grano se ha convertido en un aspecto relevante del café, y consta en el envase de los productos cafeteros. Actualmente, tostadores, productores de café soluble y tiendas especializadas en café de los segmentos de mercado de las oleadas tanto primera como segunda ofrecen tipos de café procedentes de orígenes concretos. La gran importancia que se concede al origen del café brinda a los caficultores la oportunidad de diferenciarse de los proveedores de otros países productores.

Una cantidad creciente de países productores de café ponen en práctica estrategias de diferenciación

Los segmentos de mercado de las oleadas segunda y tercera son una prueba de que la diferenciación de los productos puede reportar mayores ingresos de la cadena de valor a los participantes de los países productores de café. En la actualidad, una cantidad creciente de esos países invierten en iniciativas encaminadas a diferenciar su producción del café genérico o considerado un mero producto básico.

En primer lugar, algunos caficultores o asociaciones adoptan medidas destinadas a proteger de forma activa en los mercados extranjeros el desarrollo de marcas de café procedentes de sus países. En los Estados Unidos de América, los participantes presentan solicitudes de registro de marcas con miras a proteger los productos de café. El Brasil, Jamaica y México han empleado en ese país las marcas colectivas y de certificación.[46] Por su parte, Colombia, Etiopía, Jamaica y Kenya también recurren a las marcas a fin de proteger el origen de sus productos cafeteros. En la Unión Europea, se han registrado dos indicaciones geográficas para el café procedente de Tailandia, y Colombia, la República Dominicana e Indonesia cuentan cada uno con la suya propia; se han registrado, asimismo, cuatro marcas europeas relacionadas con el término "café" para Jamaica y Etiopía; y otras cinco marcas protegen logotipos correspondientes al café de Colombia y Jamaica.

Gobiernos como los de Colombia y Etiopía han respaldado iniciativas encaminadas a proteger los derechos de PI mediante el registro de indicaciones geográficas y marcas a fin de garantizar la diferenciación de los productos de sus países. En Colombia, la Federación Nacional de Cafeteros (FNC) ha puesto en práctica una estrategia de diferenciación que entraña la protección activa de cafés procedentes de sus regiones, el cumplimiento de determinadas NVS y la acreditación de su café en grano como producto apto para la elaboración de bebidas elaboradas a partir de expreso. Las iniciativas de la FNC incluyen el respaldo al programa 100% Café de Colombia, que permite etiquetar determinadas mezclas de café destinadas a la primera oleada, así como a otros segmentos de mercado, con el logotipo 100% Colombiano.[47]

En Etiopía, la Iniciativa de Desarrollo de la Marca y Concesión de Licencias del Café Etíope, un consorcio por el que se establece una asociación público-privada, ha desarrollado de forma activa marcas de café originarias de sus regiones con objeto de promocionarlas.[48]

Recuadro 2.4

La impugnación de las solicitudes de registro de marcas de Etiopía en la USPTO potenció la popularidad de sus cafés

En 2005, la Oficina Etíope de Propiedad Intelectual (EIPO), en nombre de la Iniciativa de Desarrollo de la Marca y Concesión de Licencias del Café Etíope, solicitó en la USPTO que se registraran como marcas los nombres Yirgacheffe, Sidamo y Harrar. Sin embargo, los registros de los nombres Sidamo y Harrar fueron impugnados.

Los medios de información apuntaron a Starbucks como uno de los impulsores de esa impugnación. Un año más tarde, el Gobierno de Etiopía y Starbucks alcanzaron un acuerdo beneficioso para ambas partes. Starbucks firmó un acuerdo voluntario de licencia de marcas con objeto de reconocer a Etiopía como titular de los derechos asociados a los nombres Yirgacheffe, Sidamo y Harrar, con independencia de si tienen o no la consideración de marcas. A cambio, la EIPO concedió a Starbucks una licencia para utilizar esos nombres en el marco de un sistema de concesión de licencias exentas de regalías.

Cabe la posibilidad de que la cobertura que los medios de información dedicaron a la impugnación de las marcas de Etiopía en la USPTO y la función que Starbucks desempeñó en ese sentido contribuyeran a aumentar la popularidad del café procedente de Etiopía. El ex director general de la EIPO apuntó que el precio del café Yirgacheffe subió 60 céntimos de dólar de los Estados Unidos de América por libra tras la cobertura brindada por los medios de información.

Fuente: (OMPI) "La historia de Etiopía y Starbucks", IP Advantage: www.wipo.int/ipadvantage/es/details.jsp?id=2621

Australia, el Brasil, el Canadá, China, la Unión Europea, Sudáfrica y los Estados Unidos de América son solo algunos de los lugares en los que ha solicitado derechos de marca. El consorcio también ha contratado a una empresa con sede en el Reino Unido a fin de que colabore en la comercialización de sus cafés a escala mundial. Sus iniciativas han contribuido a aumentar la popularidad del café etíope (véase el recuadro 2.4).

En segundo lugar, países como Colombia y el Brasil participan en las fases finales de la cadena de suministro del café al tostar café y vender productos en mercados extranjeros. Colombia también ha entrado en el negocio minorista del café al inaugurar tiendas especializadas similares a Starbucks en distintas partes del mundo. Esos establecimientos se diferencian por lucir la marca Juan Valdez, y en ellos únicamente se sirve café de Colombia. En 2016, había 371 cafeterías Juan Valdez en funcionamiento, 120 de ellas fuera del país. A finales de ese año, la asociación de café de Colombia había recaudado 37 millones de USD en concepto de regalías generadas por la marca Juan Valdez.

En tercer lugar, cada vez son más los caficultores que establecen relaciones directas con los compradores de café al integrarse en las redes de la comunidad cafetera.

Fomento de la reputación a través de la movilización de la comunidad del café

La comunidad cafetera comprende una red de baristas y tostadores que se organizan en gremios y asociaciones, donde se organizan certámenes y reuniones que permiten a los participantes intercambiar conocimientos y poner en común sus técnicas artesanales a fin de que se reconozca su labor.

Uno de los certámenes que obra en beneficio de caficultores y compradores es la denominada Copa de la Excelencia (COE, del inglés *Cup of Excellence*). La COE reconoce las inversiones de los caficultores destinadas a producir café de gran calidad, y constituye un marco en el que los agricultores pueden promocionar sus cafés en un contexto internacional. Aquellos cafés que figuran entre los diez mejor clasificados de la COE se subastan y, con frecuencia, se pagan a precios más altos. Así, la fama de los agricultores que producen esos cafés y de sus explotaciones aumenta y, por lo general, esos profesionales pueden entablar relaciones a largo plazo con los compradores de café.[49]

Esa forma de promoción de la imagen de marca confiere un notable valor a los competidores exitosos.

Según se desprende de una evaluación independiente de los programas de la COE en el Brasil y Honduras, el valor generado para esos países asciende a 137 millones y 25 millones de USD, respectivamente. Se ha determinado, asimismo, que esos incrementos de valor se deben a las ventas mediante subasta directa, un fuerte aumento del comercio directo y un mayor acceso a mercados de café selecto. Los participantes que cosechan éxitos en la COE gozan de márgenes de beneficio entre dos y nueve veces mayores que los de sus homólogos convencionales.[50]

La comunidad cafetera observa normas a fin de simplificar el comercio entre compradores y agricultores. Las mediciones y los estándares de calidad codificados, como las catas y las normas de clasificación de la *Specialty Coffee Association* (SCA) facilitan ese comercio. Esas normas alientan a los caficultores a producir café de mayor calidad y, al mismo tiempo, garantizan a baristas y tostadores la calidad del café que adquieren. Cuanto mayor sea el número de participantes del sector del café que reconozcan una norma, más sencillo resultará que se materialicen operaciones directas entre suministradores y compradores de café en el mercado mundial.

Sin embargo, los problemas que entraña el cambio climático y las enfermedades de los cafetos amenazan la producción de café en grano en todo el mundo.

2.3.4 – Creación de nuevas variedades de cafeto por conducto de asociaciones público-privadas

La producción de café debe hacer frente a diversos desafíos, por ejemplo, el cambio climático, las enfermedades y las plagas de los cafetos, la escasez de mano de obra y la demanda apremiante de tierras.

Esos desafíos son especialmente graves para la producción de café arábica de gran calidad. En primer lugar, la diversidad de especies del cafeto de arábica es reducida, por lo que ese árbol es extremadamente propenso a presentar enfermedades y sufrir los efectos del cambio climático.[51] En segundo lugar, es probable que el aumento de la temperatura provocado por el cambio climático reduzca las superficies aptas para el cultivo de café.[52]

Por consiguiente, solo podrá garantizarse el suministro de café en todo el mundo si se dispone de especies de cafeto con mayor capacidad de adaptación. Instituciones de investigación de determinados países productores de café de África, como Côte d'Ivoire, Etiopía, Kenya, la República Unida de Tanzanía y Uganda, y de América Latina, como el Brasil, Colombia, Costa Rica y Honduras, han podido desarrollar nuevas variedades de cafeto para sus respectivas regiones.[53] Algunas ONG también están desplegando esfuerzos encaminados a contribuir al desarrollo de variedades de cafeto más resistentes. Un ejemplo destacado de ello es la organización *World Coffee Research*, que trabaja en estrecha colaboración con países productores de café a fin de intercambiar variedades de cafeto en todo el mundo con objeto de desarrollar variedades más resistentes. Más recientemente, participantes de índole privada de la cadena de valor del café, como Starbucks, Nestlé y *Ecom Agroindustrial Corporation*, también han colaborado con institutos locales de investigación.

La mayoría de los resultados de la investigación en esa esfera son del dominio público. Ello puede explicarse por dos motivos. En primer lugar, las instituciones de investigación y los gobiernos pueden solicitar que se mantenga el carácter público de esos trabajos. En segundo lugar, las variedades vegetales son endémicas de una determinada región y su clima, por lo que cabe la posibilidad de que una variedad de cafeto que se sabe puede prosperar en una zona resulte difícil de transferir y utilizar en otra distinta. En muchos casos, instituciones de investigación de diferentes países productores de café deben desarrollar variedades específicas para sus entornos, circunstancia que multiplica los esfuerzos y las inversiones necesarios.

Una iniciativa de *World Coffee Research* trata de optimizar los esfuerzos y las inversiones destinados a determinar variedades de cafeto resistentes al poner en común esas variedades para múltiples países de regiones concretas del mundo. Gracias al establecimiento de una estrecha colaboración con gobiernos y caficultores, esa ONG propicia la transferencia tecnológica de su grupo de investigación a los agricultores.

Otro posible modo de facilitar esa transferencia tecnológica es recurrir a los derechos de obtentor. Unos pocos países han optado por el sistema amparado por la Unión Internacional para la Protección de las Obtenciones Vegetales (UPOV) con miras a proteger las variedades de cafeto desarrolladas.

El objetivo del sistema de la UPOV consiste en incentivar a los obtentores para que desarrollen nuevas variedades vegetales y promover su propagación.[54]

La primera solicitud de derechos de obtentor en virtud del sistema de la UPOV se presentó en el Brasil en 2004.[55] Al día de hoy se han presentado 46 solicitudes de derechos de obtentor relativas a variedades de cafeto de las especies *Coffea arabica* y *Coffea canephora*, según datos comunicados a la UPOV.[56] Esas 46 solicitudes proceden del Brasil (19), Colombia (19), Costa Rica (1) y Kenya (7), y la mayoría de ellas han sido presentadas por organizaciones públicas de investigación y asociaciones del sector del café.

2.4 – Conclusión

Como sucede con multitud de productos básicos procedentes del Sur global y consumidos en el Norte global, la desigualdad caracteriza la distribución de los ingresos a lo largo de la cadena de valor del café. Tostadores, propietarios de marcas y minoristas que llevan a cabo su actividad en las fases finales de la cadena de suministro en países importadores de café se hacen con la mayor parte del valor total del mercado.

Los activos intangibles desempeñan una función importante en la cadena global de valor del café. Como se ha expuesto en el capítulo 1, el capital intangible representa el 31% de los ingresos totales en el grupo de productos alimentarios, bebidas y tabaco. En ese capítulo se ha mostrado la distribución actual de los ingresos derivados del café a lo largo de la cadena, y el modo en que la propiedad de los activos intangibles contribuye a explicar esa asignación.

El segmento de mercado de la primera oleada es el dominante dado el volumen de consumo y el valor de mercado. La competencia en ese mercado es intensa y, lo que es más importante, se fundamenta en el mantenimiento de costos de producción bajos. El precio es el factor que rige las decisiones sobre el origen del café y sobre el uso de granos de las variedades arábica o robusta para atender a ese segmento de mercado. Hasta hace poco, la importancia otorgada al origen del café ha sido residual; en cambio, los participantes en las fases finales de la cadena de valor —grandes tostadores, productores de café soluble y grandes minoristas del sector del café— recurren a la promoción de la imagen de marca para diferenciarse de la competencia.

Esos participantes se quedan con una parte notable de los ingresos totales del mercado, un hecho que pone de manifiesto la relevancia económica de esas actividades en la cadena global de valor.

El inicio del segmento de mercado de la segunda oleada, a mediados del decenio de 1990, revitalizó la cultura del consumo de café y reintrodujo el aspecto social del consumo de esa bebida. En ese segmento de mercado se hace hincapié en el café de calidad superior y el servicio personalizado, y se destaca la importancia del origen del café y los métodos de aprovisionamiento. El auge de ese segmento coincide con un aumento de la conciencia social y ética entre los consumidores; las demandas de remuneración justa de los caficultores y la sostenibilidad ambiental del cultivo del café se han convertido en importantes factores de venta. Al responder a esas demandas, los participantes en las fases finales de la cadena de valor del café de ese segmento empezaron a centrarse en cuestiones vinculadas con la transparencia, como el suministro de más información y conocimientos sobre las actividades relacionadas con el café en las fases iniciales de la cadena de valor por conducto de mecanismos de certificación y observancia de NVS.

Por su parte, el segmento de mercado de la tercera oleada ha añadido un nuevo estrato en lo concerniente a calidad y conocimientos. Además de tratar de abordar inquietudes sociales y éticas sobre la remuneración de los agricultores y la sostenibilidad del cultivo del café, en ese segmento de mercado se insiste en los vínculos directos entre minoristas de carácter especializado y caficultores, y los exhaustivos conocimientos de minoristas y consumidores sobre el mejor modo de preparar el café en grano a fin de apreciar el sabor, cuerpo, aroma, fragancia y textura en boca en todos sus matices.

Las tendencias más recientes en consumo de café de las oleadas segunda y tercera modifican el panorama del sector del café. En primer lugar, las estrategias para dar respuesta a las inquietudes de índole social y ética, que los tostadores y minoristas de la segunda oleada fueron los primeros en abordar mediante diversos mecanismos de certificación y NVS, se han convertido en un gran factor diferenciador para la venta de café. El diferencial de precio entre los cafés que permiten identificar al productor y aquellos que no puede llegar hasta los 8 USD por libra.[57]

En segundo lugar, los vínculos directos entre minoristas y agricultores ofrecen oportunidades de mejora a los participantes en las fases tanto iniciales como finales de la cadena de valor del café. Esa nueva forma de hacer negocios en el sector del café promueve el aprendizaje y la transferencia tecnológica entre participantes. Contribuye, asimismo, a que los caficultores puedan dar a conocer sus cafés mediante iniciativas de promoción de la imagen de marca, por ejemplo, al poner en práctica actividades de mercadotecnia o solicitar la protección oficial de la PI por conducto de marcas e indicaciones geográficas. Los precios que los caficultores perciben en la explotación al suministrar sus productos a los segmentos de mercado de las oleadas segunda o tercera son superiores a los que se pagan a los agricultores que atienden a la primera oleada; así, los ingresos de los agricultores procedentes de la tercera oleada triplican los conseguidos en la primera oleada.

En tercer lugar, dedicar una atención prioritaria a las actividades de las fases iniciales de la cadena de valor del café ayuda a incrementar los ingresos de los participantes que llevan a cabo su actividad en las fases tanto iniciales como finales de la cadena de valor.

Las oleadas primera y segunda han adoptado la forma de hacer negocios iniciada en el contexto de la tercera oleada por su rápido crecimiento y el potencial de ampliación del consumo de café. Algunos de los indicios que pueden señalarse son la reciente adquisición por parte de Nestlé (un gran tostador de la primera oleada) de Blue Bottle, una destacada empresa de la tercera oleada, un claro indicativo de su irrupción en ese último segmento de mercado. Pero eso no es todo. JAB, su principal competidor, ha adquirido las marcas *Peet's* y *Stumptown* con objeto de asaltar la tercera oleada. Y recientemente, Starbucks, desde la segunda oleada, también ha tanteado el terreno al presentar su marca *Reserve*.[58]

La adopción de la estrategia de negocio de la tercera oleada en otros segmentos de mercado crea oportunidades adicionales para que los participantes en las fases iniciales de la cadena de valor del café aumenten los ingresos, en particular al potenciar sus marcas. El grado en que esos participantes podrán materializar ese aumento dependerá del reconocimiento y la consideración de esas marcas por parte de los consumidores.

Ello precisa de inversiones adicionales destinadas a sensibilizar tanto a consumidores como a grandes minoristas de países importadores de café.

El potencial de crecimiento de la tercera oleada ofrece un atractivo creciente para tostadores y productores de café soluble tradicionales, incluso aunque represente una porción reducida del sector del café. Hasta la fecha, ese modelo de negocio parece sumamente rentable para todos los participantes de la cadena global de valor del café. Si los caficultores quieren sacar mayor provecho de ese atractivo, no basta con que dediquen una mayor atención al espectro de oportunidades de diferenciación, sino que también deben plantearse el uso de instrumentos de PI con miras a conservar el valor creado.

Notas

1. Este capítulo se basa en la obra de Samper *et al.* (2017).

2. Según un proyecto llevado a cabo por Technomic (2015) a partir de un estudio encargado por NCAUSA (2015). Teniendo en cuenta el producto interior bruto per cápita, los Estados Unidos de América son el 26.º país con el mayor consumo de café. El país con el mayor consumo anual per cápita de café es Finlandia, seguido de Noruega, Islandia, Dinamarca y los Países Bajos (Smith 2017).

3. OIC (2015a).

4. Los siete países son Burundi, Etiopía, Guatemala, Honduras, Nicaragua, Rwanda y Uganda (CCI 2012; OIC 2015c).

5. OIC (2014).

6. El comportamiento de los inversores en los mercados de productos básicos también incide en la volatilidad del precio del café.

7. La mayoría del café en grano consumido en el mundo procede de las especies *Coffea arabica* y *Coffea canephora*; el producto de esta última especie suele denominarse café robusta. Se considera que la calidad de los cafés de la variedad arábica es superior, y se pagan precios más altos que por los cafés de la variedad robusta.

8. Ese diferencial se materializa en una franja que determina el grado de variación que puede alcanzar el precio, por ejemplo, respecto del precio del café verde.

9. El Brasil constituye una excepción a esa regla. En OIC (2014), se afirma que el consumo de café en el Brasil aumentó en casi un 65%, de 26,4 millones de sacos en 2000 a 43,5 millones de sacos en 2012.

10. Samper *et al.* (2017) fijan el valor del sector mundial del café entre los 194.000 millones y los 202.000 millones de USD en 2016.

11. En OIC (2013) se calcula que, en el período comprendido entre 2000 y 2011, el valor de las exportaciones de café soluble procedentes de países productores de café se redujo, de media, en un 26% con respecto a las reexportaciones de café soluble a cargo de países importadores de café.

12. Samper *et al.* (2017).

13. Ponte (2002), Pendergrast (2010), Morris (2013) y Elavarasan *et al.* (2016).

14. CCI (2012).

15. Ukers (1922).

16. En Talbot (1997a), se afirma que el café soluble (instantáneo) se inventó durante la Guerra Civil de los Estados Unidos de América. Sin embargo, la primera patente sobre el café soluble data de 1771, y se concedió en Gran Bretaña para proteger un "compuesto de café". El primer café soluble vendido comercialmente se atribuye al neozelandés David Strang, a quien se concedió en 1890 una patente sobre el proceso "en seco de aire caliente" para la elaboración de café.

17. El ingeniero era Max Rudolph Morgenthaler, y la solicitud de patente se presentó en Suiza en 1937 a fin de proteger un "proceso de conservación de las sustancias aromáticas de un extracto seco de café soluble".

18. Véase el capítulo 3 del Informe mundial sobre la propiedad intelectual (OMPI, 2013).

19. Giovannucci *et al.* (2009).

20. El método empleado para obtener ese cálculo de la distribución de los ingresos del café se basa en la obra anterior de Talbot (1997b), y las versiones actualizadas de Fitter y Kaplinsky (2001) y Ponte (2002). Lewin *et al.* (2004) y Daviron y Ponte (2005) han revisado ese método.

21. Daviron y Ponte (2005) ejemplifican a la perfección esa peculiaridad en su desglose de los costos del café en la cadena de valor del café robusta entre Uganda e Italia.

22. Daviron y Ponte (2005) califican esas estrategias de diferenciación de inversiones en "producción simbólica". Lewin *et al.* (2004) las denominan "costos ajenos al café".

23. OIC (2014).

24. Talbot (1997b) fue el primero en calcular los porcentajes de la distribución de los ingresos totales en la cadena global de valor del café. Su análisis englobaba el período comprendido entre 1971 y 1995.

25. Véase Fitter y Kaplinsky (2001), Ponte (2002), Lewin *et al.* (2004) y Daviron y Ponte (2005). Esas cuatro estimaciones emplean métodos diferentes para calcular la distribución de los ingresos entre países productores y países importadores de café. Sin embargo, los resultados conseguidos con los cuatro son similares: una parte decreciente de los ingresos corresponde a los países productores de café.

26. Véase Long (2017).

27. En el caso del Brasil, Mehta y Chavas (2008) captaron la evolución del precio del café en la explotación, en la venta al por mayor y en la venta minorista durante y después del sistema de cuotas impuesto por el CIC.

28. El bajo precio del café era fruto de las grandes existencias que inundaron el mercado y provocaron una oferta excesiva de café verde (OIC, 2014).

29. Véase CIC (2011) para obtener más información acerca de las distintas etiquetas de certificación y su efecto en el comercio del café.

30. En COSA (2013) se explican las ventajas observadas que se asocian a las NVS.

31. Wollni y Zeller (2007). Daviron y Ponte (2005) han observado que los agricultores sujetos al sistema Fair Trade perciben unos ingresos similares a los conseguidos durante la aplicación del sistema de restricciones mediante cuotas del CIC, aproximadamente 20 céntimos de dólar de los Estados Unidos de América, pero advierten de que, en el momento de elaborarse su estudio, el sistema Fair Trade englobaba a menos del 1% del mercado cafetero. Tras actualizar los datos y revisar la información fáctica disponible a nivel mundial, Dragusanu *et al.* (2014) determinaron la existencia de beneficios generalizados, aunque no universales.

32. En un análisis reciente elaborado por García-Cardona (2016) se aduce que los productores de café que aplican esas normas de certificación no tienen por qué percibir un precio más elevado por su café certificado. Con frecuencia, la observancia de las diversas normas de certificación y su mantenimiento entrañan un costo elevado para los agricultores. Véase también IIDS (2014) y Samper y Quiñonez-Ruiz (2017).

33. *Transparent Trade Coffee* (2017).

34. Teuber (2010).

35. Una indicación geográfica se diferencia de una marca porque hace referencia al origen geográfico específico de un producto que posee unas cualidades o una reputación asociadas con ese origen, el territorio. Véase el recuadro 2.2 del Informe mundial sobre la propiedad intelectual (OMPI, 2013) para obtener información pormenorizada al respecto.

36. Las solicitudes de registro de marcas estadounidenses presentadas en la USPTO se han excluido de ese análisis.

37. La elección de datos sobre marcas de la USPTO responde a dos motivos. En primer lugar, el estadounidense es un mercado grande e importante para el consumo de café. En segundo lugar, la USPTO aplica un requisito de uso, que permite trazar una imagen más fidedigna de la competencia real en materia de productos y servicios en la esfera del café (véase el capítulo 2 del Informe mundial sobre la propiedad intelectual (OMPI, 2013) sobre las diferencias entre la intención de utilizar una marca y su uso efectivo).

38. El Gobierno de China reactivó el sector productivo del café en 1988. China también produce pequeñas cosechas de café robusta en la isla de Hainan.

39. OIC (2015b).

40. Desde 1995, China ha presentado aproximadamente 1.500 solicitudes de patente sobre tecnologías relacionadas con el café. Las solicitudes de patente presentadas por Francia y el Reino Unido en el mismo período han ascendido a 1.763 y 1.225, respectivamente.

41. Hace referencia a la cantidad total de solicitudes de modelos de utilidad presentadas por inventores chinos desde 1995.

42. El directorio de Ukers (2017) cuenta con una amplia base de datos de empresas del sector del café, desde asociaciones de agricultores hasta tostadores y proveedores de cafeteras y otros servicios relacionados con el café, como empresas dedicadas específicamente al envasado de café. Las empresas se clasifican según el segmento de la cadena de valor en el que llevan a cabo su actividad. Sin embargo, en la lista de empresas no figuran caficultores individuales de las distintas partes del mundo y, por lo tanto, se subestima la magnitud de los participantes de la esfera del café en ese segmento concreto.

43. Las labores de los participantes en esos dos segmentos tienden a solaparse. La mayoría de los tostadores de café también llevan a cabo sus propias actividades de procesamiento de café en grano.

44. El origen del segmento de mercado de la segunda oleada se remonta al decenio de 1990, pero no desplegó todo su potencial hasta el año 2000, mientras que el segmento de mercado de la tercera oleada despuntó en 2010 tras iniciar su andadura aproximadamente en el año 2000.

45. En 2012, las estrategias de fijación de precios de transferencia de Starbucks y sus actividades fiscales en el Reino Unido saltaron a la palestra. La empresa había utilizado las normas internacionales de contabilidad para fijar el precio de su capital intangible de tal modo que no tuviera que pagar los correspondientes impuestos en ese país (Bergin 2012). Véase el capítulo 1 sobre la fijación de precios de transferencia.

46. Jamaica y México no constan en el gráfico 2.4 porque no se incluyen entre los cinco principales productores mundiales de café.

47. Véase Reina *et al.* (2008).

48. El consorcio incluía cooperativas etíopes, exportadores privados y la EIPO, entre otros organismos gubernamentales.

49. Véase www. allianceforcoffeeexcellence.org/en/ cup-of-excellence/winning-farms para más información al respecto.

50. ACE y Technoserve (2015).

51. Según un estudio de la *World Coffee Research*, la diversidad genética entre pares del café arábica es solo del 1,2%. En cambio, los granos de la variedad robusta presentan una mayor resistencia y diversidad.

52. El modelo propuesto por Moat *et al.* (2017) prevé una reducción de entre el 40% y el 60% en las superficies aptas para el cultivo en Etiopía a causa del cambio climático, suponiendo que no se producirá ninguna intervención significativa ni se darán otros factores influyentes importantes. Véase además Stylianou (2017).

53. Véase OIC (2015c) para obtener información sobre los ejemplos de África, y Samper *et al.* (2017) para obtener información sobre los ejemplos de América Latina.

54. Véase Jördens (2009).

55. El registro que mantiene la UPOV se basa en la presentación voluntaria de informes por parte de las autoridades nacionales. Con toda probabilidad, la lista de registros en virtud del sistema de la UPOV es mayor en las oficinas nacionales que la mostrada en el presente documento.

56. Véase Chen *et al.* (2017).

57. *Transparent Trade Coffee* (2017).

58. Véase de la Merced y Strand (2017).

Referencias

ACE y Technoserve (2015). *Cup of Excellence in Brazil and Honduras: An Impact Assessment.* Alliance for Coffee Excellence.

Bergin, T. (2012). Special report: how Starbucks avoids UK taxes. *Reuters.* Londres: Reuters.

Chen, W., R. Gouma, B. Los y M. Timmer (2017). Measuring the Income to Intangibles in Goods Production: A Global Value Chain Approach. *Documento de trabajo n.º 36 sobre investigaciones económicas de la OMPI.* Ginebra: OMPI.

COSA (2013). *The COSA Measuring Sustainability Report: Cocoa and Coffee in 12 Countries.* Filadelfia, The Committee on Sustainability Assessment.

Daviron, B. y S. Ponte (2005). *The Coffee Paradox: Global Markets, Commodity Trade and the Elusive Promise of Development.* Londres y Nueva York: Zed Books.

de la Merced, M. J. y O. Strand (2017). Nestlé targets high-end coffee by taking majority stake in Blue Bottle. *New York Times (NYT)*, 14 de septiembre de 2017.

Dragusanu, R., D. Giovannucci y N. Nunn (2014). The economics of Fair Trade. *Journal of Economics Perspectives* 28(3), págs. 217-236.

Elavarasan, K., A. Kumar *et al.* (2016). The basics of coffee cupping. *Tea & Coffee Trade Journal*, enero, págs. 30-33.

Fitter, R. y R. Kaplinsky (2001). Who gains from product rents as the coffee market becomes more differentiated? A value-chain analysis. *IDS Bulletin* 32(3), págs. 69-82.

García-Cardona, J. (2016). *Value-Added Initiatives: Distributional Impacts on the Global Value Chain for Colombia's Coffee.* Tesis doctoral (PhD), Universidad de Sussex. Brighton: Institute of Development Studies, Universidad de Sussex.

Giovannucci, D., T. E. Josling, W. Kerr, B. O'Connor y M. T. Yeung (2009). *Guide to Geographical Indications: Linking Products and Their Origins.* Ginebra: Centro de Comercio Internacional.

Humphrey, J. (2006). Global Value Chains in the Agrifood Sector. *Documentos de trabajo de la ONUDI.* Viena: Organización de las Naciones Unidas para el Desarrollo Industrial.

OIC (2011). "The effects of tariffs on the coffee trade", documento N.º ICC 107-7 de la 107.ª reunión de la Organización Internacional del Café. Londres: Organización Internacional del Café.

OIC (2013). "World trade of soluble coffee", documento N.º ICC 110-5 de la 110.ª reunión de la Organización Internacional del Café. Londres: Organización Internacional del Café.

OIC (2014). "World coffee trade (1963-2013): a review of the markets, challenges and opportunities facing the sector", documento N.º ICC 111-5 Rev. 1 de la 112.ª reunión de la Organización Internacional del Café. Londres: Organización Internacional del Café.

OIC (2015a). "Employment generated by the coffee sector", documento N.º ICC 105-5 de la 105.ª reunión de la Organización Internacional del Café. Londres: Organización Internacional del Café.

OIC (2015b). "Coffee in China", documento N.º ICC 115-7 de la 115.ª reunión de la Organización Internacional del Café. Milán: Organización Internacional del Café.

OIC (2015c). "Sustainability of the coffee sector in Africa", documento N.º ICC 114-5 de la 114.ª reunión de la Organización Internacional del Café. Londres: Organización Internacional del Café.

OIC y Banco Mundial (2015). Risk and Finance in the Coffee Sector: A Compendium of Case Studies Related to Improving Risk Management and Access to Finance in the Coffee Sector. *Informe N.º 93923-GLB del Grupo del Banco Mundial.* Washington, DC: Grupo del Banco Mundial.

IIDS (2014). *The State of Sustainability Initiatives (SSI) Review 2014: Standards and The Green Economy.* Ginebra: Instituto Internacional para el Desarrollo Sostenible.

CCI (2011). Trends in the Trade of Certified Coffees. *Sustainability Market Assessments Doc. No. MAR-11-197.E.* Ginebra: Centro de Comercio Internacional.

CCI (2012). *The Coffee Exporter's Guide – Third Edition.* Ginebra: Centro de Comercio Internacional.

Jördens, R. (2009). "Benefits of plant variety protection", en *Responding to the Challenges in a Changing World: The Role of New Plant Varieties and High Quality Seed in Agriculture – Actas de la segunda Conferencia Mundial sobre Semillas.* Roma: Organización de las Naciones Unidas para la Alimentación y la Agricultura.

Lewin, B., D. Giovannucci y P. Varangis (2004). Coffee Markets: New Paradigms in Global Supply and Demand. *Documento de debate n.º 3 sobre agricultura y desarrollo rural.* Washington, DC: Banco Mundial.

Long, G. (2017). Coffee sustainability: the journey from bean to barista laid bare. *Financial Times*, 24 de septiembre de 2017.

Mehta, A. y J.-P. Chavas (2008). Responding to the coffee crisis: what can we learn from price dynamics? *Journal of Development Economics* 85(1), págs. 282-311.

Moat, J., J. Williams, S. Baena, T. Wilkinson, T. W. Gole, Z. K. Challa, S. Demissew y A. P. Davis (2017). Resilience potential of the Ethiopian coffee sector under climate change. *Nature Plants,* 3(17081).

Morris, J. (2013). Why espresso? Explaining changes in European coffee preferences from a production of culture perspective. *European Review of History: Revue européenne d'histoire,* 20(5), págs. 881-901.

NCAUSA (2015). *NCA National Coffee Drinking Trends.* Nueva York: National Coffee Association USA.

OMPI, La guerra del café: la historia de Etiopía y Starbucks. *IP Advantage*: http://www.wipo.int/ipadvantage/es/details.jsp?id=2621.

OMPI (2013). Informe mundial sobre la propiedad intelectual, edición de 2013: *Las marcas: Reputación e imagen en el mercado mundial.* Ginebra: Organización Mundial de la Propiedad Intelectual.

Pendergrast, M. (2010). *Uncommon Grounds: The History of Coffee and How it Transformed Our World.* Nueva York: Basic Books.

Ponte, S. (2002). The "Latte Revolution"? Regulation, markets and consumption in the global coffee chain. *World Development*, 30(7), págs. 1099-1122.

Reina, M., G. Silva y L. Samper (2008). *Juan Valdez: The Strategy Behind the Brand.* Bogotá: Ediciones B.

Samper, L. and X. Quiñones-Ruiz (2017). Towards a balanced sustainability vision for the coffee industry. *Resources,* 6(2), 17.

Samper, L., D. Giovannucci y L. Marques-Vieira (2017). The Powerful Role of Intangibles in the Coffee Value Chain. *WIPO Economic Research Working Paper No. 39.* Ginebra: OMPI.

SCAA (2014). *Economics of the Coffee Supply Chain: An Illustrative Outlook.* Santa Ana, CA: The Specialty Coffee Association of America.

Smith, O. (2017). Mapped: the countries that drink the most coffee. *The Telegraph*, 1 de octubre de 2017.

Stylianou, N. (2017). Coffee under threat: will it taste worse as the planet warms? *BBC News.* Londres: BBC.

Talbot, J.M. (1997a). The struggle for control of a commodity chain: instant coffee from Latin America. *Latin American Research Review*, 32(2), págs. 117-135.

Talbot, J.M. (1997b). Where does your coffee dollar go? The division of income and surplus along the coffee commodity chain. *Studies in Comparative International Development*, 32(1), págs. 5691.

Technomic (2015). The Economic Impact of the Coffee Industry. *NCA Market Research Series.* Nueva York: National Coffee Association USA.

Teuber, R. (2010). Geographical indications of origin as a tool of product differentiation: the case of coffee. *Journal of International Food & Agribusiness Marketing*, 22(3-4), págs. 277-298.

Transparent Trade Coffee (2017). Specialty Coffee Retail Price Index – 2016, 4.º trimestre: www.transparenttradecoffee. org/scrpi.

Ukers (2017). *UKERS Tea & Coffee Global Directory & Buyer's Guide.* 64.ª edición. Bell Publishing Ltd.

Ukers, W.H. (ed.) (1922). *All About Coffee.* Nueva York: The Tea and Coffee Trade Journal Company.

Wendelboe, T. (2015). 2014 *Transparency Report.*

Wollni, M. and M. Zeller (2007). Do farmers benefit from participating in specialty markets and cooperatives? The case of coffee marketing in Costa Rica. *Agricultural Economics*, 37(2-3), págs. 243-248.

La innovación está transformando la industria fotovoltaica

La demanda florece

Los precios se han desplomado

Las empresas occidentales solían dominar el mercado, pero en la actualidad las compañías chinas lideran la producción de módulos fotovoltaicos.

2005

2012

■ China
■ Japón
■ Estados Unidos
□ Alemania
□ Otros

Para lograr ventajas competitivas, las firmas líderes tienen sus miras puestas en los activos intangibles, e intensifican la inversión en I+D y patentes.

Fuente: Informe mundial sobre la propiedad intelectual en 2017

Capítulo 3
Energía fotovoltaica: puesta al día tecnológica y competencia en las cadenas globales de valor

Las nuevas tecnologías ligadas a las energías renovables representan un pilar del crecimiento y el desarrollo económico sostenibles. En las últimas décadas hemos constatado un aumento del interés y la demanda respecto de innovaciones capaces de transformar con éxito energías como la solar, la eólica o la geotérmica, entre otras, en electricidad.[1]

En este capítulo se examina cómo ha evolucionado la cadena global de valor ligada a las tecnologías de energía solar fotovoltaica para satisfacer la demanda de generación de electricidad sostenible. El texto se centra en la importancia de los activos intangibles como instrumento crucial para añadir valor en los diferentes segmentos de esa cadena global de valor, en la que la innovación y la difusión tecnológicas han desempeñado un papel fundamental.

Al igual que sucedió con muchas otras tecnologías, un descubrimiento accidental condujo al desarrollo inicial de la tecnología solar fotovoltaica para la generación de electricidad, cuando a fines de la década de 1930 y principios de la década de 1940 Russell Ohl descubrió en los Laboratorios Bell de Nueva Jersey (Estados Unidos) que al iluminar un material monocristalino se registraba potencial eléctrico en un voltímetro. En 1941, Ohl patentó un dispositivo que funcionaba gracias a ese principio.[2] Sin embargo, no fue el primer científico en descubrir un material conductor de la electricidad –efecto semiconductor– cuando se exponía a la luz solar. El primer incidente de ese tipo del que se tiene constancia había ocurrido casi un siglo antes en Francia, cuando Edmund Becquerel observó que se producía una corriente eléctrica al exponer a la luz del sol dos metales inmersos en un líquido. Aunque varios científicos lograron fabricar células fotovoltaicas de diferentes materiales entre los descubrimientos de Becquerel y Ohl, fueron los científicos de los Laboratorios Bell quienes desarrollaron la primera célula fotovoltaica cristalina.[3]

Hoy en día se comercializan dos tecnologías diferentes de células fotovoltaicas solares: células cristalinas basadas en obleas y células fotovoltaicas de película fina, de las que la primera representa más del 90% del mercado. Los sistemas actuales de ambas tecnologías consiguen producir electricidad de manera similar a una planta convencional de generación de energía eléctrica, lo cual se conoce como generación a escala comercial. Dichos sistemas pueden actuar como plantas generadoras de electricidad exclusivamente

para la red eléctrica. De manera alternativa, las grandes plantas industriales –u otras instalaciones como, por ejemplo, centros de almacenamiento de datos– pueden generar electricidad a gran escala a partir de sistemas fotovoltaicos y utilizarla exclusivamente para su propio consumo, lo que podría reducir o eliminar por completo su necesidad de consumir electricidad de la red eléctrica tradicional. Los sistemas fotovoltaicos a menor escala también se pueden utilizar tanto para usos residenciales como comerciales. De la misma forma, estos pueden conectarse a la red o utilizarse exclusivamente para el autoabastecimiento, especialmente en áreas remotas sin conexión.

Cualquier sistema fotovoltaico que se use exclusivamente para el consumo propio necesita disponer de baterías o hibridarse con otras fuentes de energía para garantizar un suministro constante de electricidad durante todo el día.

Gráfico 3.1

La demanda fotovoltaica está aumentando exponencialmente

Aumento anual de la capacidad fotovoltaica (MW), 2000-2015

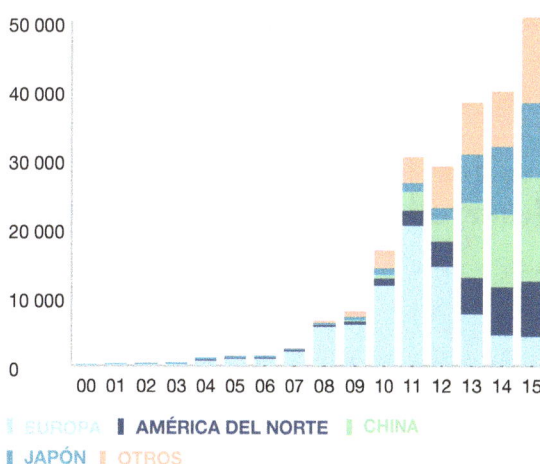

EUROPA ■ AMÉRICA DEL NORTE ■ CHINA
■ JAPÓN ■ OTROS

Fuente: IEA (2016).

La demanda de sistemas fotovoltaicos ha crecido exponencialmente desde 2000 (gráfico 3.1). En 2016, se instaló un 34% más de capacidad nueva en todo el mundo que en el año anterior, y el crecimiento alcanzó el 126% en China. Hasta 2011, el crecimiento se produjo principalmente en Europa.

La demanda se ha distribuido de manera más uniforme desde entonces, y China es ahora el mercado más grande. En el gráfico 3.1 se muestran las adiciones a la capacidad fotovoltaica anual por origen de la demanda desde 2000 hasta 2015. La tendencia de crecimiento es exponencial, habiéndose pasado de un aumento de poco más de cero en 2000 a 50,6 GW en 2015. El crecimiento de la capacidad en Europa se ha desacelerado marcadamente desde 2011, pero sigue siendo fuerte en China, el Japón y América del Norte.

Las políticas gubernamentales de apoyo han sido los principales impulsores del desarrollo del mercado de la energía solar fotovoltaica (gráfico 3.2). Históricamente, los reguladores han utilizado principalmente tarifas de alimentación, que obligan a los operadores de la red eléctrica a abonar precios garantizados por la electricidad generada a partir de energía solar. Este mecanismo permite que la energía solar fotovoltaica generada a un costo más alto se beneficie de un precio más alto que la energía producida a partir de fuentes convencionales, lo que fomenta las inversiones en tecnología fotovoltaica que lleguen a fases cada vez más iniciales de la cadena de valor.

Sin embargo, tales mecanismos limitan la transmisión de información sobre precios del lado de la oferta a los reguladores, lo que a su vez dificulta en cierta medida la aplicación de incentivos que favorezcan la inversión en tecnologías fotovoltaicas reductoras de costos a lo largo de la cadena de valor. Como es el regulador quien fija los precios, los márgenes de la parte suministradora dependen de la calidad de la información sobre los costos de generación de electricidad mediante la tecnología fotovoltaica. La experiencia da a entender que en numerosas ocasiones los reguladores han sobreestimado estos costos, ya que la capacidad instalada ha excedido casi sistemáticamente las cantidades previstas inicialmente.

Como alternativa, los reguladores tienden actualmente a utilizar mecanismos competitivos y de subasta, como los precios garantizados a través de licitación o acuerdos de compra de energía. Estas políticas se basan en señales de precios más claras de los proveedores, lo que brinda a los proveedores actuales y a los promotores de proyectos incentivos de reducción de costos más atrayentes. Podría decirse que los acuerdos de compra de energía consiguen difundir innovaciones ligadas a la reducción de costos más rápidamente a lo largo de toda la cadena de valor, pues los promotores de proyectos de energía solar presentan ofertas para llevar a cabo nuevos proyectos de generación de energía y los gobiernos se decantan por las ofertas más competitivas en cuanto a costos. Sin embargo, las tarifas garantizadas no sujetas a licitación representaban casi el 60% del mercado fotovoltaico en 2015.

Gráfico 3.2

Los gobiernos son el principal impulsor del desarrollo del mercado fotovoltaico

Distribución de incentivos y facilitadores del mercado de energía solar fotovoltaica, 2015

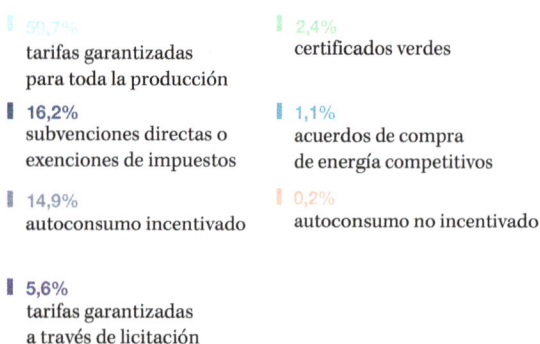

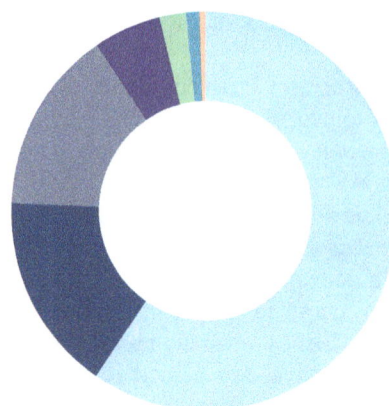

59,7%
tarifas garantizadas
para toda la producción

16,2%
subvenciones directas o
exenciones de impuestos

14,9%
autoconsumo incentivado

5,6%
tarifas garantizadas
a través de licitación

2,4%
certificados verdes

1,1%
acuerdos de compra
de energía competitivos

0,2%
autoconsumo no incentivado

Fuente: IEA (2016).

Gráfico 3.3

La cadena global de valor de la industria fotovoltaica cristalina tiene forma de serpiente

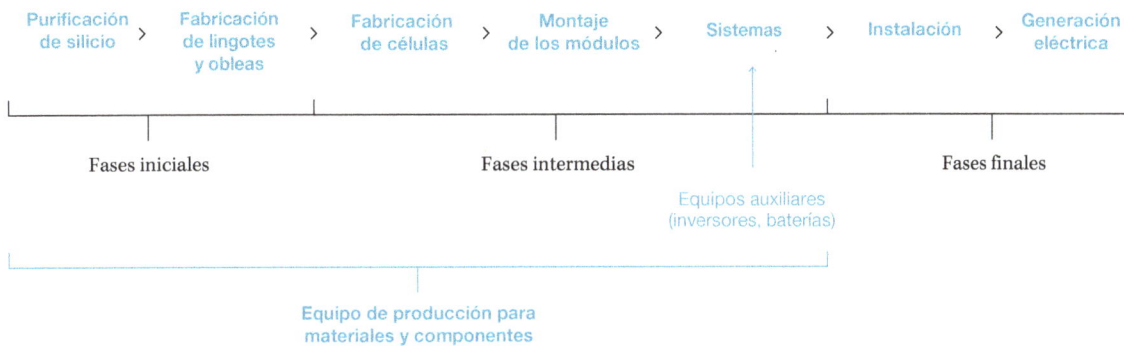

Purificación de silicio > Fabricación de lingotes y obleas > Fabricación de células > Montaje de los módulos > Sistemas > Instalación > Generación eléctrica

Fases iniciales   Fases intermedias   Fases finales

Equipos auxiliares (inversores, baterías)

Equipo de producción para materiales y componentes

Fuente: Carvalho, Dechezleprêtre y Glachant (2017).

Este capítulo está organizado en tres secciones principales. En la sección 3.1 se analiza la evolución de la cadena global de valor. En la Sección 3.2 se examina cómo los activos intangibles, particularmente las innovaciones de productos y procesos, han afectado a la cadena mundial de suministro. En la Sección 3.3 se estudia el papel de la protección de la propiedad intelectual, especialmente las patentes, en el nuevo entorno comercial que ha surgido de los principales cambios recientes en el sector. En la sección final se resumen los principales hallazgos.

3.1 – La evolución de la cadena global de valor en la industria fotovoltaica

Una estructura de cadena de valor lineal

En esta sección se describe la estructura de la cadena de valor para las células fotovoltaicas cristalinas basadas en obleas, que constituye con diferencia la parte más grande del mercado fotovoltaico. Siguiendo la taxonomía descrita en el capítulo 1, la estructura típica de la cadena de valor para las tecnologías fotovoltaicas cristalinas basadas en obleas tiene forma de serpiente, como puede observarse esquemáticamente en el gráfico 3.3. Los segmentos iniciales y medios guardan relación con los procesos de fabricación de los sistemas fotovoltaicos y dependen en gran medida de los equipos de producción, que han desempeñado un papel crucial en la difusión de tecnología en la industria fotovoltaica.[4] En los segmentos finales de la cadena se incluyen los servicios relacionados con la generación de electricidad a partir de sistemas fotovoltaicos.

La producción de sistemas fotovoltaicos cristalinos comprende cinco etapas principales. La primera es la purificación del silicio a partir de la sílice (SiO_2), que se encuentra en la arena de cuarzo. La altísima pureza requerida para la industria fotovoltaica (más del 99,999%) se logra gracias a un proceso químico complejo que consume gran cantidad de energía y que da como resultado un material llamado polisilicio. Si bien la industria de los semiconductores también hace uso del polisilicio, el sector fotovoltaico utiliza el 90% de la producción de dicha sustancia.[5] La segunda etapa es la producción de lingotes y obleas, para lo cual se fabrican cilindros o ladrillos de silicio puro (lingotes) y se trocean en láminas finas (obleas). La tercera etapa es la producción de células fotovoltaicas cristalinas mediante el ensamblaje de dos obleas dopadas de forma diferente para formar una unión p-n responsable del efecto fotovoltaico. En esta etapa pueden aplicarse numerosos tratamientos o modificaciones del proceso para aumentar la eficiencia de las células fotovoltaicas. La cuarta etapa es el ensamblaje de los módulos, en la que las células fotovoltaicas se sueldan juntas y se encapsulan en láminas de vidrio, formando un módulo que se procesará en una máquina de laminación. La quinta etapa es la integración en sistemas fotovoltaicos: los módulos se combinan con equipos complementarios, como baterías o inversores, que les permitirán suministrar electricidad a determinados aparatos o a la red.

Independientemente de si se utilizan tecnologías fotovoltaicas solares cristalinas o de película fina, existen dos etapas principales en los últimos eslabones de la cadena de valor.

La primera es la instalación de los sistemas fotovoltaicos en el mercado de usuarios finales, que incluye todos los servicios comerciales relacionados con la promoción, financiación, logística, certificación y mano de obra de los proyectos fotovoltaicos.

La segunda es la generación de electricidad a partir de los sistemas fotovoltaicos, incluidos todos los servicios relacionados con el funcionamiento y la supervisión de la potencia fotovoltaica instalada.

A pesar de la crisis, la industria fotovoltaica vive una etapa de gran crecimiento, y la competencia en el mercado es cada vez mayor

A pesar de la crisis financiera de 2008, la demanda de sistemas fotovoltaicos y, en consecuencia, la producción de estos, aumentó entre 2005 y 2011. La demanda sigue creciendo y se está creando una mayor capacidad de producción en todas partes. Por ejemplo, entre 2005 y 2012 la capacidad global de fabricación de lingotes creció en un 9.590% y la capacidad para fabricar obleas aumentó en un 3.991%. Entre 2005 y 2011, los principales actores tradicionales del sector, Alemania, el Japón y los Estados Unidos –y otros nuevos como China y la India– multiplicaron sus capacidades de producción en los segmentos iniciales y finales de la cadena de valor fotovoltaica cristalina.[6]

Este auge también implicó la entrada en el mercado de nuevas empresas, lo que a su vez generó una mayor competencia. En 2004, los diferentes segmentos de producción estaban muy concentrados, y los cinco mayores fabricantes suministraban la mayor parte de la producción mundial. Como se muestra en el gráfico 3.4, en 2004 las cinco mayores empresas representaban entre el 80% y el 100% de la producción en la mayoría de los segmentos. La única excepción era el de la fabricación de módulos, pero incluso en esa fase de la cadena, los cinco principales productores fabricaban más del 50% del total. Esto contrasta con la situación en 2012, cuando su cuota de producción en los otros cuatro segmentos había disminuido notablemente a alrededor del 30%.

Esta evolución resultó en una disminución espectacular de los precios de la energía solar fotovoltaica a partir de 2008. Se estima que los precios de los módulos solares fotovoltaicos disminuyeron más de un 80% entre 2008 y 2015, con reducciones del 26% para cada duplicación de capacidad.[7]

Gráfico 3.4

La competencia en el mercado fotovoltaico ha aumentado sustancialmente

Cuota de mercado de las cinco principales empresas para los segmentos iniciales e intermedios de la cadena de valor fotovoltaica cristalina, 2004-2012

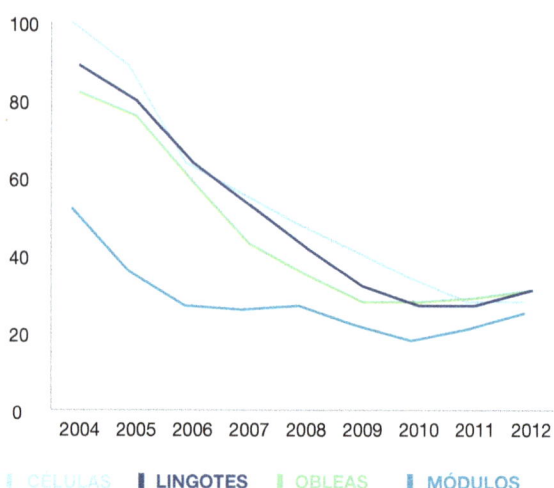

CÉLULAS LINGOTES OBLEAS MÓDULOS

Fuente: ENF (2013a. 2013b).

Los precios han disminuido para todos los componentes solares fotovoltaicos, que actualmente se consideran en gran medida productos básicos – compiten solo en precio– en lugar de productos diferenciados, donde tanto el precio como la calidad son importantes para el éxito comercial. Los precios cayeron bruscamente hasta principios de 2012 y han seguido disminuyendo desde entonces, pero con mayor suavidad (gráfico 3.5).

La disminución de los precios de la energía solar fotovoltaica está haciendo que los sistemas fotovoltaicos sean competitivos en términos de costos en comparación con las fuentes de energía convencionales, particularmente en mercados en los que las tarifas de la electricidad convencional son elevadas, los índices de radiación solar altos y los tipos de interés bajos. Estas condiciones han incentivado la instalación de equipos solares de generación de electricidad para el autoconsumo, por lo que también ha aumentado la demanda en ese mercado. No es de extrañar que el crecimiento de la demanda fotovoltaica en regiones distintas de Europa haya coincidido con la fuerte caída de los precios observada desde 2011.

Además, es probable que las políticas gubernamentales de apoyo basadas en licitaciones (mencionadas anteriormente) hayan reforzado la tendencia bajista de los precios. Por ejemplo, en 2016 Abu Dhabi y México lograron algunas de las ofertas más bajas para ese tipo de contratos.

China: el nuevo gran actor en la cadena de valor fotovoltaica

La distribución mundial de las cadenas de valor de la industria fotovoltaica ha cambiado drásticamente en la última década, y los procesos iniciales y finales se han reubicado de manera masiva en China.[8] Si bien las economías productoras tradicionales lograron aumentar su volumen y capacidades de producción entre 2005 y 2011, el crecimiento fue mucho más grande y rápido en China.

Hasta 2004, la demanda y la producción se concentraban principalmente en Europa, donde los gobiernos brindaron un generoso apoyo para acelerar el despliegue de las capacidades fotovoltaicas. Esto creó poderosas señales económicas en países con una fuerte industria de semiconductores, como Alemania, Suiza, el Japón y los Estados Unidos, que inicialmente se convirtieron en líderes en el suministro de equipos de producción para tecnologías fotovoltaicas cristalinas basadas en obleas. La producción y la demanda comenzaron a aumentar lentamente en las economías asiáticas, especialmente en China. Esto condujo a un exceso de capacidad, a una disminución drástica de los precios y al cese de actividad de muchas empresas occidentales que operaban en las etapas iniciales y medias de la cadena de valor.

En 2015 China se había convertido en el principal mercado fotovoltaico y en la economía líder en todos los segmentos de producción iniciales e intermedios. El gráfico 3.6 permite observar el contraste entre la evolución de las cuotas de mercado de China y las de cada una de las economías líderes en la producción de cada segmento en 2005. La tendencia es clara: en 2012, la economía china era el principal proveedor del mercado fotovoltaico mundial en todos estos segmentos y concentraba más del 60% de la producción de todas las etapas de la cadena exceptuando la producción de polisilicio.

Gráfico 3.5

El precio de los componentes fotovoltaicos ha disminuido drásticamente

Precio al contado de los componentes individuales utilizados para la tecnología fotovoltaica multicristalina, 2010-2017

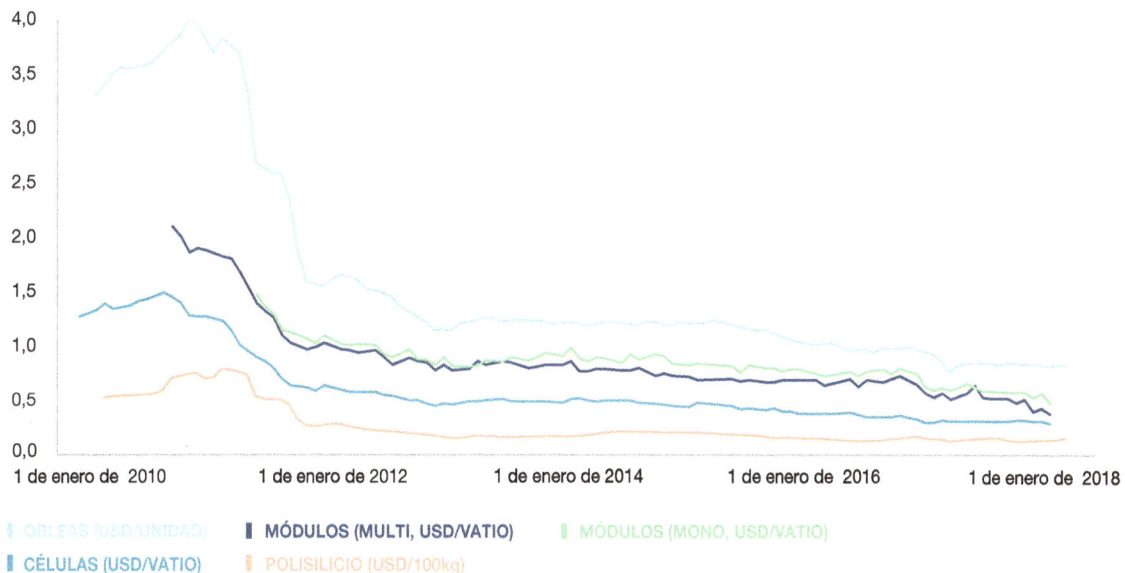

OBLEAS (USD/UNIDAD) ▌ MÓDULOS (MULTI, USD/VATIO) ▌ MÓDULOS (MONO, USD/VATIO)
▌ CÉLULAS (USD/VATIO) ▌ POLISILICIO (USD/100kg)

Fuente: OMPI, a partir de datos de BNEF (2017).

Figura 3.6

China es actualmente la principal economía suministradora en todos los segmentos iniciales e intermedios del mercado fotovoltaico

Porcentaje de capacidad de fabricación mundial, 2004-2012

Principales economías proveedoras en 2005

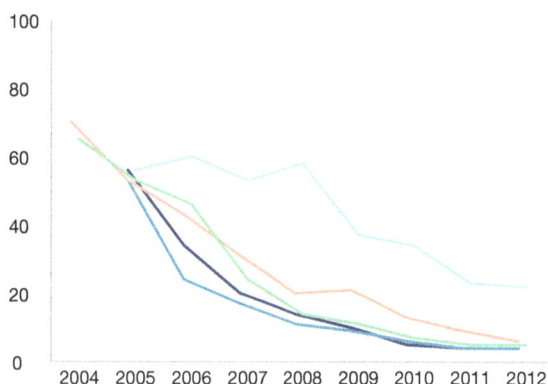

China

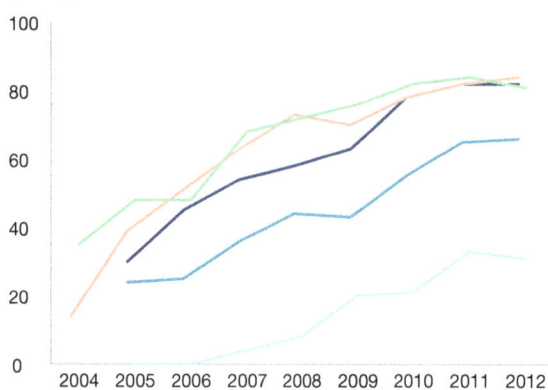

| POLISILICIO | OBLEAS
| LINGOTES | MÓDULOS FOTOVOLTAICOS CRISTALINOS
| CÉLULAS FOTOVOLTAICAS CRISTALINAS

Fuentes: ENF (2013b) y BNEF (2013).

Nota: Las principales economías proveedoras en 2005 fueron los Estados Unidos para los módulos fotovoltaicos cristalinos y de polisilicio, Europa para los lingotes y las obleas, y el Japón para las células fotovoltaicas cristalinas.

Las empresas chinas entraron en el mercado del polisilicio y se convirtieron también en el principal proveedor de ese material, al representar un tercio de la producción en 2011. No obstante, la entrada mucho más tardía en ese segmento de producción, en comparación con las demás etapas, ha hecho que China no haya conseguido acaparar un porcentaje tan importante del mercado mundial.

Restricciones comerciales: acciones políticas y reacciones económicas

La fuerte caída de precios mencionada anteriormente provocó presiones competitivas sobre las empresas de energía solar fotovoltaica europeas y estadounidenses, que habían obtenido importantes beneficios antes de 2008. Esto dio lugar a un aumento de las quiebras y adquisiciones en 2011 y 2012.[9]

Como resultado, las asociaciones de fabricantes del sector de la energía solar fotovoltaica tanto en los Estados Unidos como en Europa solicitaron a sus respectivos gobiernos que impusiesen aranceles a los productos fotovoltaicos solares chinos.[10]

Argumentaron que las compañías fotovoltaicas chinas se beneficiaban de préstamos subsidiados de su gobierno, lo que les permitía no solo construir instalaciones de fabricación sino también mantener la producción incluso cuando los precios de mercado se situaban por debajo del costo de producción.[11] Esto llevó a los gobiernos de los Estados Unidos y la UE a aplicar aranceles *antidumping* a diversos productos fotovoltaicos cristalinos chinos en 2012 y 2013. Debido a las prórrogas autorizadas, estos aranceles todavía siguen vigentes tanto en los Estados Unidos como en la UE.[12]

Además, otros países que han establecido mecanismos de apoyo al mercado de la energía solar fotovoltaica han invocado los requisitos de contenido local, lo que significa que determinado porcentaje de la tecnología utilizada en el mercado fotovoltaico interno debe provenir de fábricas ubicadas en el país. Tales requisitos se introdujeron en la India, Sudáfrica y Ontario (Canadá), aunque finalmente Ontario tuvo que revocar las medidas luego de un fallo de la Organización Mundial del Comercio.[13]

Las empresas chinas han conseguido evitar parcialmente estas barreras comerciales mediante el establecimiento de plantas de fabricación en el Brasil, Alemania, la India, Malasia, los Países Bajos, Tailandia y Viet Nam.[14]

La producción de estas fábricas abastece los mercados internos de los países referidos, pero también se utilizan como bases de exportación para otros mercados que actualmente les imponen aranceles. Por lo tanto, los factores relativos a la economía política –tales como la forma en que las restricciones comerciales afectan al acceso al mercado– pueden desempeñar un papel importante en la distribución geográfica de las cadenas globales de valor.

Sobrevivir gracias a la integración vertical

La distribución de las ganancias en la cadena de valor de la industria fotovoltaica ha cambiado drásticamente en la última década. Antes de 2011, las generosas subvenciones que se concedían en Europa mantuvieron los precios muy por encima de los costos de producción en todos los segmentos de la cadena de valor. Luego de la caída de los precios en 2011, los actores de la etapas iniciales e intermedias de la cadena experimentaron un descenso de los márgenes de beneficios que dificultó la supervivencia de las empresas (véase el recuadro 3.1 y el gráfico 3.7).

Aunque el entorno económico ha mejorado desde entonces, varias empresas que operan en diferentes segmentos continúan enfrentándose a serias dificultades. En general, los márgenes de las empresas que participan en las etapas intermedias de la cadena no alcanzan el promedio que se registra en la industria de los semiconductores. Los bajos precios de mercado para los segmentos iniciales e intermedios de la cadena de valor significan que una mayor proporción del valor se ha trasladado a las etapas finales, en el segmento de desarrollo de mercado. En consecuencia, muchas empresas de energía solar fotovoltaica que operaban en las etapas iniciales e intermedias se han reconvertido en compañías activas en los segmentos finales de la cadena de valor (véase el cuadro 3.1).[15]

Gráfico 3.7

La rentabilidad de los fabricantes de productos fotovoltaicos se ha reducido sustancialmente

Beneficios netos de las empresas líderes del sector fotovoltaico (millones de USD), 2008-2012

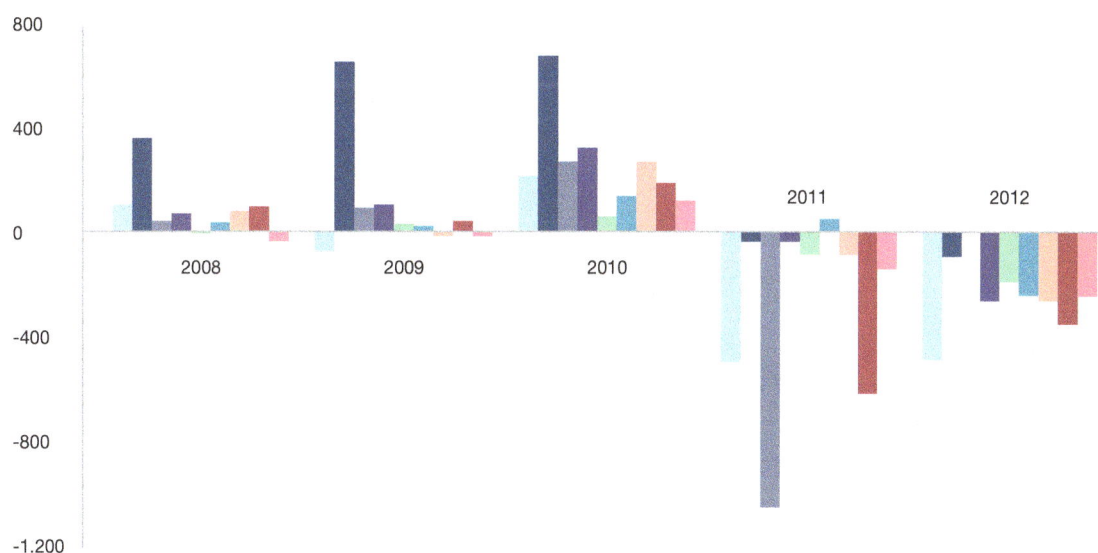

YINGLI ▮ FIRST SOLAR ▮ SUNTECH ▮ TRINA ▮ CANADIAN
▮ JINKO ▮ JA SOLAR ▮ SUNPOWER ▮ HANWHA

Fuente: Carvalho et al. (2017).

Recuadro 3.1

¿Destrucción creativa en la cadena de valor fotovoltaica?

Todos los principales actores de las fases intermedias de la cadena de valor fotovoltaica comenzaron a perder dinero en 2011 o 2012 (véase el gráfico 3.7). En 2012, Q-Cells, un fabricante de células fotovoltaicas con sede en Alemania que había liderado el mercado durante la mayor parte de la década de 2000, se declaró en quiebra y luego fue adquirido por Hanwha, de la República de Corea. El gigante fotovoltaico chino Suntech tampoco pudo hacer frente a sus obligaciones financieras en 2013, con lo que se vio obligado a reestructurar completamente su actividad. Desde entonces, la situación se ha vuelto menos grave, pero sigue siendo difícil. Empresas como REC Silicon y Centrotherm Photovoltaics, que operan en diferentes segmentos, continúan enfrentándose a serias dificultades. En general, los márgenes de las empresas activas en las etapas intermedias no alcanzan el promedio registrado en la industria de los semiconductores.

La integración vertical ha sido la solución para muchas empresas de la cadena de valor fotovoltaica. Como se puede ver en el cuadro 3.1, varios actores de las etapas iniciales e intermedias, como GCL, First Solar, Canadian Solar, Sun-Power y Jinko Solar, han integrado también verticalmente las actividades finales de la cadena de valor.

Una opinión extendida es que la innovación de procesos es la única estrategia de supervivencia posible para las empresas de las fases iniciales e intermedias.[16]

A ese respecto, First Solar constituye un ejemplo interesante. Su estrategia de especialización en células de película fina, que representan una pequeña porción del mercado –únicamente el 7% en 2015– le ha permitido convertirse en la compañía más rentable de las que operan en las fases intermedias de la cadena de valor. Lo que impulsa su éxito comercial es poder fabricar componentes fotovoltaicos innovadores por debajo del precio de mercado y los costos de producción de los competidores. La eficiencia de conversión energética de su célula fotovoltaica de película fina se acerca a los niveles de las células fotovoltaicas cristalinas, pero con costos de producción sustancialmente inferiores al precio del mercado minorista de estas. Así, First Solar puede mantener su ventaja comparativa porque otras compañías no saben cómo reproducir su producto –una célula fotovoltaica fabricada con materiales de telururo de cadmio– y porque utiliza equipos de producción especializados protegidos por derechos de propiedad intelectual.

Sin embargo, ¿en qué medida puede reproducirse ese modelo? First Solar fue capaz de conseguir financiación, aumentar la producción y comercializar su tecnología cuando los precios de la tecnología solar fotovoltaica eran altos.[17] Difícilmente puede decirse que oportunidades de ese tipo existan en las condiciones actuales del mercado.

Cuadro 3.1

Márgenes EBITDA de las principales compañías fotovoltaicas, 2015-2016

Empresa	Segmentos de mercado	Margen EBITDA (%)
GCL-Poly Energy	Silicio / obleas / proyectos de energía	25 (a)
Wacker	Producción de silicio / otros productos químicos	19,8 (a)
REC Silicon	Producción de silicio	-4 (a)
OCI Company	Producción de silicio / otros productos químicos	7,4 (a)
First Solar	Células / módulos / proyectos de energía	21,6 (a)
Trina	Lingotes / obleas / células / módulos	5,54 (a)
JA Solar	Células / módulos	7,55 (a)
Canadian Solar	Lingotes / obleas / células / módulos / proyectos de energía	8,01 (a)
Jinko Solar	Obleas / células / módulos / proyectos de energía	10,6 (b)
SunPower	Células / módulos / proyectos de energía	6,36 (b)
Applied Materials	Equipos de producción	25,2 (b)
Centrotherm Photovoltaics	Equipos de producción	-10,7 (a)
Sungrow	Inversores	10,6 (a)
SMA Solar	Inversores	11,3 (a)
SolarEdge	Inversores	10,3 (a)

Fuente: Carvalho *et al.* (2017).
Notas: (a) 2015; (b) 2016.

Los fabricantes de equipos solares fotovoltaicos están desplazando cada vez más su actividad a las etapas finales de la cadena de valor. Esta tendencia se observó por primera vez durante la crisis financiera de 2008, cuando se cancelaron los pedidos de tecnologías solares fotovoltaicas debido a las dificultades de financiación de los promotores de proyectos de energía solar fotovoltaica.[18] Antes de la crisis, la mayoría de ellos financiaban dichos proyectos con préstamos bancarios. Los bancos estaban dispuestos a financiar proyectos de energía solar fotovoltaica, así como otros proyectos de energías renovables, porque las políticas de tarifas de alimentación de los gobiernos establecían precios garantizados durante al menos 20 años. Sin embargo, la crisis financiera asestó un duro golpe a la liquidez de los bancos y a su capacidad para otorgar préstamos a estos promotores.

Como consecuencia, las empresas promotoras de ese tipo de proyectos tuvieron que anularlos, lo que conllevó cancelaciones de pedidos de productos fotovoltaicos en la cadena de valor. Los fabricantes de componentes fotovoltaicos, que habían disfrutado de márgenes de beneficios confortables hasta ese momento, se vieron confrontados a la cancelación de sus pedidos y no pudieron revenderlos a otros promotores. Las empresas con balances sólidos comenzaron a participar también en etapas ulteriores de la cadena de valor, como la promoción de proyectos, con objeto de generar demanda para sus propios productos fabricados en las etapas iniciales de la cadena de valor.

Cuadro 3.2

Mejores innovaciones de producto en su clase por tipo de célula fotovoltaica y economía, 1976-2017

Economía	Células de silicio cristalino	Tecnologías de película fina	Células de unión múltiple (de dos terminales, monolíticas)	GaAs de unión única	Tecnologías fotovoltaicas emergentes	Total de las economías
Estados Unidos	23	72	36	10	20	161
Alemania	9	11	6	3	5	34
Japón	12	7	6		7	32
Australia	16					16
Rep. de Corea		1		2	5	8
Canadá					7	7
Suiza		1			6	7
China	2	3				5
Francia		2	2			4
Países Bajos				3	1	4
Austria					3	3
India		3				3
Suecia		3				3
Hong Kong, China					1	1
España			1			1
Total	62	103	51	18	55	289

Fuente: Carvalho et al. (2017).

3.2 – ¿Cómo añaden valor los intangibles en la cadena global de valor fotovoltaica?

Como se describió en la sección anterior, en la última década ha tenido lugar una sorprendente reubicación en China de la mayoría de las actividades iniciales e intermedias de la cadena de valor. Una de las consecuencias directas es que una parte importante de las actividades económicas relacionadas con la cadena de valor fotovoltaica, incluido el valor añadido total, también se ha transferido a ese país.

Sin embargo, en lo tocante a la creación y el rendimiento de los activos intangibles en la industria fotovoltaica, la relación es menos directa.[19] Primero, los activos de conocimiento en la cadena de valor fotovoltaica no estaban necesariamente vinculados ni a la ubicación principal de la producción (China) ni a los lugares en los que se concentra la demanda (Europa). En segundo lugar, como se apuntó en la sección anterior, los activos de conocimiento guardan relación no solo con las innovaciones de productos, sino también con las innovaciones de procesos que reducen los costos.

En tercer lugar, es importante comprender cómo adquirió China los activos de conocimiento necesarios para remodelar la actual cadena global de valor fotovoltaica.

En esta sección se examina de qué manera los activos de conocimiento han dado forma a la estructura actual de la cadena de valor fotovoltaica. El papel de los activos de reputación en los segmentos finales de la cadena de valor se estudiará en la sección siguiente.

¿Dónde se crean los activos de conocimiento en la industria fotovoltaica?

Desde 1975, el Laboratorio Nacional de Energía Renovable (NREL) lleva haciendo un seguimiento en todo el mundo de los actores –empresas e instituciones académicas– que consiguen las mayores eficiencias de conversión energética mediante cualquiera de las diferentes tecnologías de células fotovoltaicas (véase el recuadro 3.2). Durante ese período, los récords mundiales existentes se han batido con frecuencia dentro de cada familia de células fotovoltaicas.

Recuadro 3.2

La revolución fotovoltaica

En la actualidad, las células fotovoltaicas existentes pueden clasificarse en cuatro familias tecnológicas distintas: (i) cristalinas a base de obleas, (ii) de película fina, (iii) de alta eficiencia (a menudo denominadas Grupo III-V) y (iv) células fotovoltaicas orgánicas. Si bien por el momento solo se comercializan los dos primeros tipos, los dos últimos presentan un gran potencial. Las células fotovoltaicas cristalinas a base de obleas representan más del 90% del mercado fotovoltaico.[20]

Las nuevas tecnologías fotovoltaicas deben superar dos desafíos para llegar al mercado. En primer lugar, la tecnología debe generar electricidad de manera fiable y estable en entornos que no sean de laboratorio y, en segundo lugar, los costos de producción tienen que ser más bajos que los precios de mercado para las tecnologías fotovoltaicas existentes. A día de hoy, ciertos tipos de células fotovoltaicas de capa fina y alta eficiencia han demostrado ser más eficaces en la conversión de energía que las tecnologías comercializadas, pero encuentran dificultades a la hora de competir con los precios de las tecnologías comercializadas, en parte porque su escala de producción es más reducida.[21]

Esto hace que la innovación de procesos a lo largo de la cadena de valor sea crucial para la industria fotovoltaica (véase el gráfico 3.3). Para la fabricación de polisilicio se utilizan principalmente dos procesos de producción: el proceso Siemens y el proceso de reactor de lecho fluidizado.[22]

Dado que la producción de polisilicio consume mucha electricidad, gran parte de la reducción de costos está ligada a la mejora de la eficiencia energética de los procesos productivos: el proceso de reactor de lecho fluidizado es más eficiente que el Siemens. Empresas de los Estados Unidos, el Canadá y Noruega están probando procesos metalúrgicos alternativos propios para reducir la energía y los costos de producción del polisilicio. Otra forma en que las empresas intentan reducir los costos de la electricidad consumida en el proceso es reubicando las fábricas en regiones donde la electricidad es barata. Con la introducción de novedades en los equipos de producción instalados en esas fábricas también se han logrado innovaciones en la producción de lingotes y obleas que han permitido reducir costos. En el caso de los lingotes, esto se hace formando cristales más grandes y mejorando sus núcleos, con objeto de reducir el tiempo que dura el proceso e incrementar el rendimiento.[23] Otras mejoras en el equipo de producción incluyen el corte de lingotes en obleas más finas, la reducción de la pérdida de material del lingote no utilizado (material perdido durante el aserrado), el aumento de las tasas de reciclaje y la reducción de los consumibles.[24] Otras innovaciones del proceso incluyen la reducción de la cantidad de pastas / tintas de metalización que contienen plata y aluminio, que son los materiales más necesarios y costosos para el proceso –además del silicio– utilizados en las tecnologías actuales de células de silicio cristalinas.[25]

Además, se han logrado récords de eficiencia en la conversión de energía en todas las tecnologías de células fotovoltaicas casi todos los años desde 2010, después de dos décadas de progreso muy lento. También se ha experimentado un avance rápido en todas las tecnologías alternativas a la fotovoltaica cristalina, como las tecnologías de células fotovoltaicas multiunión, de unión única, película fina y las tecnologías emergentes.[26]

¿Dónde se producen esas innovaciones de los productos fotovoltaicos actuales y alternativos? Como se muestra en el recuadro 3.2, los Estados Unidos lograron el 56% de los 289 récords de eficiencia, seguidos de Alemania (12%), el Japón (11%) y Australia (6%). La mayoría de las innovaciones documentadas de productos fotovoltaicos se llevaron a cabo en esos cuatro países. Si bien los Estados Unidos dominan ese escenario de vanguardia en todos los tipos de células fotovoltaicas, destacan principalmente en las innovaciones de células fotovoltaicas alternativas de película fina y multiunión. Australia es el segundo país en términos de número de récords batidos para las células fotovoltaicas cristalinas actuales, pero no ha logrado establecer ningún récord en tecnologías fotovoltaicas alternativas. Por el contrario, otros países como la República de Corea, el Canadá o Suiza únicamente han batido marcas en tecnologías fotovoltaicas alternativas.

Parece que la innovación puntera no es lo que impulsa el dominio del mercado de las empresas chinas, pues, según parece, las mayores innovaciones de productos –en cuanto a mejora de la eficiencia de conversión de las diferentes familias de células fotovoltaicas– siguen teniendo lugar en otros países. A diferencia de lo que ocurre con esas economías, solo en cinco ocasiones China ha logrado contar con la mejor tecnología del momento en una familia de células fotovoltaicas, tres de ellas en la categoría de células de película fina (tecnología que aún no se comercializa).

Del análisis de las solicitudes de patente para tecnologías relacionadas con el sector fotovoltaico se desprende una imagen similar pero más detallada (véase el gráfico 3.8). La creciente demanda de mercado de instalaciones solares fotovoltaicas ha ido acompañada de un crecimiento paralelo en el número de solicitudes de patente en todo el mundo. Las primeras solicitudes de patente pasaron de menos de 2.500 a principios de la década de 2000 a más de 16.000 en 2011.

Gráfico 3.8

China, ¿el nuevo líder en innovación de la industria fotovoltaica?

Primeras solicitudes de patente relacionadas con el sector fotovoltaico según su origen, presentadas desde 2000 a 2015

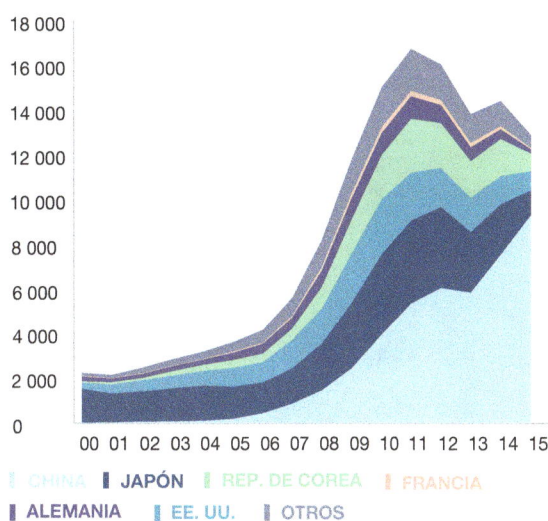

Fuente: OMPI basada en PATSTAT; véanse las notas técnicas.

Gráfico 3.9

Las células y los módulos fotovoltaicos dominan las solicitudes de patente para innovaciones fotovoltaicas

Primeras solicitudes de patente relacionadas con el sector fotovoltaico por segmento, presentadas entre 2000 y 2015

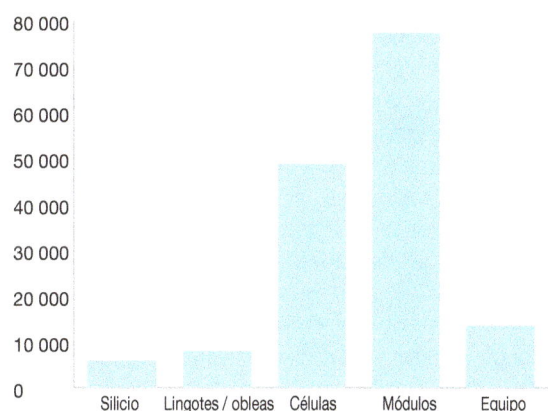

Fuente: OMPI basada en PATSTAT; véanse las notas técnicas.

Gráfico 3.10

China se ha convertido en uno de los principales actores en el ámbito de la tecnología fotovoltaica

Distribución porcentual de patentes relacionadas con el sector fotovoltaico por origen y segmento de la cadena de valor, 2011-2015

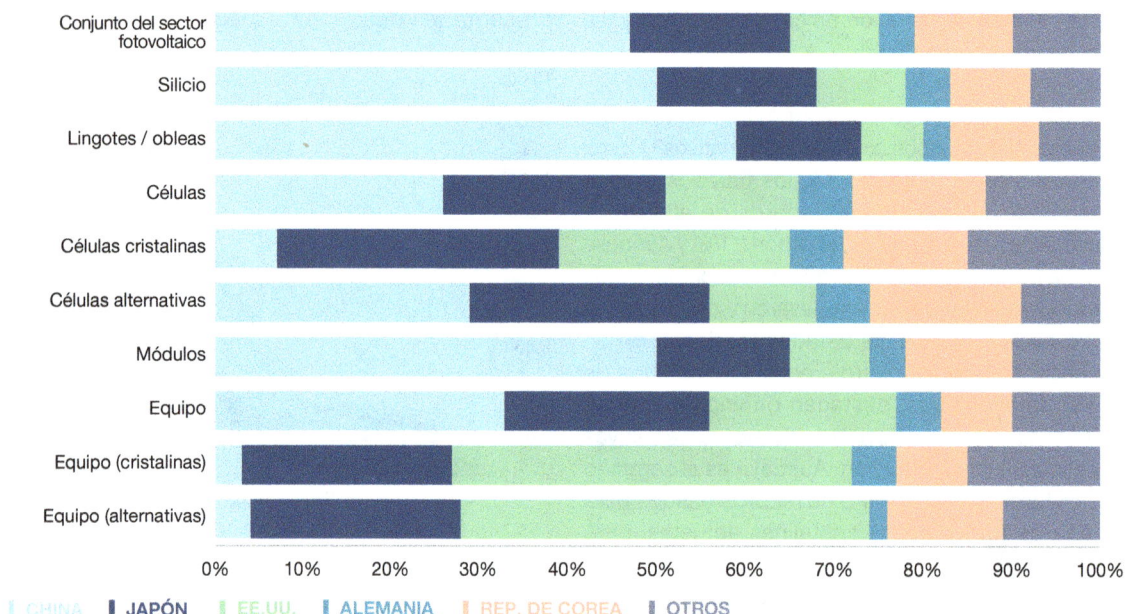

CHINA | JAPÓN | EE.UU. | ALEMANIA | REP. DE COREA | OTROS

Fuente: OMPI basada en PATSTAT; véanse las notas técnicas.

Hasta 2008, la mayoría de esas tecnologías se originaba en el Japón y los Estados Unidos. Desde entonces, China ha experimentado un rápido crecimiento en la actividad de patentamiento en el ámbito fotovoltaico, al convertirse en la economía que más solicitudes de patente presentó en 2010 y al presentar en 2014 la mayor parte de solicitudes.

Con más del 46% de las primeras solicitudes presentadas en el mundo en el período 2011-2015, China se ha convertido en el líder mundial en la presentación de solicitudes de patente relacionadas con la industria fotovoltaica (gráfico 3.10). Ocupa el primer lugar en cuanto a primeras solicitudes de patente presentadas en las tecnologías relacionadas con cada uno de los segmentos de la cadena de valor fotovoltaica, y las solicitudes presentadas por China representan la mayor parte del total mundial en el caso del silicio, los lingotes / obleas y los módulos. Sin embargo, cuando se examina la especialización de las empresas chinas entre las tecnologías actuales (cristalinas) y las alternativas, la imagen que se observa es diferente.

Como testimonian los récords de eficiencia mundiales, China parece haberse especializado más en tecnologías de células alternativas que en las cristalinas. De hecho, el país presenta la mayor proporción de solicitudes de patentes de células alternativas, mientras que todavía está por detrás del Japón, los Estados Unidos y la República de Corea en las solicitudes de patente correspondientes a tecnologías cristalinas. Estas cifras contrastan con la ventaja competitiva actual de China en lo que respecta a la producción de células fotovoltaicas cristalinas.

La mayor parte de la actividad de patentamiento ocurre en los dos segmentos intermedios de la cadena de valor. Más de la mitad de todas las solicitudes de patente relacionadas con la industria fotovoltaica en el período 2000-2015 guardaban relación con las tecnologías de módulos y casi un tercio con las células (véase el gráfico 3.9). Las tecnologías relacionadas con el silicio, los lingotes y las obleas representaban menos del 10% de las patentes.

Esto no quiere decir que la innovación sea menos frecuente en los segmentos de equipos de producción y las etapas iniciales de la cadena de valor. De hecho, se ha observado en estudios de campo que las empresas son muy activas en el patentamiento de invenciones menores –sobre todo en China– pero los inventos más relevantes generalmente se mantienen en secreto. Muchas de esas innovaciones fundamentales se centran más en el proceso, que a menudo no se lleva a cabo en departamentos específicos de I+D, sino directamente en las cadenas de producción, y se protegen manteniéndolas en secreto en lugar de patentarlas. Esto ocurre no solo en las nuevas empresas chinas, sino también en los principales productores de silicio occidentales y japoneses, que han desarrollado técnicas avanzadas para purificar silicio a un costo razonable y las mantienen en secreto.[27]

Innovaciones en los procesos que reducen los costos

Ni los récords en materia de conversión de energía ni las patentes pueden garantizar la introducción exitosa de innovaciones de producto en el sector fotovoltaico. Como se señala en el recuadro 3.2, para que una nueva tecnología fotovoltaica tenga éxito, debe ser fiable y tener precios competitivos, y aunque ciertas tecnologías alternativas de células fotovoltaicas hayan logrado resultados impresionantes en el laboratorio, todavía no están disponibles a una escala de producción competitiva.

Además, los productos ya existentes en el mercado a lo largo de la cadena de valor fotovoltaica, desde el silicio purificado hasta los paneles solares, presentan un alto grado de estandarización. La competitividad en ese mercado gira principalmente en torno a la capacidad de fabricar productos de un nivel estándar de calidad a un costo asequible. En ese contexto, la entrada exitosa en cada uno de los segmentos de mercado y la supervivencia dentro de ellos requieren acceso a las tecnologías de producción más avanzadas, para lo que a su vez se precisan mercados internacionales de equipos de producción que sean competitivos.

Esto significa que las innovaciones de procesos son fundamentales para la introducción de nuevos productos fotovoltaicos en el mercado y el mantenimiento de los existentes. Las nuevas tecnologías solo pueden introducirse de manera competitiva en mercados sensibles a los precios si se logra una producción a gran escala respaldada con innovaciones de procesos complementarias que reduzcan los costos. De hecho, varias compañías en los segmentos iniciales e intermedios de la cadena de valor de las células fotovoltaicas cristalinas consiguieron sobrevivir gracias únicamente a innovaciones de procesos en las etapas iniciales de producción que les permitieron reducir sus costos de producción más rápidamente que los competidores que operaban en el mismo segmento.[28]

¿Quién genera las innovaciones en los equipos de producción en la industria fotovoltaica? Los equipos de producción para las tecnologías fotovoltaicas cristalinas provenían inicialmente de compañías especializadas en la producción de equipos para la industria electrónica y de semiconductores. Estas empresas aplicaron sus capacidades tecnológicas de la industria de los semiconductores a la producción de equipos adaptados a la fabricación de lingotes, obleas, células y módulos. Las compañías de semiconductores con sede en los Estados Unidos, Alemania y el Japón ocuparon repetidamente los primeros puestos en términos de cuota de mercado y calidad de los equipos fabricados para la industria fotovoltaica solar (véase el cuadro 3.3).

El análisis de la actividad de patentamiento complementa esta visión. Hasta 2012, los Estados Unidos y el Japón dominaron en gran medida el panorama de las solicitudes de patente relacionadas con los equipos de producción. Desde entonces, tales solicitudes han disminuido drásticamente: alrededor del 60% entre 2012 y 2015 (véase el gráfico 3.11). La caída fue mayor en los Estados Unidos y el Japón, lo que permitió que China se hiciera con el mayor porcentaje en ese segmento en 2012.

China acumuló un tercio de las patentes presentadas durante el período 2011-2015. Sin embargo, la actividad de patentamiento en los Estados Unidos siguió representando casi la mitad de todas las solicitudes de patentes relacionadas con equipos de producción de células cristalinas o alternativas en ese período (véase el gráfico 3.10). El Japón y la República de Corea ocupan también puestos más altos que China en ese escalafón, pues solo una proporción muy baja de tales patentes procede de este país.

Cuadro 3.3

Principales empresas de equipos de producción, 2011

Empresa	País en que se ubica la sede	Sector de origen
Applied Materials	Estados Unidos	Semiconductores
Centrotherm	Alemania	Semiconductores / electrónica
MeyerBurger	Suiza	Semiconductores / electrónica
GTAT	Estados Unidos	Electrónica
Schmid	Alemania	Electrónica
Komatsu-NTC	Japón	Semiconductores
Oerliko	Suiza	Semiconductores
APPOLLO	Estados Unidos	Electrónica
RENA	Alemania	Electrónica
JGST	China	Solar

Fuente: Carvalho *et al.* (2017) y Zhang y Gallagher (2016).

¿Cómo se ha puesto al día tecnológicamente China?

¿Cuál ha sido el papel de los activos intangibles en la configuración de la actual cadena global de valor en la industria fotovoltaica? Para abordar esta cuestión es preciso entender cómo las empresas chinas que participan en las etapas iniciales e intermedias de la cadena adquirieron los activos de conocimiento necesarios para ingresar en las diferentes fases de la cadena de valor. La transferencia de tecnología hacia China se realizó a través de dos vías principales: los equipos de producción y el capital humano cualificado.

Las empresas chinas adquirieron principalmente tecnologías fotovoltaicas comprando material y equipo de producción a proveedores internacionales.[29] Las empresas chinas pioneras ingresaron en el mercado comprando equipos de producción de proveedores occidentales.[30] Pero la difusión de los conocimientos tecnológicos a China fue más allá de la transferencia de material y equipos. De hecho, se constata esa puesta al día en materia de tecnología con la aparición progresiva de proveedores de bienes de equipo exclusivamente chinos. Para 2016, casi la mitad del total mundial de empresas fabricantes de equipos de producción tenía su sede en China, ocupando los puestos siguientes los Estados Unidos, Alemania y el Japón (véase el cuadro 3.4).

La migración profesional de la mano de obra cualificada constituyó otro factor que ayudó al éxito de las empresas chinas en los segmentos iniciales e intermedios de la cadena de valor.[31] Al ingresar en el sector en la década de 2000, las empresas fotovoltaicas chinas se beneficiaron sustancialmente de la llegada de ejecutivos altamente capacitados que trajeron a China capital, redes profesionales y tecnología adquirida en compañías y universidades extranjeras.

Cuadro 3.4

Distribución de las sedes de los productores de equipos de tecnología fotovoltaica solar, 2016

Economía	Número de empresas	Proporción del número total de empresas (%)
China	381	41
Estados Unidos	152	16
Alemania	125	13
Japón	70	7
Rep. de Corea	53	6
Taiwán (Provincia de China)	44	5
Suiza	18	2
Resto del mundo	15	2
Total	81	8
Total	939	100

Fuente: Carvalho et al. (2017)

Cuadro 3.5

Las seis principales empresas de módulos / células solares de China, 2015

Empresa	Clasifi- cación mundial	Porcentaje del total de ingresos mundiales (%)	Creación	Inversión extranjera directa / empresa conjunta
Trina Solar	1	10	1997	No
JA Solar	2	8	2005	Australia (a través de JingAo)
Jinko Solar	3	7	2006	No
Yingli	5	5	1998	No
Canadian Solar	6	5	2001	Canadá
Shungfeng-Suntech	8	3	2001	No

Fuente: Carvalho et al. (2017).

Por ejemplo, el fundador y director general de Suntech –la compañía fotovoltaica más grande de China hasta 2013– estudió en la Universidad de Nueva Gales del Sur (Australia) y luego trabajó para la compañía australiana Pacific Solar. Tres de las empresas chinas más grandes, Shungfeng Suntech, Yingli y Trina, fueron creadas por ciudadanos chinos que anteriormente habían sido investigadores en Australia, y casi dos tercios de los miembros de las juntas directivas de las cuatro mayores compañías fotovoltaicas de China en 2016, Trina, GCL Poly, Jinko Solar y Canadian Solar, habían estudiado o trabajado en el extranjero. Todas las grandes empresas cuentan con programas de contratación para la captación de altos ejecutivos fuera del país.

Por el contrario, hay pocos datos que respalden la hipótesis de que la inversión de las empresas multi-nacionales fue un factor decisivo en el surgimiento de la industria china.[32] En el cuadro 3.5 figuran los seis principales fabricantes de células o módulos ubicados en China.

Solo dos de ellos tienen vínculos de inversión con empresas extranjeras y, además, esas empresas receptoras de inversión extranjera directa entraron tardíamente en el mercado, siguiendo los pasos de las firmas pioneras enteramente chinas.

3.3 – ¿Cuál es el papel de la propiedad intelectual en la industria fotovoltaica?

En esta sección se analiza en mayor profundidad el papel de la PI en la protección de los activos de conocimiento y los activos de reputación. En primer lugar, se estudiará cómo se ha utilizado la PI para proteger los activos de conocimiento y su papel en la apropiación tecnológica futura por parte de China, y a continuación se examinarán las tendencias recientes en el uso de PI para proteger los activos de reputación y las características ornamentales de los productos fotovoltaicos.

Cómo se protegen los activos de conocimiento en la cadena de valor fotovoltaica

Durante la primera década del siglo XXI, se observó una tendencia creciente a utilizar patentes para proteger los activos de conocimiento de todas las tecnologías en la cadena de valor fotovoltaica (gráfico 3.11). Los mayores incrementos correspondieron a las células y los módulos, y el punto máximo se registró en 2011, con unas 15.000 y 20.000 solicitudes de patentes, respectivamente.

Gráfico 3.11

Las solicitudes de patente relacionadas con el sector fotovoltaico han disminuido desde 2011

Solicitudes de patente relacionadas con el sector fotovoltaico a nivel mundial por segmento de la cadena de valor, 2000-2015

Conjunto del sector fotovoltaico

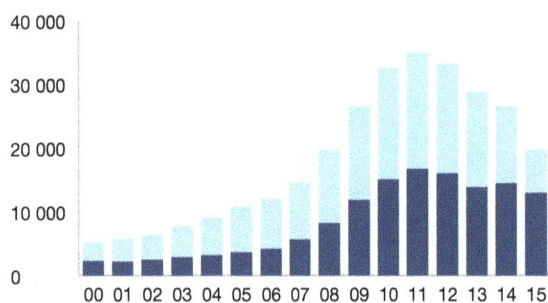

Células

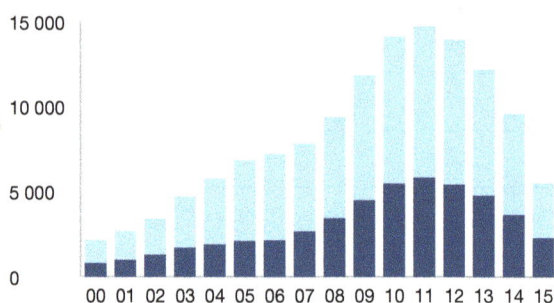

Silicio

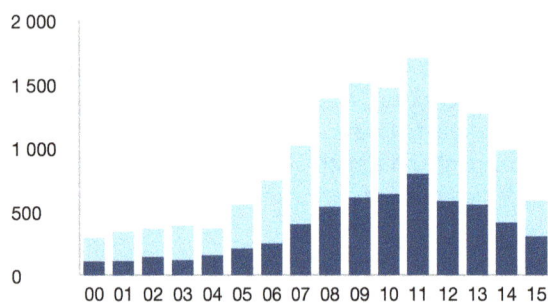

Módulos

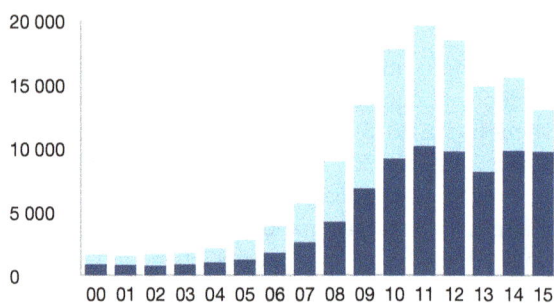

Lingotes / obleas

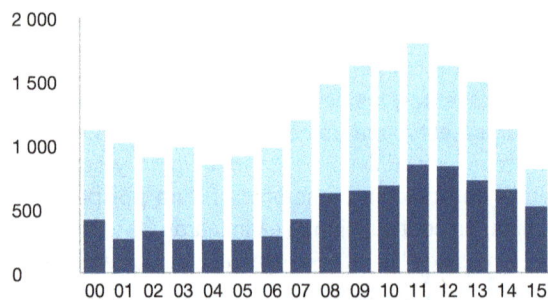

Equipo

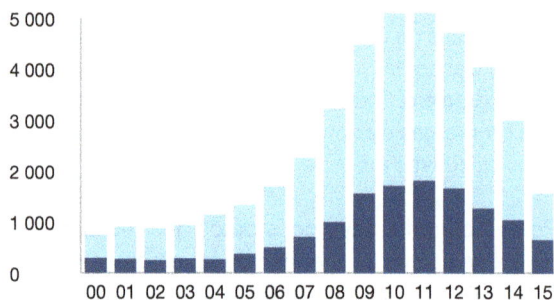

▮ PRIMERAS SOLICITUDES PRESENTADAS   ▮ SOLICITUDES POSTERIORES

Fuente: OMPI basada en PATSTAT; véanse las notas técnicas.

En los últimos años, ha retrocedido el aumento de la actividad de patentamiento en la industria fotovoltaica. Entre 2011 y 2015, el número de solicitudes de patentes relacionadas con el sector disminuyó un 44%. También ha disminuido el porcentaje que representan las solicitudes de patentes ligadas a la industria fotovoltaica respecto al total mundial, un 30% en solo cuatro años. Este descenso se ha notado en todos los segmentos de la cadena de valor, desde el silicio hasta las tecnologías de los módulos, pero es particularmente pronunciado en la producción de silicio, células y equipos (gráfico 3.11).

Cuadro 3.6

Intensidad de la I+D y presentación de solicitudes de patentes por parte de las principales empresas fotovoltaicas

Empresa	País	Intensidad de la I+D* (%)		Promedio de solicitudes de patente por año		Gasto anual en I+D (millones de USD)*	Promedio de solicitudes de patente relacionadas con la energía fotovoltaica por gasto en I+D en USD*
		2010	2015	2005-2009	2010-2014		
Silicon							
GCL-Poly Energy	CN		1,12	5	3,4	20,5	0,20
Wacker	DE	2,90	3,30	6	18,6	146,5	0,08
REC	NO	2,10	2,50	3,4	11,6	11,65	0,64
OCI Company	KR			1	1,75		
Cells							
First Solar	US	3,70	3,60	5,6	52,2	112,8	0,26
Trina	CN	1	3,50	6	41,8	26,05	0,92
JA Solar	CN	2,50	3,20	3	9,4	16,5	0,38
Canadian Solar	CN	0,45	0,50	1	2,75	12,5	0,15
Jinko Solar	CN	0,38	2,30	0	19,75	15,1	0,65
SunPower	US	4,10	6,30	13,8	38,4	74	0,35
Hanwha Q CELLS	KR-DE		6,80	12,75	14,8	28	0,49
Equipment							
Applied Materials	US	12,00	15,40	45,6	40,8	1297,5*	
Centrotherm Photovoltaics	DE	6,80	5,30	4,4	11,8	20	0,41
Meyerburger	CH	5	17,20	0	1,3	49,5*	
Inverters							
Sungrow	CN		4,3	2	13		
SMA Solar	DE			9	26,2	78,5	0,22
SolarEdge	Israel		6,10	6,3	5,6	22	0,27

*Nota: incluye la I+D no relacionada con la energía fotovoltaica.

Fuente: Carvalho et al. (2017).

También se han dado cambios drásticos en lo que respecta al país de origen de las solicitudes de patente. Las solicitudes de patente relacionadas con la industria fotovoltaica han disminuido en todos los principales países innovadores, con la notable excepción de China (véase el gráfico 3.8).

A primera vista, la tendencia descendente de la actividad de patentamiento a escala mundial en el sector de la energía fotovoltaica desde 2011 sugiere que las perspectivas de innovación tecnológica en el sector son sombrías. ¿Son cada vez menos atractivas las patentes en la industria fotovoltaica?

De hecho, parece que la disminución se debe a dos factores diferentes. En primer lugar, el número de solicitantes ha caído en picado.[33] Entre 2011 y 2014, disminuyó el número de solicitantes de los Estados Unidos, Alemania, el Japón y la República de Corea, y cayó aún más bruscamente la entrada de nuevos solicitantes. Esto también implica que, en promedio, haya aumentado el número de solicitudes de patente presentadas por cada solicitante, particularmente en los principales países productores de elementos fotovoltaicos. Estas tendencias son todavía más acusadas en las células fotovoltaicas alternativas, en las que ha sido mucho menor el descenso en las solicitudes de patente.

La evolución de la intensidad de la I+D en las principales empresas fotovoltaicas está en concordancia con esas cifras de patentes (véase el cuadro 3.6). Casi todos los principales actores aumentaron su actividad en el campo de la I+D entre 2010 y 2015 –en algunos casos sustancialmente– y su actividad de patentamiento creció aún más. Si bien la relación entre el gasto en I+D y las patentes no es simple, el aumento desproporcionado de la actividad de patentamiento en comparación con la intensidad de la I+D sugiere que las empresas supervivientes del sector presentaron más solicitudes de patente.

En otras palabras, lo que parece estar sucediendo es lo siguiente: muchos actores han abandonado el mercado y la entrada es cada vez más difícil. Sin embargo, las empresas sobrevivientes están reaccionando centrándose en la innovación y presentando más solicitudes de patente. Además, estos actores hacen frente a la reorganización del sector orientado sus esfuerzos de innovación a las tecnologías de nueva generación. Esto sugiere que los activos de conocimiento protegidos por derechos de PI pueden volverse más valiosos en esta etapa de reorganización del sector.

Cuadro 3.7

Porcentaje de familias de patentes de las solicitudes presentadas en las principales oficinas de patentes por origen, 1995-2015

Origen	OMPI	USPTO	OEP	JPO	KIPO	SIPO
Estados Unidos		96,2	38,3	33,3	22,5	37,8
Europa	48,8	51,8	58,4	32,1	20,7	33,3
Japón	28,6	45,8	21,5	99,2	17,7	26,2
Rep. de Corea	15,2	31,7	10,1	13,9	99,5	17,1
China	2,0	1,7	0,7	0,6	0,3	99,7
Otros	12,3	47,4	10,7	11,3	5,4	30,1
Total	20,0	32,8	16,9	31,0	21,3	55,5

Fuente: Carvalho *et al.* (2017).

La segunda fuerza impulsora es una reducción de la internacionalización de las patentes de la industria fotovoltaica. Las solicitudes de patentes se pueden dividir en primeras solicitudes de protección mediante patente de una invención (conocidas como primeras solicitudes presentadas) y la extensión de la protección a otro país de las solicitudes de patente existentes (conocidas como solicitudes posteriores). Tanto las solicitudes de uno como de otro tipo aumentaron rápidamente en la industria fotovoltaica en la década de 2000, pero desde 2011 las dos han disminuido, y las segundas se han reducido aún más rápidamente que las primeras. A mediados de la década de 2000, cada invención del sector fotovoltaico se presentaba en promedio en tres oficinas de patentes diferentes; en 2015, ese promedio había descendido a 1,5.

Esta reducción sugiere que cada vez más solicitantes de patentes fotovoltaicas optan por no buscar protección internacional. Prácticamente todas las solicitudes de patentes fotovoltaicas originadas en los principales países se presentan en primer lugar en el país de origen. Sin embargo, la internacionalización de las tecnologías fotovoltaicas difiere sustancialmente entre los países de origen y de destino (cuadro 3.7). De los principales países en los que se originan las invenciones, los solicitantes de los Estados Unidos son los que más se orientan al extranjero.

Gráfico 3.12

La protección de las tecnologías fotovoltaicas mediante patentes se concentra en algunas economías

Porcentaje de las familias de patentes fotovoltaicas mundiales, chinas y estadounidenses protegidas por país, 1995-2015

(a) Mundo

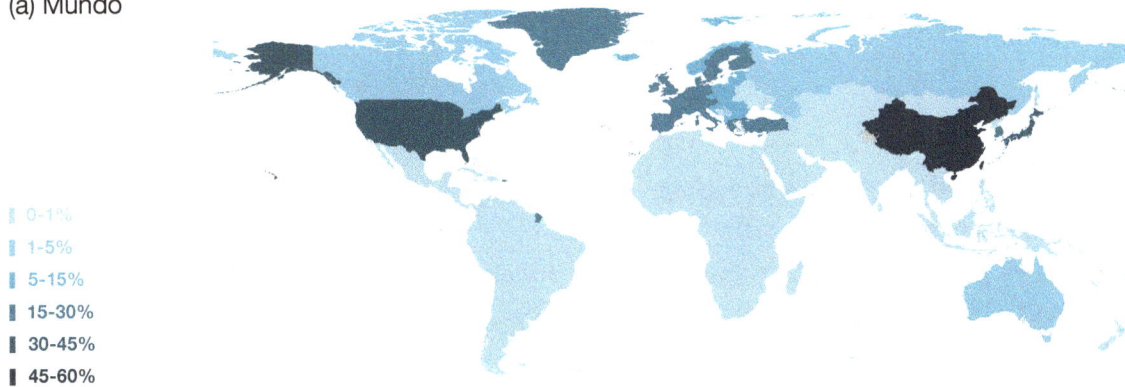

- 0-1%
- 1-5%
- 5-15%
- 15-30%
- 30-45%
- 45-60%

(b) China

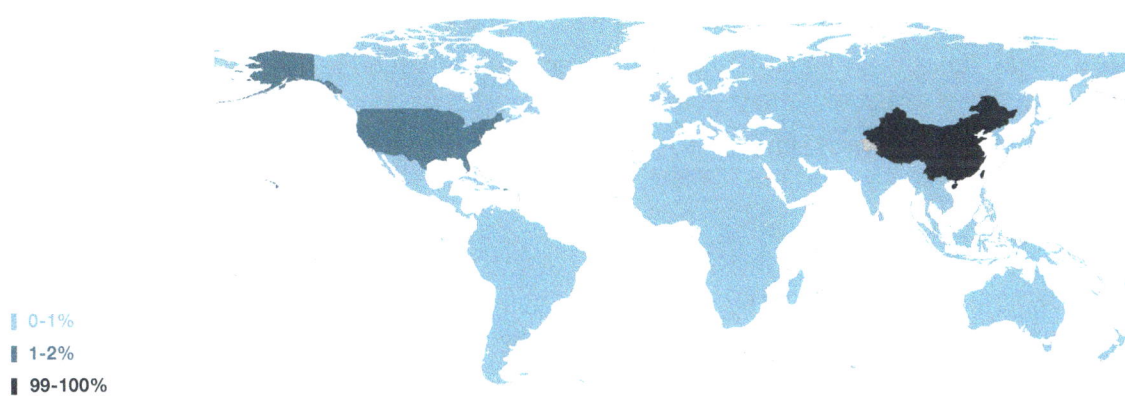

- 0-1%
- 1-2%
- 99-100%

(c) Estados Unidos

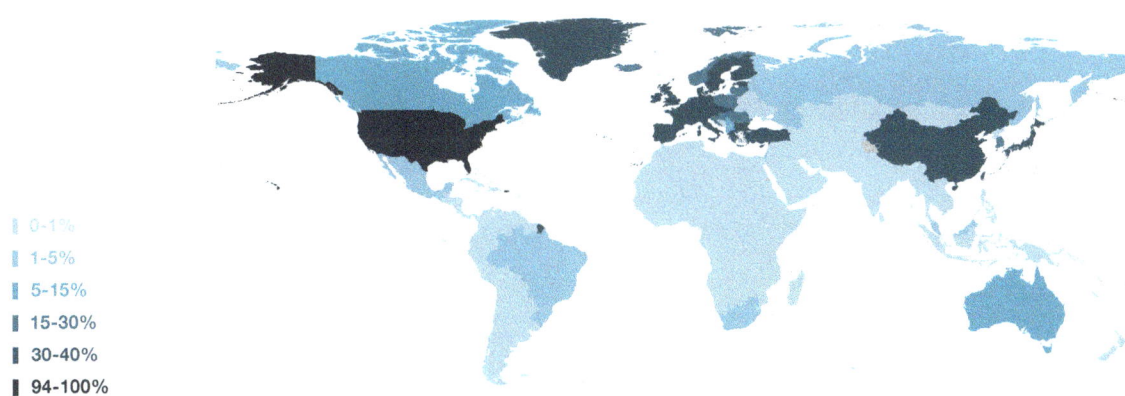

- 0-1%
- 1-5%
- 5-15%
- 15-30%
- 30-40%
- 94-100%

Fuente: OMPI basada en PATSTAT; véanse las notas técnicas.

Si bien presentan menos del 40% de sus solicitudes de patente en cualquiera de las otras oficinas de patentes principales, la proporción es aún menor para los solicitantes de Europa, el Japón y la República de Corea. Los solicitantes chinos son los menos propensos a solicitar protección en el extranjero, lo que refuerza la tendencia estadística general de alejarse de la internacionalización, ya que son los únicos que presentan cada vez más solicitudes de patentes relacionadas con la industria fotovoltaica.

Gráfico 3.13

Los solicitantes chinos tienden a no buscar protección por patentes para las tecnologías fotovoltaicas en otros mercados

Porcentaje de familias de patentes chinas registradas en las principales oficinas de patentes por segmento de la cadena de valor fotovoltaica, 1995-2015

Silicio

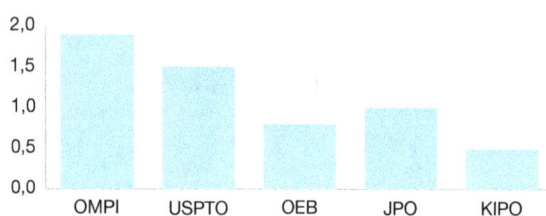

Lingotes / obleas

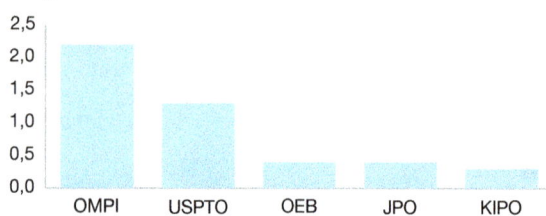

Células

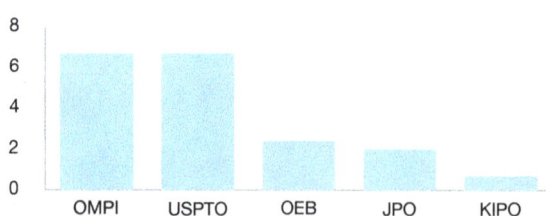

Células fotovoltaicas cristalinas

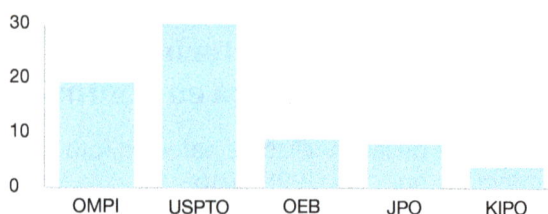

Células fotovoltaicas alternativas

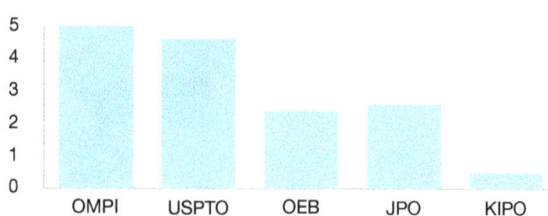

Módulos

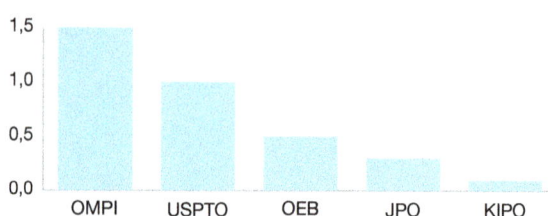

Equipo

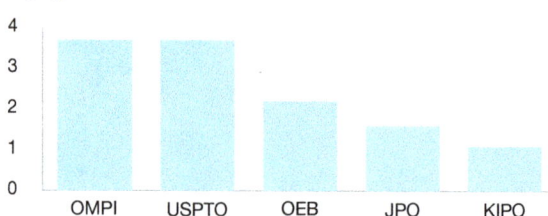

Equipo para células fotovoltaicas cristalinas

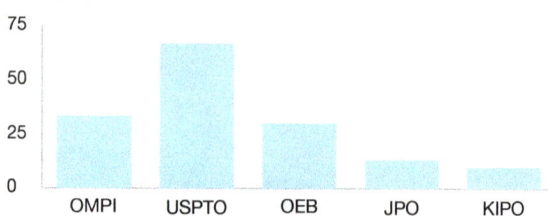

Equipo para células fotovoltaicas alternativas

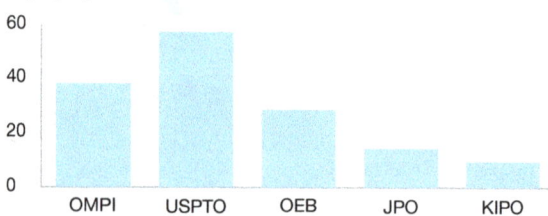

Fuente: OMPI basada en PATSTAT; véanse las notas técnicas.

A nivel mundial, la extensión de la protección por patente de las innovaciones fotovoltaicas es muy limitada. De hecho, un puñado de economías – especialmente China, los Estados Unidos, el Japón, la República de Corea y los países europeos– se encuentran entre los pocos lugares en los que se solicita protección por patente. El gráfico 3.12a muestra que las tecnologías fotovoltaicas están virtualmente desprotegidas en todas las demás economías, incluidas Australia, la Federación de Rusia, América Latina, África y Oriente Medio. La gran cantidad de solicitudes de patente del sector fotovoltaico presentadas recientemente en China –la mayoría protegidas solo a nivel nacional– puede incidir en estos resultados (véase la figura 3.12b). Pero la distribución general sigue siendo cualitativamente la misma cuando se excluyen esos datos, como muestra la distribución de las familias de patentes fotovoltaicas de los Estados Unidos en la figura 3.12c.

¿Puede China mantener su posición en la producción fotovoltaica sin proteger la PI?

Un hallazgo sorprendente del análisis de la actividad de patentamiento es la relativa ausencia de solicitudes chinas en las principales oficinas de patentes. Este fenómeno no es inusual en la actividad de patentamiento china en general; la mayoría de las extensiones extranjeras de patentes chinas se limitan a tecnologías relacionadas con las TIC. La proporción de solicitudes de patentes chinas ligadas al sector fotovoltaico registradas en las principales oficinas de PI extranjeras nunca ha excedido el 2%. Si bien el porcentaje correspondiente a las tecnologías fotovoltaicas es ligeramente más alto que el del total de las solicitudes chinas presentadas en esas oficinas, sigue siendo notablemente bajo.

Como se muestra en el gráfico 3.13, la internacionalización de la protección mediante patente de que hacen uso las empresas chinas en el sector fotovoltaico presenta cierta variación según la etapa de la cadena de valor a la que corresponda la innovación. Es más probable que se soliciten patentes internacionalmente si guardan relación con las células fotovoltaicas que con cualquier otro segmento de la cadena fotovoltaica. En concreto, las solicitudes internacionales relacionadas con las células fotovoltaicas alcanzan un pico de aproximadamente el 7% tanto en los Estados Unidos como a través del Sistema del Tratado de Cooperación en materia de Patentes (PCT).

El porcentaje tan reducido de internacionalización de la actividad de patentamiento china en el sector fotovoltaico contrasta con las cuotas de mercado de las empresas de ese país, que se sitúan en un rango del 80% al 90% en la mayoría de los segmentos de la cadena de valor fotovoltaica.

Sin embargo, existen algunas diferencias en función del tipo de tecnología fotovoltaica. El grado de internacionalización es significativamente más alto para las solicitudes de patente chinas relacionadas con tecnologías de células cristalinas y para equipos de producción tanto de células cristalinas como de tecnologías alternativas (gráfico 3.13). China cuenta con un número relativamente pequeño de patentes en esas tres tecnologías, pero en muchos casos extiende esa protección al extranjero, especialmente a los Estados Unidos.

Queda por ver cuál será el impacto a largo plazo de la ausencia de protección internacional para la mayoría de las tecnologías fotovoltaicas de propiedad china. ¿Protegerlas solo en China bastará para mantener el éxito comercial de los productores chinos o dará la oportunidad de volver a competir a otros actores del sector? Solo el tiempo lo dirá.

En concreto, este sería el caso si las tecnologías alternativas a las células fotovoltaicas cristalinas finalmente llegan al mercado. En ese sentido, algunas empresas e institutos de investigación altamente innovadores con grandes carteras de patentes y células altamente eficientes –como Fraunhofer ISE, Sharp, IPFL y Boeing Spectrolab– pueden estar mejor posicionados para explotar los productos fotovoltaicos que están guardados en el cajón.

¿Una nueva industria fotovoltaica?

Cada vez se cuenta con más datos que evidencian la importancia creciente de los activos de reputación en los segmentos finales de la cadena de valor. Esto es muy relevante por al menos dos razones. Primero, se trata de los segmentos más rentables, en los que el valor añadido debe producirse en gran medida localmente. En segundo lugar, estos segmentos presentan una distribución geográfica más amplia que las etapas iniciales o intermedias, que permanecen ubicadas en gran medida en economías industrializadas como Europa y los Estados Unidos.

Gráfico 3.14

La protección de la marca es cada vez más importante en el mercado fotovoltaico

Solicitudes de registro de marcas en el sector fotovoltaico, 1990-2016

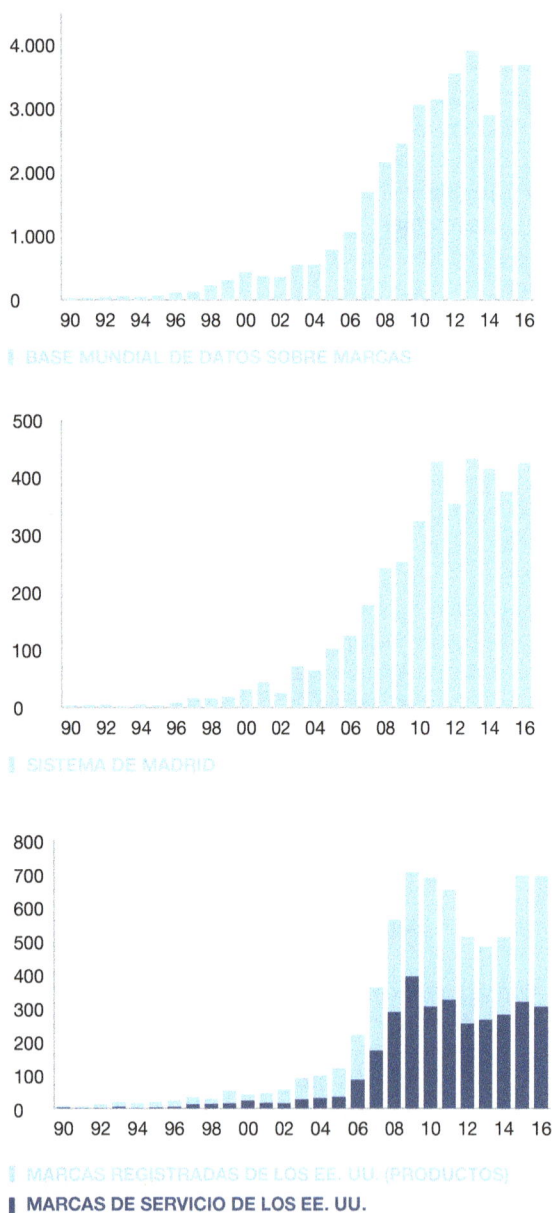

BASE MUNDIAL DE DATOS SOBRE MARCAS

SISTEMA DE MADRID

MARCAS REGISTRADAS DE LOS EE. UU. (PRODUCTOS)

▮ MARCAS DE SERVICIO DE LOS EE. UU.

Fuente: OMPI basada en la USPTO, la Base Mundial de Datos sobre Marcas y el Sistema de Madrid.

Un fenómeno que testimonia la consolidación de la industria fotovoltaica es la creciente importancia de las actividades de desarrollo de marcas. Paralelamente al crecimiento exponencial de la demanda y la capacidad de producción de las tecnologías fotovoltaicas en los últimos 10 años, también ha aumentado el uso de la protección de marcas para productos y servicios fotovoltaicos.

El gráfico 3.14 ilustra esa tendencia. Todas las principales fuentes de datos sobre marcas registradas –la Oficina de Patentes y Marcas de los Estados Unidos de América (USPTO), la Base Mundial de Datos sobre Marcas de la OMPI y el Sistema de Madrid– respaldan esta conclusión, y en 2016 se registraron cifras entre 4 y 6 veces superiores a las de 2005.

¿Qué da lugar a esa tendencia? Una causa directa es simplemente el rápido crecimiento del mercado. Una explicación complementaria guarda relación con los ajustados márgenes y la integración vertical a los que se ha aludido anteriormente. La mayoría de los proyectos fotovoltaicos de energía solar se financian mediante préstamos bancarios, lo que significa que los intereses representan una parte importante del costo del proyecto. Las tasas de interés vienen determinadas no solo por el riesgo del mercado, sino también por el riesgo tecnológico, lo que hace que sea particularmente importante para los promotores de proyectos fotovoltaicos de energía solar adquirir tecnologías de actores reconocidos en el sector. Las entidades bancarias deben sentirse cómodas tanto con la reputación del promotor del proyecto como con los insumos tecnológicos que se emplearán. Un proyecto fotovoltaico se considerará «financiable» si demuestra que hará uso de tecnologías que funcionan bien en el mercado, que generará electricidad de manera estable y que su rendimiento es fiable.

Una forma en que las empresas de las etapas iniciales e intermedias de la cadena de valor han logrado mantener sus márgenes de beneficio consiste en participar también en actividades de promoción de proyectos fotovoltaicos, para demostrar que su tecnología funciona bien en el mercado. En este proceso, las empresas integradas verticalmente han invertido en la creación de una reputación en los segmentos iniciales e intermedios: las denominadas "primeras" y "segundas" marcas.

Gráfico 3.15

Los diseños de los paneles solares son cada vez más creativos

Ejemplos de diseños (dibujos y modelos) industriales de paneles solares registrados a través del Sistema de La Haya para el Registro Internacional de Dibujos y Modelos Industriales

La creciente importancia de los usuarios privados de las tecnologías fotovoltaicas también puede cambiar el papel que desempeñan otros activos de conocimiento y reputación a lo largo de la cadena de valor fotovoltaica. Un aumento desproporcionado de los prestatarios de servicios relacionados con la energía fotovoltaica apunta a esa tendencia descendente hacia las actividades de desarrollo de marcas en la industria fotovoltaica. Otro aspecto cada vez más importante en el ámbito de los activos intangibles se refiere a la estética de los módulos fotovoltaicos que se instalan en las residencias de los consumidores privados. Siguiendo esa tendencia, es probable que otras formas de PI –concretamente los diseños industriales– ganen protagonismo en la industria fotovoltaica (véase el gráfico 3.15).

3.4 – Conclusión

La evolución espacial de la cadena de valor fotovoltaica solar se asemeja a la de muchas otras industrias, como los semiconductores, la electrónica y los electrodomésticos.

Los paneles y sistemas fotovoltaicos son ahora principalmente productos básicos en lugar de bienes diferenciados: su característica más relevante es la cantidad de electricidad que se puede producir por cada dólar invertido.

En ese contexto, la dinámica del sector ha estado marcada profundamente por las estrategias de reducción de los costos de producción, más que por las de innovación de productos, como demuestra el hecho de que el mercado todavía está dominado por la tecnología más madura, la cristalina, aun si las tecnologías fotovoltaicas alternativas abrigaban grandes esperanzas a principios de la década de 2000, cuando la demanda del mercado y los precios de las tecnologías fotovoltaicas solares eran altos debido a las políticas europeas de apoyo al sector.

Como resultado, los productos fotovoltaicos inicialmente inventados en el mundo occidental décadas atrás ya no estaban protegidos por patentes, y las empresas chinas solo necesitaron adquirir el conocimiento necesario para fabricar sus componentes de manera eficiente a lo largo de la cadena de valor. Para ello, se valieron de dos canales de transferencia de la tecnología. En primer lugar, las empresas chinas

obtuvieron acceso a equipos de producción y líneas de fabricación "llave en mano" suministrados por empresas estadounidenses, europeas y japonesas. Los equipos de producción estaban hasta cierto punto protegidos por patentes, pero había suficiente competencia en los mercados internacionales para mantener precios razonables. En segundo lugar, las empresas chinas también confiaron en la transmisión de conocimientos a través del capital humano; gracias a los fundadores de estas y al personal, que habían estudiado en el extranjero en regiones que se dedicaban a la innovación en tecnologías fotovoltaicas de energía solar. La industria fotovoltaica constituye un caso de transferencia completa de tecnología a una economía emergente, como pone de manifiesto que las empresas chinas lideren en la actualidad la fabricación de equipos de producción fotovoltaicos.

Comprender cómo afectan los canales de transferencia de conocimientos a la distribución espacial de la cadena de valor tiene implicaciones para la innovación futura. En la actualidad, el mercado de energía solar fotovoltaica está saturado con una tecnología predominante cuyos precios deprimidos proporcionan escasos márgenes de beneficio a las empresas. Estas pueden enfocar sus esfuerzos de I+D hacia la innovación en procesos de alto nivel que permitan reducir los costes de producción de la tecnología predominante o hacia nuevas innovaciones de productos fotovoltaicos solares cuyos precios de producción sean inferiores a los de la tecnología actual.

Los principales cambios experimentados por la industria fotovoltaica mundial durante la última década han ido acompañados de un renovado interés por la protección de la PI, como demuestra el hecho de que las empresas que han sobrevivido al colapso de los precios del sector fotovoltaico en todo el mundo parecen haber aumentado recientemente su propensión a patentar.

Como se ha hecho constar en este capítulo, la protección de los activos intangibles mediante derechos de PI no fue un factor determinante en el éxito de las empresas chinas, pero bien podría convertirse en un ingrediente clave para el éxito comercial en las próximas décadas.

Notas

1. Este capítulo se inspira en Carvalho *et al.* (2017).

2. Patente de los EE.UU. N.º 2402662, cuya solicitud fue presentada el 27 de mayo de 1941.

3. Véase Fraas (2014) y Perlin (1999).

4. Véase Carvalho (2015b), de la Tour, Glachant y Ménière (2011), Fu y Zhang (2011) y Wu y Mathews (2012).

5. Schmela *et al.* (2016).

6. BNEF (2014).

7. BNEF (2017).

8. Véase BNEF (2014) y ENF (2012, 2013a, 2013b).

9. Wesoff (2015).

10. Ghosh (2016).

11. Goodrich *et al.* (2011).

12. Schmela *et al.* (2016).

13. Johnson (2013).

14. Schmela *et al.* (2016).

15. Véase IEA (2016).

16. IEA (2016) y SEMI PV (2017).

17. Véase Carvalho (2015a).

18. Véase BNEF (2013).

19. Véase el debate general en el capítulo 1, sección 1.4.

20. Véase IEA (2016), SEMI PV (2017) y Schmela *et al.* (2016).

21. Ekins-Daukes (2013) y NREL (2017).

22. SEMI PV (2017).

23. IEA (2016).

24. IEA (2016) y SEMI PV (2017).

25. SEMI PV (2017).

26. NREL (2017).

27. de la Tour *et al.* (2011).

28. IEA (2016) y SEMI PV (2017).

29. de la Tour *et al.* (2011), Fu y Zhang (2011) y Wu y Mathews (2012).

30. de la Tour *et al.* (2011) y Wu y Mathews (2012).

31. Luo *et al.* (2017).

32. de la Tour *et al.* (2011).

33. Véase Carvalho *et al.* (2017).

Referencias

BNEF (2013). *PV Market Outlook Q1 2013*. Londres: Bloomberg New Energy Finance (BNEF).

BNEF (2014). *Q1 2014 Solar Market Outlook*. Londres: BNEF.

BNEF (2017). *Solar Price Indexes*. Londres: BNEF.

Carvalho, M.D. (2015a). How does the presence – or absence – of domestic industries affect the commercialisation of technologies? In *The Internationalisation of Green Technologies and the Realisation of Green Growth*. Londres: London School of Economics and Political Science, capítulo 5.

Carvalho, M.D. (2015b). *The Internationalisation of Green Technologies and the Realisation of Green Growth*. Londres: London School of Economics and Political Science.

Carvalho, M.D., A. Dechezleprêtre y M. Glachant (2017). Understanding the Dynamics of Global Value Chains for Solar Photovoltaic Technologies. *WIPO Economic Research Working Paper No. 40*. Ginebra: OMPI.

de la Tour, A., M. Glachant e Y. Ménière (2011). Innovation and international technology transfer: the case of the Chinese photovoltaic industry. *Energy Policy*, 39(2), 761-770. doi.org/10.1016/j.enpol.2010.10.050.

Ekins-Daukes, N.J. (2013). Silicon PV. In *SEF MSc Lecture*. Londres: Imperial College London.

ENF (2012). *Taiwan Cell and Panel Manufacturers Survey*. Londres: ENF Ltd.

ENF (2013a). *Chinese Cell and Panel Manufacturers Survey*. Londres: ENF Ltd.

ENF (2013b). *Global Ingot and Wafer Manufacturers Survey*. Londres: ENF Ltd. Fraas, L.M. (2014). History of solar cell development. In Fraas, L.M. (ed.), *Low-Cost Solar Electric Power*. Suiza: Springer. doi.org/10.1007/978-3-319-07530-3.

Fu, X. y J. Zhang (2011). Technology transfer, indigenous innovation and leapfrogging in green technology: the solar-PV industry in China and India. *Journal of Chinese Economic and Business Studies*, 9(4), 329-347. doi.org/10.1080/14765284.2011.618590.

Ghosh, A. (2016). Clean energy trade conflicts: the political economy of a future energy system. En T. Van de Graaf, B.K. Sovacool, A. Ghosh, F. Kern y M.T. Klare (eds.), *The Palgrave Handbook of the International Political Economy of Energy*. Basingstoke: Palgrave, 397-416. doi.org/10.1057/978-1-137-55631-8.

Goodrich, A., T. James y M. Woodhouse (2011). *Solar PV Manufacturing Cost Analysis: U.S. Competitiveness in a Global Industry*. Stanford, CA: NREL. www.nrel. gov/docs/fy12osti/53938.pdf.

IEA (2016). *Trends in Photovoltaic Applications 2016: Survey Report of Selected IEA Countries between 1992 and 2015*. París: Organismo Internacional de Energía (IEA).

Johnson, O. (2013). Exploring the Effectiveness of Local Content Requirements in Promoting Solar PV Manufacturing in India. *German Development Institute Discussion Paper No. 11/2013*. Bonn: Instituto Alemán de Desarrollo: www.die-gdi. de/uploads/media/DP_11.2013.pdf.

Luo, S., M.E. Lovely y D.C. Popp (2017). Intellectual returnees as drivers of indigenous innovation: evidence from the Chinese photovoltaic industry. *World Economy*, 00, 1-31. doi.org/10.1111/twec.12536.

NREL (2017). *NREL Best Research-Cell Efficiencies 2017*. Oak Ridge, TN: NREL.

Perlin, J. (1999). *From Space to Earth: The Story of Solar Electricity*. Ann Arbor, MI: Aatec Publications.

Schmela, M., G. Masson y N.N.T. Mai (2016). *Global Market Outlook for Solar Power, 2016-2020*. Bruselas: Solar Power Europe.

SEMI PV (2017). *International Technology Roadmap for Photovoltaic (ITRPV): 2016 Results*. Milpitas, CA: VDMA Photovoltaic Equipment.

Wesoff, E. (2015). The mercifully short list of fallen solar companies: 2015 edition. *GTM Solar*. Greentech Media. www.greentechmedia.com/articles/read/The-Mercifully-Short-List-of-Fallen-Solar-Companies-2015-Edition.

Wu, C.-Y. y J.A. Mathews (2012). Knowledge flows in the solar photovoltaic industry: insights from patenting by Taiwan, Korea, and China. *Research Policy*, 41(3), 524-540. doi. org/10.1016/j.respol.2011.10.007.

Zhang, F. y K.S. Gallagher (2016). Innovation and technology transfer through global value chains: evidence from China's PV industry. *Energy Policy*, 94, 191-203. doi.org/10.1016/j.enpol.2016.04.014.

Los activos intangibles contribuyen en gran medida al éxito en el sector de los teléfonos inteligentes

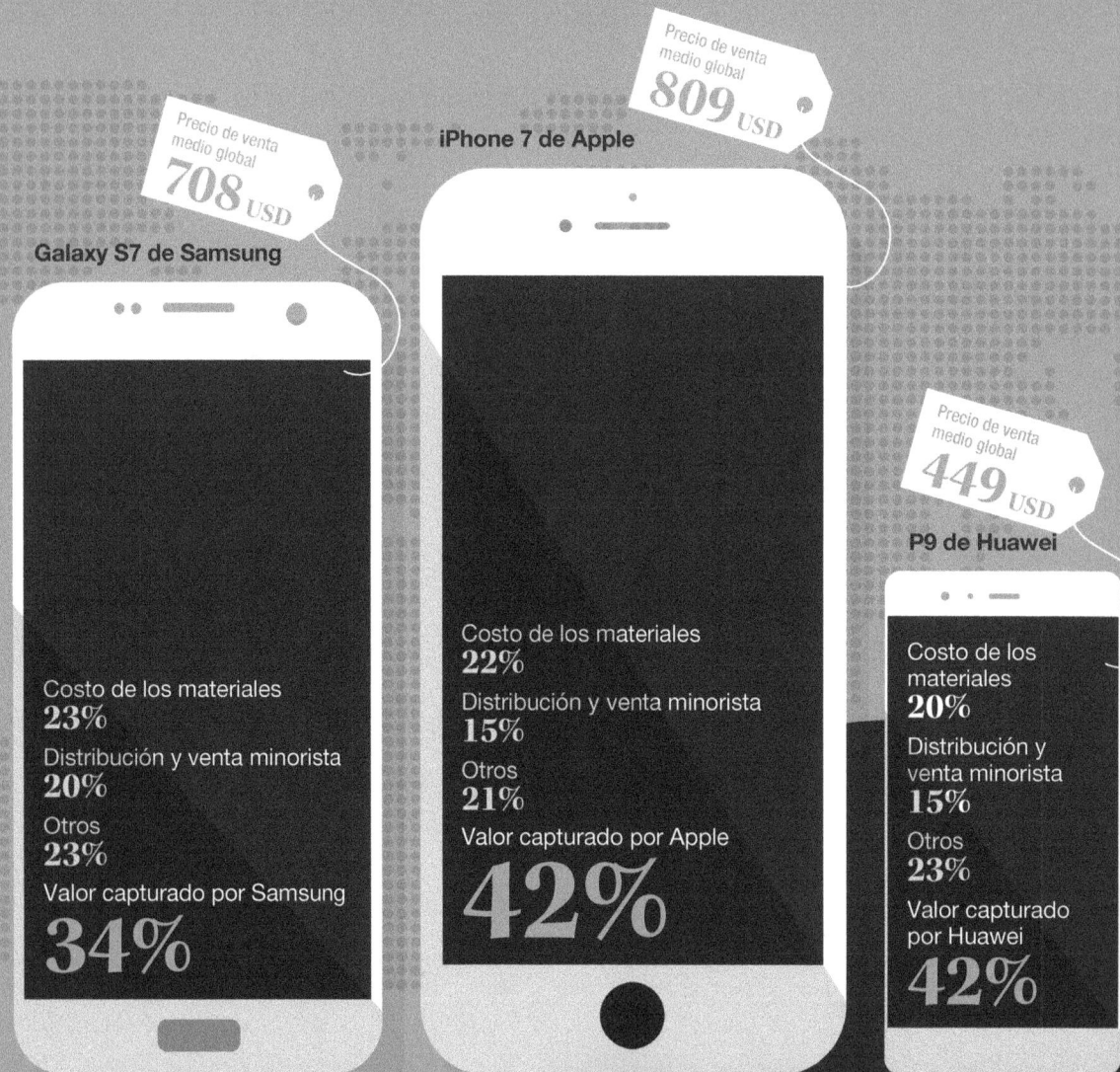

iPhone 7 de Apple

Precio de venta medio global
809 USD

Galaxy S7 de Samsung

Precio de venta medio global
708 USD

Precio de venta medio global
449 USD

P9 de Huawei

Costo de los materiales
23%

Distribución y venta minorista
20%

Otros
23%

Valor capturado por Samsung
34%

Costo de los materiales
22%

Distribución y venta minorista
15%

Otros
21%

Valor capturado por Apple
42%

Costo de los materiales
20%

Distribución y venta minorista
15%

Otros
23%

Valor capturado por Huawei
42%

Las empresas líderes recurren a la tecnología, el diseño y el desarrollo y la imagen de marca para asegurarse una gran parte del valor de mercado.

Cerca del 35% de las solicitudes de patente presentadas en todo el mundo desde 1990 guardan relación con los teléfonos móviles.

Los diseños de interfaces de usuario también son objeto de un alto grado de protección

Fuente: Informe mundial sobre la propiedad intelectual en 2017

Capítulo 4
Teléfonos inteligentes: ¿qué hay dentro?

Los teléfonos inteligentes son teléfonos celulares que disponen de un sistema operativo que permite a los consumidores acceder a una cantidad cada vez más abundante de aplicaciones móviles. Se producen en cadenas globales de valor compuestas por un conjunto reducido de fabricantes de terminales que se apoyan en un gran número de proveedores de tecnologías de comunicaciones, componentes y software.

En el presente capítulo se describe la cadena global de valor de los teléfonos inteligentes. Se cuantifica el valor que capturan tres teléfonos inteligentes de alta gama recientes de las empresas líderes del mercado, a saber, Apple, Huawei y Samsung, con una especial atención en la creación y valorización de los activos intangibles.[1] En la sección 4.1 se describen las características de la cadena global de valor subyacente; en la sección 4.2 de identifica quién captura el valor de las ventas de teléfonos inteligentes; en la sección 4.3 se evalúa el papel de los activos intangibles y de la propiedad intelectual en la captura de valor; y en la sección 4.4 se analiza el proceso de aprendizaje tecnológico.

4.1 – La cadena global de valor de los teléfonos inteligentes

A pesar del liderazgo de un número reducido de empresas en términos de cuotas de mercado a nivel del consumidor final, el diseño y la producción de teléfonos inteligentes es, en última instancia, responsabilidad de una amplísima red de empresas del sector de la electrónica y el software.

4.1.1 – Naturaleza cambiante del mercado de teléfonos inteligentes

Durante los últimos 20 años las comunicaciones móviles celulares han pasado de utilizar teléfonos básicos para comunicaciones de voz a teléfonos inteligentes que también se utilizan para aplicaciones de contenidos que hacen un uso intensivo de datos. El sector de los teléfonos inteligentes ha crecido desde los 124 millones de unidades vendidas en 2007 a unos 1.470 millones de unidades vendidas en 2016, con un valor total de mercado de 418.000 millones de dólares de los EE.UU. (USD).[2] Actualmente existen 3.800 millones de usuarios en todo el mundo, y se espera que la cifra alcance los 5.800 millones en 2020, con un crecimiento impulsado principalmente por la demanda en los países en desarrollo.[3]

Aunque el crecimiento del mercado de teléfonos inteligentes ha sido fuerte y sostenido, los proveedores de terminales líderes del sector han cambiado a lo largo del tiempo. Nokia y BlackBerry fueron las marcas que inicialmente lideraron el mercado, pero han sido sustituidas por Apple y Samsung desde 2011. El mercado sigue experimentando entradas y salidas (cuadro 4.1). Huawei, que entró en el mercado en 2010, alcanzó la tercera posición en 2015.

Apple (57%) y Samsung (25%) dominan el mercado de teléfonos de alta gama (con un precio superior a 400 USD).[4] El precio medio de venta de un teléfono inteligente ha bajado de 425 USD en el periodo 2007-2011 a 283 USD en 2016, siendo actualmente los teléfonos equipados con el sistema operativo Android sensiblemente más baratos que los dispositivos de Apple equipados con iOS (véase el cuadro 4.2).

Cuadro 4.1

Cuotas en el mercado mundial de teléfonos inteligentes, en porcentaje de unidades vendidas

Empresa	2007	2010	2013	2016
Samsung Electronics	1,8	7,5	31,1	21,1
Apple	3,0	15,6	15,1	14,6
Huawei	–	0,6	4,8	9,5
Xiaomi	–	–	4,7	3,7
LG	–	–	1,8	3,6
Lenovo	0,0	0,2	4,5	3,5
Motorola	6,1	4,6	1,2	*
HTC	2,4	7,2	2,2	1,0
Nokia	49,2	32,8	3,0	*
BlackBerry	9,9	16,0	1,9	,05

Nota: *Microsoft adquirió el negocio de teléfonos inteligentes de Nokia y Lenovo el de Motorola.
Fuente: IDC Worldwide Mobile Phone Tracker, 2017.

Cuadro 4.2

Precio medio de venta de los teléfonos inteligentes por sistema operativo móvil, en USD

Sistema operativo	2007	2010	2013	2014	2015	2016
iOS (Apple)	594	703	669	680	716	690
Android (Google)	–	441	272	237	217	214

Fuente: IDC Worldwide Mobile Phone Tracker, 2017.

Gráfico 4.1

La cadena global de valor de los teléfonos inteligentes tiene forma de araña

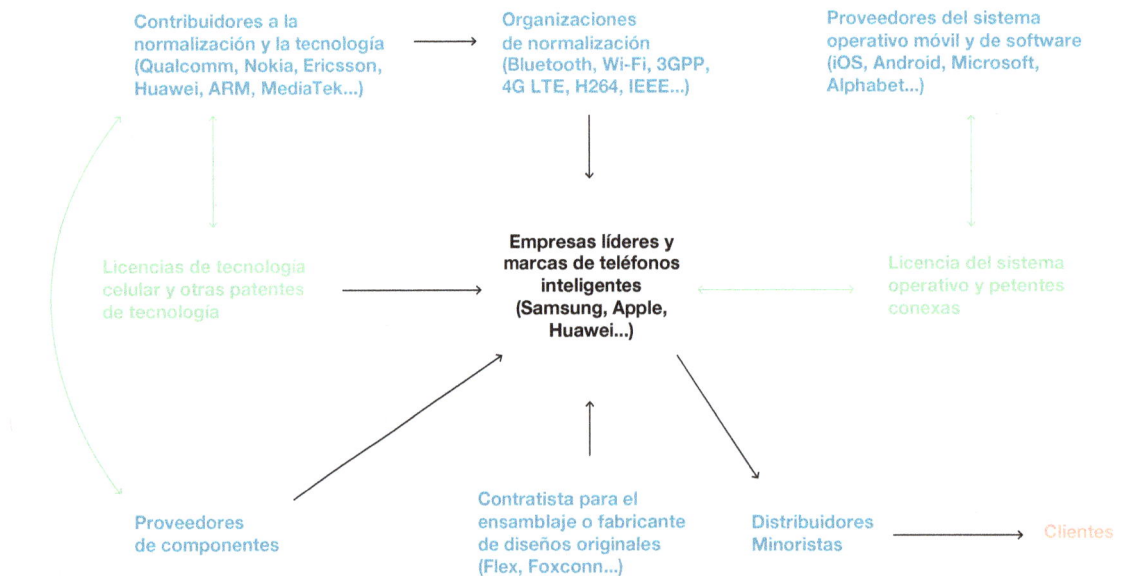

Contribuidores a la normalización y la tecnología (Qualcomm, Nokia, Ericsson, Huawei, ARM, MediaTek...) → Organizaciones de normalización (Bluetooth, Wi-Fi, 3GPP, 4G LTE, H264, IEEE...)

Proveedores del sistema operativo móvil y de software (iOS, Android, Microsoft, Alphabet...)

Licencias de tecnología celular y otras patentes de tecnología → Empresas líderes y marcas de teléfonos inteligentes (Samsung, Apple, Huawei...)

Licencia del sistema operativo y petentes conexas

Proveedores de componentes

Contratista para el ensamblaje o fabricante de diseños originales (Flex, Foxconn...)

Distribuidores Minoristas → Clientes

Nota: las líneas de color negro representan el flujo de piezas o componentes a lo largo de la cadena de valor, y las líneas de color naranja representan la concesión de licencias de tecnología y PI.

Las cuotas de mercado de los teléfonos inteligentes de alta gama vendidos en el conjunto del mercado de teléfonos inteligentes también están disminuyendo, en parte por la competencia en el segmento de alta gama y en parte por el crecimiento de marcas chinas más baratas en los segmentos de gama media y baja.[5] Aunque los productores de teléfonos inteligentes chinos Xiaomi, Oppo y Vivo son aun relativamente desconocidos para el consumidor medio fuera de China, se encuentran actualmente entre los 10 principales fabricantes en términos de ventas de teléfonos inteligentes a nivel mundial.[6]

4.1.2 – La innovación en la cadena global de valor de los teléfonos inteligentes y configuración de la misma

La cadena global de valor de los teléfonos inteligentes abarca las etapas habituales de investigación y desarrollo (I+D), diseño, fabricación, ensamblaje, mercadotecnia, distribución y ventas. No está organizada como una cadena de valor lineal, sino que más bien (utilizando conceptos del capítulo 1 del presente informe) presenta una estructura en forma de "araña" impulsada por los productores (véase el gráfico 4.1).

En este esquema, la empresa líder opera al amparo de una marca muy potente y es responsable de una parte importante de la I+D, el diseño y las especificaciones del producto. No obstante, Apple, Huawei y Samsung se abastecen de componentes y tecnología de terceros, que en ocasiones son igualmente innovadores y dinámicos en la producción de activos intangibles.

En primer lugar, esas empresas líderes necesitan componentes y acceso a tecnología estandarizada. Apple se abastece principalmente de proveedores externos, mientras que Huawei y Samsung recurren principalmente a fuentes internas de suministro. Algunos insumos son productos básicos, como las resistencias y el cableado, mientras que otros componentes tienen un alto valor y son productos muy especializados, como las carcasas y los circuitos integrados.

Todos esos componentes tienen sus propias cadenas globales de suministro. Por ejemplo, un circuito integrado puede haber sido diseñado por una empresa especializada de los Estados Unidos de América para el fabricante de un teléfono inteligente; posteriormente es fabricado en China y, por último, es ensamblado en Malasia antes de llegar al consumidor final.

Cuadro 4.3

Inversiones en I+D de empresas de tecnología para teléfonos inteligentes y su situación en la clasificación de los principales inversores en I+D a nivel mundial.

Posición entre los principales inversores en I+D	Nombre	Economía o país	Sector industrial	I+D 2015/16 en millones de EUR	Variación trianual "compuesta gasto en I+D"	Intensidad de I+D como % de los ingresos 2015/16
2	SAMSUNG ELECTRONICS	Rep. de Corea	Equipos eléctricos y electrónicos	12 527,9	10,7	8,0
3	INTEL	EE.UU.	Tecnología hardware y equipos	11 139,9	5,1	6,1
4	ALPHABET	EE.UU.	Software y servicios de computación	11 053,6	22,4	22,2
5	MICROSOFT	EE.UU.	Software y servicios de computación	11 011,3	-0,5	4,8
8	HUAWEI	China	Tecnología hardware y equipos	8 357,9	26,3	15,0
11	APPLE	EE.UU.	Tecnología hardware y equipos	7 409,8	33,6	3,5
17	CISCO SYSTEMS	EE.UU.	Tecnología hardware y equipos	5 701,3	4,2	12,6
25	QUALCOMM	EE.UU.	Tecnología hardware y equipos	5 042,7	11,9	21,7
35	ERICSSON	Suecia	Tecnología hardware y equipos	3 805,6	2,7	14,2
54	NOKIA	Finlandia	Tecnología hardware y equipos	2 502,0	-15,6	18,4
57	ALCATEL-LUCENT	Francia	Tecnología hardware y equipos	2 409,0	-0,4	16,9
65	ZTE	China	Tecnología hardware y equipos	1 954,1	12,4	13,8
70	TAIWAN SEMICONDUCTOR	Taiwan (Prov. de China)	Tecnología hardware y equipos	1 826,7	17,5	7,8
85	SK HYNIX	Rep. de Corea	Tecnología hardware y equipos	1 543,0	21,2	10,5
90	HON HAI PRECISION INDU.S.TRY	Taiwan (Prov. de China)	Equipos eléctricos y electrónicos	1 462,9	4,8	1,2
95	MICRON TECHNOLOGY	EE.UU.	Tecnología hardware y equipos	1 414,5	18,8	9,5
98	MEDIATEK	Taiwan (Prov. de China)	Tecnología hardware y equipos	1 380,3	30,3	23,2
106	LENOVO	China	Tecnología hardware y equipos	1 284,7	31,3	3,1
112	NVIDIA	EE.UU.	Tecnología hardware y equipos	1 222,6	5,4	26,6
120	STMICROELECTRONICS	Países Bajos	Tecnología hardware y equipos	1 149,1	-18,7	18,1
141	MARVELL TECHNOLOGY	EE.UU.	Tecnología hardware y equipos	968,4	-0,1	38,7
142	BROADCOM	Singapur	Equipos eléctricos y electrónicos	963,5	46,3	15,4
162	INFINEON TECHNOLOGIES	Alemania	Tecnología hardware y equipos	817,0	16,9	14,1
457	TCL COMMUNICATION TECHNOLOGY	China	Tecnología hardware y equipos	231,4	25,7	6,8

Fuente: OMPI, basado en los indicadores de inversión en I+D de la UE ("EU Industrial R&D Investment Scoreboard"); Comisión Europea, Centro Común de Investigación.

En segundo lugar, los productores de teléfonos inteligentes necesitan acceder a la tecnología contemplada por los estándares de interoperabilidad y conectividad, como el de telefonía celular de cuarta generación (4G), conocido como Evolución a Largo Plazo (LTE), o el estándar Wi-Fi 802.11. Grandes empresas como Nokia, Ericsson, Qualcomm, InterDigital, Huawei, Samsung, NTT DoCoMo y ZTE aportan sus tecnologías patentadas al desarrollo de esas normas técnicas, que se definen en organismos de normalización. Por lo general, la concesión de licencias de uso de esas tecnologías se negocia por separado, y ocasionan el pago de cánones de licencia.

En tercer lugar, las empresas de teléfonos inteligentes necesitan software, no solo un sistema operativo, sino también otras aplicaciones dedicadas de software para móviles que a menudo son propiedad de terceros. Samsung, Huawei y otros utilizan el sistema Android, desarrollado por Google; Apple produce su propio sistema operativo, el iOS.

En cuarto lugar, con frecuencia el ensamblaje del producto final lo realizan grandes fabricantes de diseños originales o contratistas, como Flextronics, Foxconn y Wistron. Estos ensambladores compiten por oportunidades de negocio basadas en grandes volúmenes, pero frecuentemente con márgenes reducidos. Sin embargo, Samsung internaliza en gran medida la actividad de ensamblaje en sus propias fábricas, mientras que Huawei hace ambas cosas.

Finalmente, Apple ha integrado verticalmente la distribución y venta al por menor de sus teléfonos con sus propias tiendas en línea y puntos de venta físicos, mientras que Samsung opera más frecuentemente a través de distribuidores habituales. Huawei explota un número creciente de establecimientos minoristas exclusivos, no solo en Asia. Otras marcas chinas aún carecen de canales de distribución internacionales.[8]

Tal como se muestra en el cuadro 4.3, la cadena global de valor se compone de algunas de las empresas con mayor actividad en I+D de todo el mundo. Estas empresas también encabezan regularmente las clasificaciones de empresas innovadoras, incluida una de las recientes marcas chinas de teléfonos inteligentes, Xiaomi.[9] La innovación está presente a lo largo de las cadenas de valor de teléfonos inteligentes mencionadas, incluida la innovación de producto (la introducción de nuevas prestaciones) y la diferenciación de productos (la medida en que los productos existentes tienen un conjunto de características diferenciales).[10] Estas innovaciones están presentes en toda la cadena global de valor: i) en la tecnología celular; ii) en los diversos componentes del teléfono inteligente, en particular en lo que se refiere a semiconductores, baterías y pantallas; iii) en el diseño y funcionalidad de los teléfonos inteligentes, incluida la interfaz gráfica de usuario (IGU); y iv) en la esfera del software y las aplicaciones. Incluso empresas tradicionalmente asociadas de forma exclusiva al ensamblaje, como Foxconn, dedican considerables cantidades a I+D y poseen una abundante cartera de patentes (véase el cuadro 4.3).

Esta cadena global de valor altamente innovadora, compuesta por proveedores de tecnología exclusiva, dista de ser estable. Los casos de BlackBerry y Nokia demuestran que la tecnología en permanente evolución y las preferencias de los consumidores pueden hacer que empresas antaño en la cúspide, pierdan drásticamente su cuota de mercado. Tal como refleja la prensa diaria, también se producen con frecuencia cambios en la cadena de suministro. A menudo, empresas líderes deciden sustituir a fabricantes de componentes establecidos, como hizo recientemente Apple al sustituir como proveedor a Qualcomm por Intel.[11] También intentan producir internamente componentes y PI de alto valor, como se observa en los intentos de Huawei y Xiaomi por desarrollar sus propios conjuntos de circuitos integrados y los esfuerzos de Apple por disponer de sus propias unidades de procesamiento gráfico (GPU), en detrimento de su anterior proveedor, Imagination Technologies Group.[12]

Incluso el ensamblaje de los teléfonos inteligentes se ve sometido a constantes cambios, ya que los esfuerzos de las empresas líderes por satisfacer la demanda les obliga a utilizar nuevos fabricantes o localizaciones para la fabricación, como la India en el caso de Apple y Viet Nam en el caso de Samsung.

Cuadro 4.4

Costo de los insumos intermedios como porcentaje de los costos materiales totales.

Función	iPhone 7 de Apple	Galaxy S7 de Samsung	P9 de Huawei
Pantalla táctil	15,9	20,5	16,8
Procesadores/banda base para las aplicaciones (Apps)	10,2	18,1	14,3
Almacenamiento	4,5	5,2	4,2
Memoria	6,1	10,1	7,3
Carcasa	8,2	8,6	7,8
Subtotal de componentes clave	72,7	71,3	63,6
Cientos de otros componentes	13,0	18,2	21,8
Ensamblaje	2,2	1,6	2,4
Costos totales de fabricación	88	88,9	88
Software	iOS	Android	Android
Licencias de PI para las SEP	12,0	11,1	12,0
Costo de los productos vendidos	100	100	100

Fuente: Dedrick y Kraemer (2017) basados en el informe de desmontaje de IHS Markit.

Cuadro 4.5

Emplazamiento de las actividades de la cadena global de valor del sector de los teléfonos inteligentes

Actividad	Elaboración de estándares	I+D, diseño, externalización	Desarrollo e ingeniería	Fabricación de componentes fundamentales	Producción/ Ensamblaje final
Apple	Organizaciones internacionales de normalización	Estados Unidos de América	Estados Unidos de América/ Taiwán, (Provincia de China)	Estados Unidos de América/Japón/ República de Corea / Taiwán (Provincia de China)/China	China, India (desde 2017)
Samsung	Organizaciones internacionales de normalización	República de Corea	República de Corea	República de Corea / Japón/Estados Unidos de América/China	República de Corea, Viet Nam, China, India, Brasil, Indonesia
Huawei	Organizaciones internacionales de normalización	China	China	China/ República de Corea	China, India

4.2 – Captura de valor en la cadena de valor de los teléfonos inteligentes

¿Quién obtiene la mayor parte del valor de la innovación en la cadena de valor de los teléfonos inteligentes?

En la presente sección se aborda esta cuestión para varios modelos específicos de teléfonos y sus respectivas empresas, en concreto para el iPhone 7 de Apple, el P9 de Huawei y el Galaxy S7 de Samsung. Para estos teléfonos, puestos a la venta en 2016, las estimaciones resultan de sustraer el costo de los insumos intermedios adquiridos y la mano de obra empleada en las diversas etapas de la cadena de valor, del precio al por mayor del teléfono (véase el recuadro 4.1). El saldo restante o residual de la cadena de valor (denominado aquí "valor capturado" o beneficio bruto) revierte a Apple, Huawei o Samsung, como empresas líderes de la cadena global de valor de los teléfonos inteligentes y como compensación por sus activos intangibles.

La captura de valor a nivel de producto y empresa es lo más próximo posible a los conceptos de cálculo del saldo residual de la cadena global de valor y de "rendimiento atribuible a los activos intangibles" desarrollados en el capítulo 1. El trabajo subyacente de Chen *et al.* (2017), analizado en ese capítulo, puede considerarse el equivalente macro a los cálculos de Dedrick y Kraemer (2017) que aquí se presentan.

Según este enfoque, las empresas líderes de teléfonos inteligentes y los proveedores de componentes de alto valor capturan gran parte del valor generado por la venta de estos tres teléfonos líderes de alta gama.

4.2.1 – Lo que contiene un teléfono inteligente

Los teléfonos inteligentes constan de entre 1.500 y 2.000 componentes físicos. El insumo más caro (hasta el 20% del costo total) es el módulo de la pantalla táctil (véase el cuadro 4.4). En orden decreciente, los restantes elementos más caros son los procesadores, la memoria y el almacenamiento, la carcasa, la cámara, la batería, los circuitos impresos, los sensores y el ensamblaje

En el cuadro 4.5 se muestran los emplazamientos donde se desarrollan las actividades principales. La I+D y el diseño se realizan por lo general cerca de la sede principal de la empresa. La empresa líder realiza el desarrollo conjuntamente con ingenieros de los fabricantes contratistas.

Los proveedores de componentes electrónicos, ya sea de alto o bajo valor, se encuentran en su mayoría en los Estados Unidos de América, el Japón, la República de Corea, Taiwán (Provincia de China) y China.

Específicamente, los proveedores con sede en los Estados Unidos de América consiguen capturar entre un 29 y un 45% del valor de los terminales procedentes de los Estados Unidos y de la República de Corea, pero solo del 9% del teléfono P9 de Huawei. Los proveedores con sede en la República de Corea consiguen el 31% del valor capturado por los proveedores de Samsung, mientras que los proveedores con sede en China logran hasta el 34% del valor de todos los proveedores de Huawei.

Gráfico 4.2

Método de estimación de la captura de valor

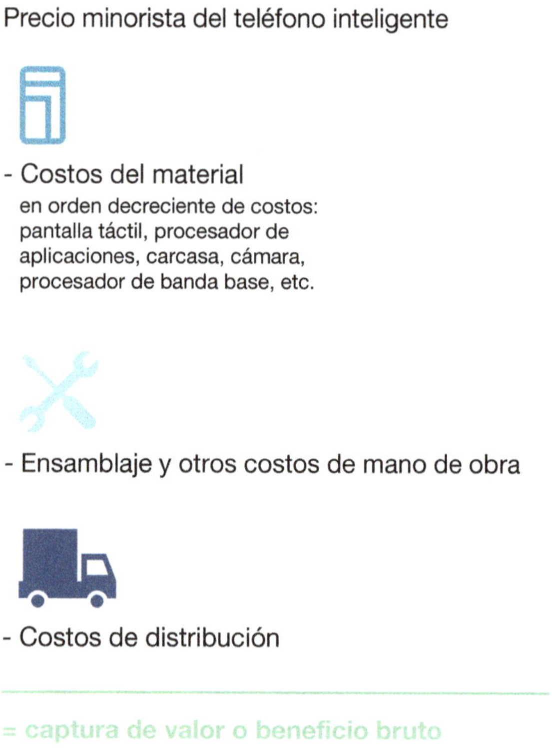

Precio minorista del teléfono inteligente

- Costos del material
  en orden decreciente de costos: pantalla táctil, procesador de aplicaciones, carcasa, cámara, procesador de banda base, etc.

- Ensamblaje y otros costos de mano de obra

- Costos de distribución

= captura de valor o beneficio bruto

Fuente: imagen tomada del Informe de desmontaje del iPhone 7 de IHS Markit (IHS Markit iPhone 7 Teardown)

Recuadro 4.1

Modelo de la captura de valor de los teléfonos inteligentes – enfoque analítico y limitaciones

La captura de valor en cada etapa de la cadena global de valor se calcula restando del precio de venta del teléfono los costos de la compra de insumos intermedios y los costos directos de la mano de obra en las diversas etapas de la cadena de valor, así como los costos de distribución (véanse el gráfico 4.3 y el cuadro 4.6). Esta cantidad incluye los costos directos de los materiales utilizados en el producto así como los costos de la mano de obra directa para su producción, incluido el ensamblaje y las pruebas, que se define como "costo de los productos vendidos".[13] Para estimar esos costos a fin de obtener el saldo residual de la captura del valor se han utilizado los informes de desmontaje realizados por IHS Markit.[14]

La captura de valor cubre los gastos de ventas, generales y de administración (VG&A), la I+D y otros costos indirectos, siendo el resto el beneficio de la empresa o, en última instancia, de sus accionistas, que también constituye el beneficio de la empresa líder por su capital tangible e intangible. En el cuadro 4.3 se comparan los conceptos de captura de valor y de valor añadido. Deben hacerse cinco salvedades.

En primer lugar, las listas de proveedores y de componentes incluidos en los informes de desmontaje son incompletas y los precios (denominados "precios oficiales sin descuento") pueden estar sobreestimados cuando las empresas están en condiciones de negociar descuentos por volumen o cuando producen dichos componentes internamente. Por ejemplo, la pantalla del Samsung S7 (su componente más caro) es suministrada por Samsung Display, perteneciente a Samsung Electronics. En los informes de desglose se aplica un valor de mercado de 55 USD, aunque el costo real puede ser inferior.[15]

En segundo lugar, con independencia del país de que se trate, la información a nivel de empresa sobre el valor añadido puro no está disponible fácilmente ya que las empresas cotizadas no revelan por lo general el importe de los salarios de la "mano de obra directa". En su lugar, la cuantía de los salarios asociados al ensamblaje realizado por terceros queda oculta en los "costos de los productos vendidos" o en el "gasto de ventas". En consecuencia, la diferencia entre "ventas netas" y "costo de los productos vendidos" se utiliza como representación de la captura de valor.

En tercer lugar, se asume que la I+D y otra parte de la captura de valor asociada a activos intangibles se realiza en la sede de la empresa y repercute en la misma, incluidos los salarios del personal de I+D.

Actualmente, es razonable pensar que estas empresas multinacionales realizan parte de dichas actividades en el extranjero. Por lo tanto, es posible que dichos estudios basados en criterios contables sobreestimen el valor o los beneficios adjudicados a la sede central (y por lo tanto, el supuesto de que todo el valor capturado por Apple se genera y mantiene en su principal ubicación, es decir, en los Estados Unidos de América). En realidad, el informe anual de Apple de 2017 señala que los Estados Unidos de América suponen menos de la mitad de sus ingresos operativos mundiales, y menos de dos tercios de sus activos duraderos. Además, desde que las acciones de Apple están en manos de inversores de todo el mundo, los beneficios distribuidos en forma de dividendos o ganancias de capital se reparten por todo el mundo. Por lo tanto, es necesario disponer de más información para una aplicación más precisa de métricas clave relativas a entidades filiales presentes en la cadena de valor de una empresa multinacional, y datos adicionales para verificar o analizar específicamente la ubicación geográfica de la actividad económica, incluidos los beneficios derivados de la PI en las diversas jurisdicciones.

En cuarto lugar, los informes de desmontaje se centran en los componentes físicos; no abarcan los intangibles, incluidos los pagos por PI. Para una valoración aproximada de los rendimientos totales de los activos intangibles, es necesario disponer de estimaciones del valor asociado a la PI. Ello supone un reto, ya que a menudo las transacciones en materia de PI son confidenciales y en ocasiones indirectas.[16] Como indicador indirecto, en este ejercicio se calcula que las regalías por licencias de SEP son, en promedio, el 5% del costo del teléfono (sección 4.3.1). Otros valores o pagos en materia de PI son más difíciles de estimar, principalmente los relacionados con el software desarrollado internamente o de origen externo. Por ejemplo, se desconoce el costo real de utilizar software de terceros. Ello puede sobreestimar el valor capturado por la empresa líder, aunque sin que ello reduzca la estimación de los rendimientos totales del capital intangible. Además, algunas transacciones en materia de PI, como las licencias recíprocas, no dejan una traza monetaria, aunque tienen un gran valor.[17]

Finalmente, esta metodología obvia el importante nivel de ingresos que obtienen los operadores de telecomunicaciones, y la creciente proporción de los ingresos de las empresas líderes atribuibles a la venta de accesorios, contenidos y servicios.[18]

Los líderes se encuentran en los Estados Unidos de América (Apple, Google, Qualcomm, Intel, y un conjunto de fabricantes de componentes), la República de Corea (Samsung, LG y SK Hynix), Singapur (Broadcom), Taiwán (Provincia de China) (Taiwan Semiconductor Manufacturing Company, TSMC y algunos fabricantes de circuitos integrados y componentes de menor tamaño), el Japón (Japan Display, Sony, Murata) y China (Foxconn, Huawei y su filial HI Silicon, además de Xiaomi, Oppo, Vivo y Lenovo).

El ensamblaje lo realizan proveedores llave en mano, la mayoría de ellos en China, el Japón y Asia Oriental, existiendo poca actividad en otras regiones del mundo, excepto una actividad incipiente en Brasil y la India.

Gráfico 4.3

Diferencia entre valor capturado y valor añadido

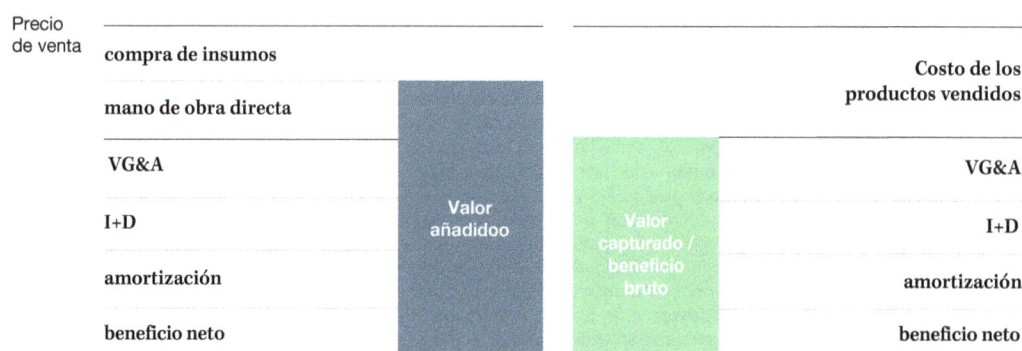

Precio de venta				
compra de insumos				Costo de los productos vendidos
mano de obra directa				
VG&A				VG&A
I+D	Valor añadidoo	Valor capturado / beneficio bruto		I+D
amortización				amortización
beneficio neto				beneficio neto

Fuente: para más información, véase Dedrick *et al.* (2010) y Dedrick y Kraemer (2017).

4.2.2 – Captura del valor de modelos de teléfonos inteligentes de alta gama

La inmensa mayoría del valor de la producción de teléfonos inteligentes se captura en unas pocas ubicaciones de algunos países, la mayor parte en los Estados Unidos de América y en un reducido número de países de Asia. Además del costo de los materiales, una parte significativa corresponde a la venta al por menor, la PI y directamente al valor capturado por la empresa líder. Ciertamente, la "ventaja del líder" (que estudios anteriores asociaban exclusivamente a Apple) también se extiende actualmente a otros fabricantes de teléfonos inteligentes de alta gama.

El desglose de los precios minoristas de los teléfonos inteligentes muestra que el valor capturado por la empresa líder es sustancialmente mayor que el valor capturado por el conjunto de los proveedores, o que los beneficios brutos de todos los proveedores en su conjunto: 283 USD para Apple en comparación con 71 USD para sus proveedores; 228 USD para Samsung en comparación con 76 USD para sus proveedores; y 188 USD para Huawei en comparación con 47 USD para sus proveedores (véase el recuadro 4.1).

Aplicando la metodología arriba indicada, en el gráfico 4.2 se muestra el valor capturado en USD como porcentaje del precio de venta al por menor del teléfono inteligente. Los resultados subrayan la ventajosa posición de las empresas líderes en general, y de

Apple en particular. A nivel macroeconómico, el sector de la electrónica también ha visto aumentar la proporción de sus ingresos derivados de activos intangibles con respecto al valor total durante el periodo 2000-2014 (véase el capítulo 1). Ello también confirma que en las cadenas globales de valor impulsadas por la producción, los beneficios están asociados a actividades anteriores a la etapa final de producción.

Una aproximación al valor capturado refleja que Apple retiene el 42% del precio de venta al por menor de cada iPhone vendido (es decir, 270 USD), Huawei el 42% (203 USD) y Samsung el 33% (221,76 USD). El precio de venta de Huawei es inferior debido a que utiliza componentes de bajo costo, que en parte produce internamente su filial Hi-Silicon, y refleja su estrategia de precios ya que compite con una gran cantidad de otros fabricantes de teléfonos que usan el sistema Android. La captura de valor de Samsung se ve afectada negativamente por su mayor dependencia de distribuidores minoristas y de operadores para la venta de sus productos. Las cifras del valor capturado incluyen los sueldos y salarios dedicados a I+D, el diseño, la gestión, la mercadotecnia y cualquier actividad de estas empresas líderes para generar una ventaja competitiva.

En el gráfico 4.4 también se muestra el valor capturado por otras empresas de varios países seleccionados. Por ejemplo, otras empresas de los Estados Unidos de América capturan el 3% del precio de venta al por menor de cada iPhone.

Gráfico 4.4

Las empresas líderes en el mercado de teléfonos inteligentes capturan una gran parte del valor de la cadena

Valor capturado en cada etapa de la cadena como porcentaje del precio de venta del teléfono inteligente

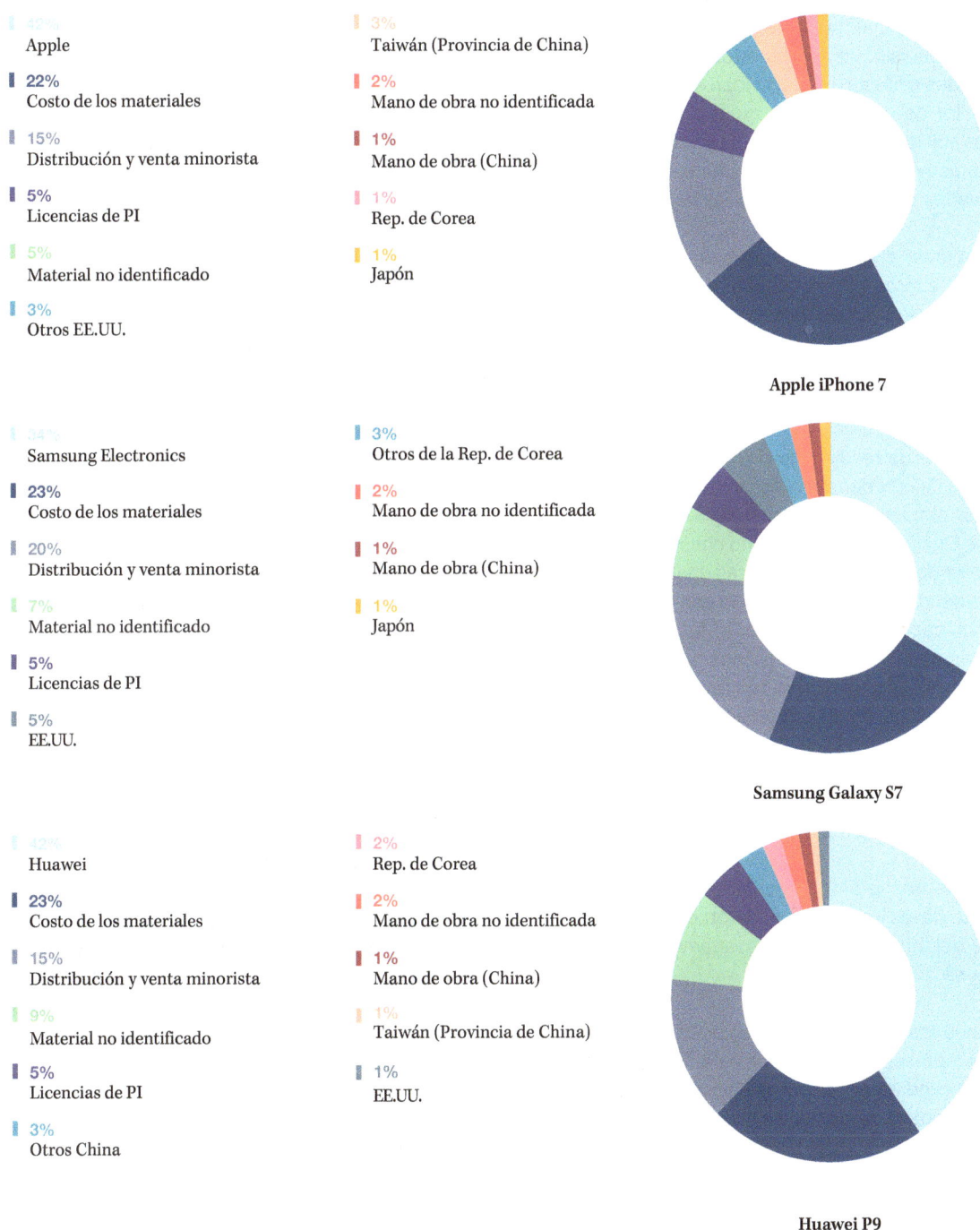

42%
Apple

22%
Costo de los materiales

15%
Distribución y venta minorista

5%
Licencias de PI

5%
Material no identificado

3%
Otros EE.UU.

3%
Taiwán (Provincia de China)

2%
Mano de obra no identificada

1%
Mano de obra (China)

1%
Rep. de Corea

1%
Japón

Apple iPhone 7

34%
Samsung Electronics

23%
Costo de los materiales

20%
Distribución y venta minorista

7%
Material no identificado

5%
Licencias de PI

5%
EE.UU.

3%
Otros de la Rep. de Corea

2%
Mano de obra no identificada

1%
Mano de obra (China)

1%
Japón

Samsung Galaxy S7

42%
Huawei

23%
Costo de los materiales

15%
Distribución y venta minorista

9%
Material no identificado

5%
Licencias de PI

3%
Otros China

2%
Rep. de Corea

2%
Mano de obra no identificada

1%
Mano de obra (China)

1%
Taiwán (Provincia de China)

1%
EE.UU.

Huawei P9

Fuentes: Dedrick y Kraemer (2017).
Nota: Las cifras de algunos gráficos no suman el 100% exactamente al haberse redondeado algunas de ellas.

Tal como se señala en el recuadro 4.1, es importante recordar que el valor capturado total no puede asignarse en exclusiva al emplazamiento de la sede central; las filiales establecidas en otros países pueden compartir ese beneficio.[19] Apple es una empresa multinacional con entidades distribuidas en todo el mundo (por ejemplo, Irlanda). Para disponer de desgloses más detallados por países, sería necesario disponer de más información a fin de evaluar con mayor precisión los parámetros clave de medición aplicados a filiales que participan en la cadena global de valor de una empresa multinacional, así como datos adicionales para analizar la ubicación geográfica de la actividad económica, incluidos los beneficios derivados de la PI en las diversas jurisdicciones.

Finalmente, el gráfico 4.4 muestra que la cantidad pagada a terceros en concepto de PI oscila entre 34 USD por teléfono de Samsung, 32 USD de Apple y 24 USD de Huawei. En el análisis que sigue dichos costos se restan para obtener el valor que en última instancia captura la empresa líder, aunque en nuestro análisis más amplio, esas cantidades constituyen una parte importante del rendimiento de los activos intangibles a lo largo de la cadena de valor, en este caso obtenidos por los propietarios de la tecnología celular. Empresas como Qualcomm y otras que no obtienen ingresos por la venta de teléfonos inteligentes dedican cantidades considerables a I+D relacionada con la tecnología de comunicaciones que permite el funcionamiento de los teléfonos inteligentes. Dichos pagos contribuyen a financiar esos elevados costos de I+D y permiten la especialización en el mercado.

4.2.3 – ¿Quién obtiene la mayor parte del valor de las ventas de teléfonos inteligentes de alta gama?

Para los tres teléfonos considerados, el emplazamiento de las instalaciones de producción y ensamblaje del teléfono no es necesariamente donde más valor se captura.[20]

Aunque los porcentajes del valor capturado por las tres empresas son comparables a nivel del producto (teléfono individual), a nivel de empresa Apple consigue una gran parte de los beneficios globales del sector. Al vender exclusivamente teléfonos de alta gama, Apple captura un porcentaje enorme, que estimaciones de terceros cifran en el 90% de los beneficios totales de los productores de teléfonos inteligentes, aunque solo vende el 12% de los teléfonos inteligentes.[21]

Apple obtiene la mayoría de los beneficios del sector gracias a sus altos precios, el elevado valor que captura y el volumen de ventas del iPhone (véase el cuadro 4.6).

El valor que captura, en USD, es mucho mayor que lo que consiguen Samsung y Huawei, ya que Apple vende un número significativamente superior de teléfonos de alta gama (más de 215 millones de unidades, comparado con 88 millones de Samsung y 25 millones de Huawei; véase el cuadro 4.6). Cuando se comparan las ventas de teléfonos de alta gama de las tres empresas, Apple se sitúa muy por delante, con el 83% de los beneficios generados conjuntamente por el iPhone 6 de Apple, el P8 de Huawei y el Galaxy 6 de Samsung (véase el cuadro 4.6). Los beneficios excepcionalmente abultados de Apple son producto de sus inversiones en I+D, el diseño y otros activos intangibles. También le permiten distribuir sus importantes costos de mercadotecnia y los costos indirectos en un volumen superior de ventas.

Samsung y Huawei capturan un elevado valor de sus teléfonos más caros, pero sus márgenes globales se reducen por el gran número de productos de bajo costo que venden.

Además, este cálculo omite ingresos por contenidos y servicios para el teléfono inteligente generados después de la venta del dispositivo. La estrategia de Apple de integrar un ecosistema completo, desde el suministro del teléfono hasta la distribución de contenidos y servicios y los estándares conexos, juega un papel importante en su captura de valor externo al propio dispositivo, impulsada por la dependencia con respecto a su plataforma, las externalidades de red y la capacidad de empaquetar productos de una manera eficiente.[22] Además, y es algo que también se ha omitido, dichos ingresos presentan una tendencia al alza en términos absolutos y como porcentaje de los ingresos totales de Apple.[23] Sin embargo, en el caso de otras empresas líderes dicho valor agregado y beneficios se transfieren a otros proveedores ya que no participan en los ingresos añadidos que genera la venta de productos digitales, contenidos y servicios en línea.

Sin embargo, Apple no es el único que obtiene valor y beneficios elevados. Los proveedores de componentes también consiguen un nivel importante de ingresos y márgenes, en particular cuando están vinculados a tecnologías propias.

Cuadro 4.6

Comparación del valor capturado por modelos de teléfonos de alta gama en 2016

Modelo de teléfono inteligente	Precio de venta medio global (USD)	Captura de valor / margen (%)	Captura de valor / beneficio bruto (USD por teléfono)	Remesas a nivel mundial (unidades vendidas en 2016)	Beneficios brutos totales 2016 (miles de millones USD)
iPhone 6 de Apple	748	42	314	199.614.814	62,4
iPhone 7 de Apple	809	42	339	15.871.584	5,4
Total Apple					67,8
Galaxy 6 de Samsung	732	34	248	52.892.898	13,1
Galaxy S7 de Samsung	708	34	240	35.701.806	8,6
Total Samsung					21,7
P8 de Huawei	298	42	125	15.418.859	1,9
P9 de Huawei	449	42	188	9.986.811	1,9
Total Huawei					3,8

Fuente: Dedrick y Kraemer (2017). Los datos de ventas proceden de IDC (2017).

En contraposición a los efectos derivados de los elevados volúmenes, los proveedores de los fabricantes de teléfonos inteligentes experimentan una gran variación en sus márgenes. Por ejemplo, Qualcomm destaca por el elevado valor que captura debido a la calidad de funcionamiento de sus circuitos integrados de banda base.[24] El valor que captura Qualcomm y sus márgenes son muy superiores a los de MediaTek, reflejo de que vende a un segmento de fabricantes de teléfonos de alta gama, mientras que MediaTek vende a fabricantes de teléfonos de bajo precio. También en mercados como los de pantallas y memorias, el actor dominante, Samsung, tiene márgenes de ganancia del 60%, mientras que el fabricante de memorias Micron Technologies consigue un 20%.[25]

Estas grandes variaciones también existen entre los fabricantes contratistas. La mayoría tienen márgenes bajos aunque se benefician de una actividad con un elevado volumen y de una importante oportunidad de aprendizaje tecnológico (aspecto que se analiza en la sección 4.4).

4.3 – Papel de los activos intangibles en la captura de valor

¿Cómo se relacionan los activos intangibles, y en particular la PI, con la captura de valor analizada anteriormente?

La capacidad de vender un teléfono inteligente con beneficios depende en gran medida de su calidad de funcionamiento, características, marca, diseño y aplicaciones disponibles. En este capítulo, la captura de valor es una medida del rendimiento de los activos intangibles de la empresa. Para proteger sus activos intangibles y conseguir beneficios conexos, los agentes del sector de los teléfonos inteligentes que capturan un valor elevado (como se señala en la sección 4.2) hacen un amplio uso de toda la gama de derechos de PI.[26]

Pero, ¿es la PI la principal causa de la captura de valor?

Un importante estudio realizado sobre el iPhone de Apple ha calculado el valor de las tecnologías patentables del iPhone (como parte del valor de mercado total de Apple).[27] También existen estimaciones del valor de la marca, el diseño del teléfono inteligente y sus valores como factores que impulsan el valor de mercado de una empresa (que se analiza más adelante en las secciones 4.3.2 y 4.3.3).

Sin embargo, dichos estudios se basan en una serie de supuestos arriesgados. A pesar de la elevada correlación existente entre la captura de valor y el uso de la PI, es difícil estimar una relación causal directa entre ambos factores, como lo es estimar el valor específico capturado por activos de PI seleccionados. Normalmente, la PI solo es una fuente de ventaja competitiva cuando se combina con activos complementarios, como los conocimientos acumulados en la organización, el capital humano, las capacidades de gestión y una estrategia efectiva de la empresa.[28] Cuando la PI puede aplicarse sin un costo excesivo, su valor es tanto directo (es decir, con efecto en los beneficios) como indirecto (al generar un valor defensivo o estratégico). A la vista de la complejidad, es improbable que incluso los propios productores de teléfonos inteligentes tengan pruebas concluyentes del valor específico de sus activos de PI.

En las secciones siguientes se trata de aclarar el papel de los activos intangibles y la PI en la captura de valor. Otros esquemas consignados de manera menos formalizada, como los secretos comerciales, juegan un papel importante, pero no están incluidos en el análisis, ya que son incluso más difíciles de medir.

4.3.1 – Las invenciones asociadas a teléfonos inteligentes explican el número importante de solicitudes de patente presentadas

La mayoría de los expertos del sector y los académicos coinciden en que los modernos teléfonos inteligentes integran un elevadísimo número de patentes.

Una fuente ampliamente consultada señala que el 27% de las patentes concedidas en los Estados Unidos de América están relacionadas con los teléfonos móviles, cifra a la que se ha llegado desde el 20% en 2012 y el 10% en 2002.[29] Los cálculos siguientes muestran que probablemente esa cifra está subestimada si se utiliza una definición amplia de las patentes relacionadas con los teléfonos inteligentes (véase el gráfico 4.5).

Otra fuente citada con frecuencia, y anterior a 2012, considera que una de cada seis patentes en vigor (o aproximadamente el 16% de todas las patentes presentadas en la Oficina de Patentes y Marcas de los Estados Unidos de América (USPTO)) está relacionada con los teléfonos inteligentes; otras estimaciones consideran que el número de patentes en vigor relacionadas con teléfonos inteligentes ha aumentado de 70.000 en el año 2000 a 250.000 en la actualidad, debido principalmente al mayor número de características y funcionalidades.[30] Las metodologías en virtud de las cuales esas fuentes llegan a dichas conclusiones no han sido reveladas y son inverificables en su mayoría.

Inventariar el número exacto de patentes relacionadas con los teléfonos inteligentes es una tarea tremendamente compleja (véanse en el recuadro 4.2 los enfoques utilizados en este capítulo). Ningún sector de la tecnología recogido en las clasificaciones de patentes internacionales o nacionales se corresponde fácilmente con el producto que es el teléfono inteligente, a lo que se suman otros aspectos que complican aún más la tarea de inventariar las patentes asociadas a teléfonos inteligentes.

En primer lugar, un teléfono inteligente consta de muchos componentes tecnológicos muy distintos, algunos de los cuales pueden no ser exclusivos de los teléfonos inteligentes. De hecho, los componentes identificados en la sección 4.2 van desde semiconductores y memorias a otros tipos de tecnologías de la computación y las comunicaciones. Aunque dichos elementos forman parte integral de los teléfonos inteligentes, también los son de muchos otros productos en la esfera de las tecnologías de la información y la comunicación (TIC) y cada vez más forman parte de otros tipos de productos que integran componentes para la conectividad, como por ejemplo, los automóviles y frigoríficos y la tecnología médica. Por lo tanto, sería erróneo asignarlos exclusivamente a los teléfonos inteligentes.

En segundo lugar, numerosas invenciones son fundamentales para los teléfonos inteligentes, pero no se encuentran en los ámbitos de la tecnología más estrechamente relacionados con la moderna tecnología de los teléfonos inteligentes, como son las clasificaciones de patentes directamente relacionadas con "terminales portátiles de comunicaciones" o con "equipos telefónicos".

Algunas son invenciones realizadas en sectores tradicionales, al margen del sector de las TIC, como las patentes relacionadas con cristales que permiten construir carcasas de teléfonos inteligentes de mayor durabilidad. Otras son invenciones en sectores de alta tecnología, como navegadores, sensores y tecnología de huellas dactilares. Si se consideran el software y otras aplicaciones móviles relacionadas con el comercio electrónico, las redes sociales, los medios de pago y las actividades para el bienestar o la salud, el número de potenciales patentes pertinentes es incluso mayor. En consecuencia, identificar todas las patentes pertinentes mediante métodos de búsqueda tradicionales basados en clasificaciones de patentes o en palabras clave como "teléfono inteligente", supone un auténtico desafío; en cualquier caso, las invenciones conexas tampoco son, por lo general, específicas para teléfonos inteligentes.

En el ejercicio de inventariado de patentes realizado para el presente informe, se han elaborado agrupaciones relacionadas con los teléfonos inteligentes utilizando dos enfoques, a saber, uno "restrictivo" y otro "amplio" (véase el recuadro 4.2). De forma invariable, los enfoques utilizados en los ejercicios de inventariado de patentes estarán excesivamente limitados en la categoría restrictiva o serán excesivamente extensos al aplicar la categoría amplia. No obstante, la diferencia entre ambas estimaciones es una buena referencia del enorme número de potenciales patentes involucradas en la esfera de los teléfonos inteligentes.

Dicho esto, es indudable que el número de patentes relacionadas con los teléfonos inteligentes ha crecido de forma sostenida en los últimos años, al igual que la proporción que suponen con respecto al número total de patentes.

En los datos agregados, las solicitudes de patente presentadas en virtud del Tratado de Cooperación en materia de Patentes (PCT), de la OMPI, y que guardan relación con las comunicaciones digitales, constituyen la mayor proporción de solicitudes PCT, seguidas de la tecnología de computación (17.155).[31] De hecho, las comunicaciones digitales han superado a la tecnología de computación, que ocupó la primera posición en 2014 y 2015, y se han convertido en el principal sector de la tecnología en 2016. Este sector ha experimentado un rápido crecimiento en el número de solicitudes PCT presentadas. En 2014, último año del que se disponen cifras de

presentación de solicitudes de patente nacionales, el sector de las comunicaciones digitales tuvo el mayor crecimiento anual desde 2005.[32]

El inventariado de patentes realizado para este capítulo muestra que, entre 1990 y 2013, el número de primeras presentaciones de solicitudes de patente a nivel mundial para teléfonos inteligentes creció de unas 100 patentes a principios de la década de 1990 a unas 2.700 patentes conforme a la categoría restrictiva en 2013, y de unas 230.000 primeras solicitudes (o unas 350.000 patentes en total) a principios de la década de 1990, a más de 650.000 primeras solicitudes (o aproximadamente 1.200.000 patentes en total) conforme a la categoría amplia. En la categoría amplia (y teniendo en cuenta que muchas de esas patentes no son exclusivas para teléfonos inteligentes) ello representa aproximadamente el 30-35% de las de solicitudes de patente presentadas en todo el mundo entre 1990 y 2013.

Para ambas definiciones, restrictiva y amplia, los principales orígenes en número de patentes relacionadas con teléfonos inteligentes en todo el mundo son los Estados Unidos de América, China, el Japón y la República de Corea, seguidos por los solicitantes de patentes de Canadá, Alemania y Finlandia en la categoría restrictiva, y de Alemania, Francia, la Federación de Rusia y Canadá en la categoría amplia. Para ambas definiciones se observan dos tendencias: i) los porcentajes correspondientes al Japón y Alemania (y en la categoría restrictiva a Alemania y Finlandia) disminuyeron entre 1990-1999 y 2005-2014; y ii) los porcentajes correspondientes a China y la República de Corea han crecido sustancialmente, en su mayor parte a expensas del Japón, pero no de los Estados Unidos de América, cuya participación ha crecido en la categoría amplia. Estas tendencias coinciden con la conclusión de que la capacidad en términos de PI relacionada con los teléfonos inteligentes ha crecido significativamente en ambas economías (véase el gráfico 4.6). Los Estados Unidos de América, el Japón y la República de Corea son los principales orígenes de patentes relacionadas con los teléfonos inteligentes presentadas en la USPTO.

Recuadro 4.2

Inventario de patentes asociadas a los teléfonos inteligentes

Para mitigar la complejidad que representa identificar las patentes asociadas a los teléfonos inteligentes, se han elegido dos enfoques para inventariarlas, que se analizan en el presente capítulo. Uno utiliza un criterio de selección restrictivo de las clasificaciones de patentes consideradas pertinentes para los teléfonos inteligentes, el otro combina una lista más amplia y completa de clasificaciones de patentes pertinentes, nombres de empresas y palabras clave.

1. Enfoque restrictivo

Se utiliza una lista restringida de la Clasificación de Patentes Cooperativa (CPC), principalmente H04M 1/72519 ("Terminales portátiles de comunicaciones con interfaz de usuario mejorada para el control del modo de funcionamiento de un teléfono principal o para indicar la situación de la comunicación") y H04M1/247 ("Terminales telefónicos configurables e interactivos con modificaciones de las características controladas por el usuario"), junto con un conjunto de códigos secundarios relacionados.[33] Tal como muestran las cifras que se presentan en este capítulo, esta selección restrictiva conduce necesariamente a una importante subestimación de las patentes asociadas a los teléfonos inteligentes.

2. Enfoque amplio

Se aplica una amplia lista de códigos de la Clasificación Internacional de Patentes (CIP), generada mediante la identificación de las categorías más pertinentes de la CIP incluidas en: la sección F, ingeniería mecánica, incluyendo tecnologías de iluminación o refrigeración; la sección G: física, incluyendo metrología y navegación, óptica, cámaras, tecnologías de control, computación, incluido el tratamiento de datos e imágenes, categorías relacionadas con las comunicaciones, criptografía, voz digitalizada y almacenamiento de la información; y la sección H: electricidad, incluyendo procesos de telecomunicaciones y comunicación digital, semiconductores, circuitos impresos y, por ejemplo, baterías.[34]

Algunas de estas clases de la CIP están estrechamente relacionadas con los teléfonos inteligentes y las comunicaciones móviles en general. Otras se han identificado tras realizar búsquedas por palabras clave en las clases de la CIP y en bases de datos de patentes (principalmente en Espacenet y en la base de datos de la Oficina Alemana de Patentes), con la ayuda de examinadores de patentes.[35] Para una ulterior verificación de los datos se recopiló una lista de empresas que participan en la cadena global de valor de los teléfonos inteligentes. El objetivo era identificar códigos CIP que puedan abarcar tecnologías relacionadas con los teléfonos inteligentes, más allá de un subconjunto restrictivo, y que incluyeran, por ejemplo, las numerosas áreas tecnológicas que se destacan en el gráfico 4.9 del presente informe. Esta estrategia de búsqueda ha permitido identificar patentes en campos como vehículos, cámaras y algunos de los campos arriba mencionados, aunque el problema de este enfoque es que se obtiene un gran número de patentes y algunas clases de la CIP, como los semiconductores o las cámaras, por más que sean esenciales para los teléfonos inteligentes no son exclusivas de los mismos.

Gráfico 4.5

El número de solicitudes de patente presentadas relativas a teléfonos inteligentes es elevado y sigue creciendo

Primeras presentaciones y número total de solicitudes de patente presentadas en todo el mundo relacionadas con los teléfonos inteligentes (definiciones restrictiva y amplia), 1990 2013.

Restrictiva

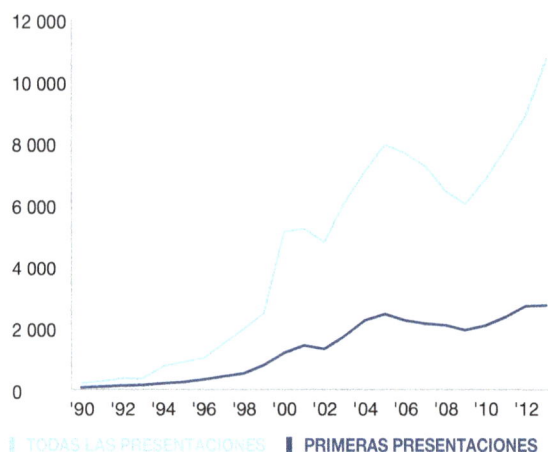

TODAS LAS PRESENTACIONES   PRIMERAS PRESENTACIONES

Amplia

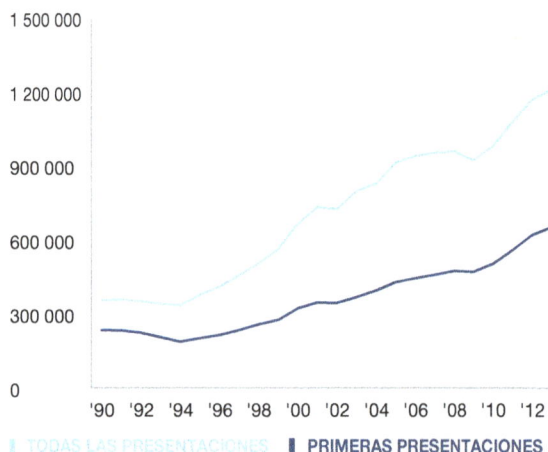

TODAS LAS PRESENTACIONES   PRIMERAS PRESENTACIONES

Nota: véase el recuadro 4.2 en relación con los enfoques restrictivo y amplio para inventariar las patentes relacionadas con teléfonos inteligentes. Las "primeras presentaciones" representan invenciones singulares protegidas por una única patente. La misma invención puede entonces patentarse en varias jurisdicciones mediante la presentación de presentaciones secundarias, lo que hace que existan varias patentes para la misma invención subyacente ("número total de solicitudes presentadas").

Fuente: OMPI, información extraída de la base de datos PATSTAT.

Gráfico 4.6

Los principales orígenes de las solicitudes de patente presentadas, relacionadas con teléfonos inteligentes, no son los mismos que hace 10 años

Primeras presentaciones, a nivel mundial y ordenadas según el origen, de patentes relacionadas con los teléfonos inteligentes (según las definiciones restrictiva y amplia), periodo 1990-1999 comparado con 2005-2014

Restrictiva

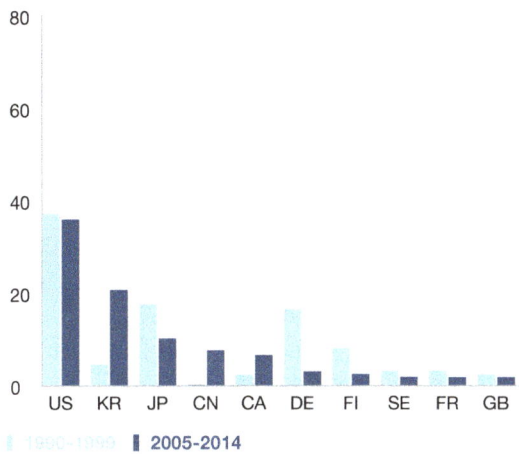

Amplia

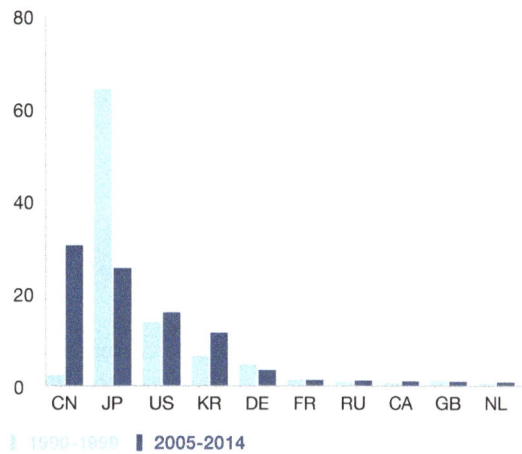

Primeras presentaciones, en la USPTO y ordenadas según el origen, de patentes relacionadas con los teléfonos inteligentes (según las definiciones restrictiva y amplia), periodo 1990-1999 comparado con 2005-2014

Restrictiva

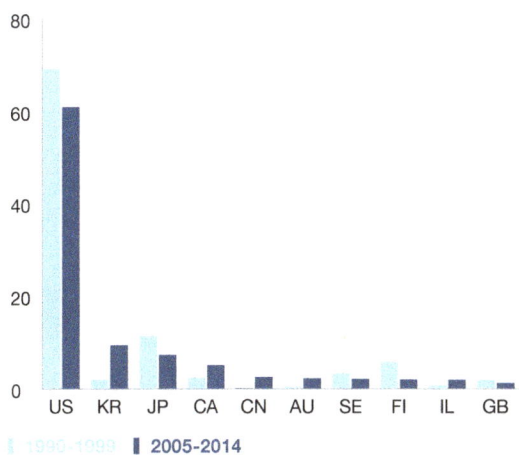

Amplia

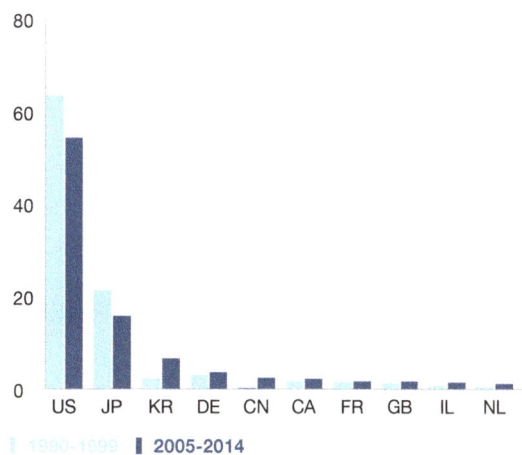

Nota: la utilización de datos de la USPTO sobre el origen en el gráfico inferior de la figura introduce un "sesgo nacional" que es desfavorable para los solicitantes de patente que no son de los Estados Unidos de América, quienes tienden a presentar menos solicitudes en el extranjero o en la USPTO que en sus propias jurisdicciones.
Se han utilizado los siguientes códigos de países: AU = Australia, CA = Canadá, CN = China, DE = Alemania, FI = Finlandia, FR = Francia, GB = Reino Unido, IL = Israel, JP = Japón, KR = República de Corea, NL = Países Bajos, RU = Federación de Rusia, SE = Suecia, US = Estados Unidos.

Fuente: OMPI, información extraída de las bases de datos PATSTAT y de la USPTO.

¿Dónde se presentan las solicitudes de patente relacionadas con los teléfonos inteligentes a nivel mundial, incluidas las realizadas por empresas como Apple, Huawei y Samsung? Aunque las empresas líderes del mercado de teléfonos inteligentes están muy concentradas en unos pocos países, como los Estados Unidos de América, la República de Corea y China, los inventores de teléfonos inteligentes solicitan protección en numerosos destinos; véase en el gráfico 4.7 una representación de las familias de patentes relacionadas con los teléfonos inteligentes.[36] Los Estados Unidos de América es el mercado más solicitado, seguido de Europa, el Japón, China, la República de Corea y, en menor medida, Canadá y Australia. En otras jurisdicciones de todo el mundo también se presentan solicitudes de patente, incluidas numerosas economías de América Latina, la Federación de Rusia, Asia Central y otras partes de Asia, entre ellas, Indonesia, pero también Sudáfrica, otras partes de África y Australia.

El fuerte crecimiento de la actividad de patentamiento relacionada con los teléfonos inteligentes es en primer lugar, y ante todo, reflejo del deseo de los inventores de apropiarse del rendimiento de sus importantes inversiones en innovación.[37]

Además, la utilización de la PI va más allá de la mera obtención de rendimientos de la innovación. En el sector de los teléfonos inteligentes, la PI también es un importante factor para promover la colaboración.[38] Un teléfono inteligente no vería la luz si no existieran numerosas alianzas verticales y transversales, que a menudo se establecen en virtud de la PI. En algunas tecnologías son cientos, o incluso miles, los titulares de patentes, tanto empresas como universidades, que aportan sus invenciones para crear una nueva tecnología.

La tecnología Bluetooth 3.0, que permite la conectividad de corto alcance entre teléfonos inteligentes y otros dispositivos, es fruto del aporte de más de 30.000 titulares de patentes, entre ellos 200 universidades.[39]

La utilización de la PI también permite la especialización. Aunque la mayoría de las patentes relacionadas con los teléfonos inteligentes pertenecen a grandes empresas, incluidas las que tienen un propósito preventivo, los proveedores de componentes más pequeños y/o especializados utilizan ampliamente el sistema de PI, pues consiguen el alcance necesario para acceder al mercado.[40] Por ejemplo, Corning, el productor del cristal Gorilla de los iPhones de Apple y un importante fabricante de cristales, presenta un elevado número de solicitudes de patente.

Además, las principales tecnologías aplicables a los teléfonos inteligentes son divulgadas a través del sistema de patentes varios años, e incluso décadas, antes de la comercialización real del conocimiento, lo que permite una transferencia efectiva de la tecnología y la posibilidad de aprendizaje tecnológico.[41]

Al mismo tiempo, en los últimos años el sector de los teléfonos inteligentes ha experimentado un auge tanto en el número de patentes concedidas como de litigios judiciales de alta visibilidad. Por ejemplo, en los Estados Unidos de América el caso Apple-Samsung dio lugar inicialmente a una de las cinco indemnizaciones por daños y perjuicios más importantes del periodo 1997-2016, y atrajo un considerable interés de los medios de comunicación.[42] En este contexto cabe preguntar si el creciente uso estratégico de la PI y el elevado número de litigios judiciales puede dañar al sector de los teléfonos inteligentes.

Lo cierto es que se desconocen los costos exactos de los litigios para las empresas y el sistema en su conjunto.

Por un lado, esos litigios y su eventual resolución constituyen una forma de que las empresas obtengan rendimientos de sus activos intangibles. Son un reflejo y un subproducto de la competencia existente en un mercado muy innovador en el que existen grandes intereses.[43] También son un reflejo del importante uso que el sector hace de la PI. En este sentido, el sector de los teléfonos inteligentes no es distinto del resto. Los datos sobre litigios en materia de PI en los Estados Unidos de América demuestran que otros sectores, como el de los productos de gran consumo, la biotecnología, el farmacéutico y el de equipo y programas informáticos, tienen un nivel de litigios considerablemente mayor.[44]

Por otro lado, los litigios pueden suponer importantes costos para las empresas sin que ello cree necesariamente una mayor certidumbre jurídica. El caso Apple-Samsung es un ejemplo representativo, que aún sigue activo en numerosas jurisdicciones, cuyos resultados son heterogéneos y fluctúan en uno u otro sentido. A este respecto, una fuente de preocupación conexa es el volumen de litigios y las posibles pérdidas de eficiencia por los gastos judiciales asociados.

Gráfico 4.7

Estados Unidos de América es el país que ha recibido más solicitudes de patente de teléfonos inteligentes

Número total de familias de patentes de origen extranjero asociadas a teléfonos inteligentes, 1995-2014 (definición restrictiva)

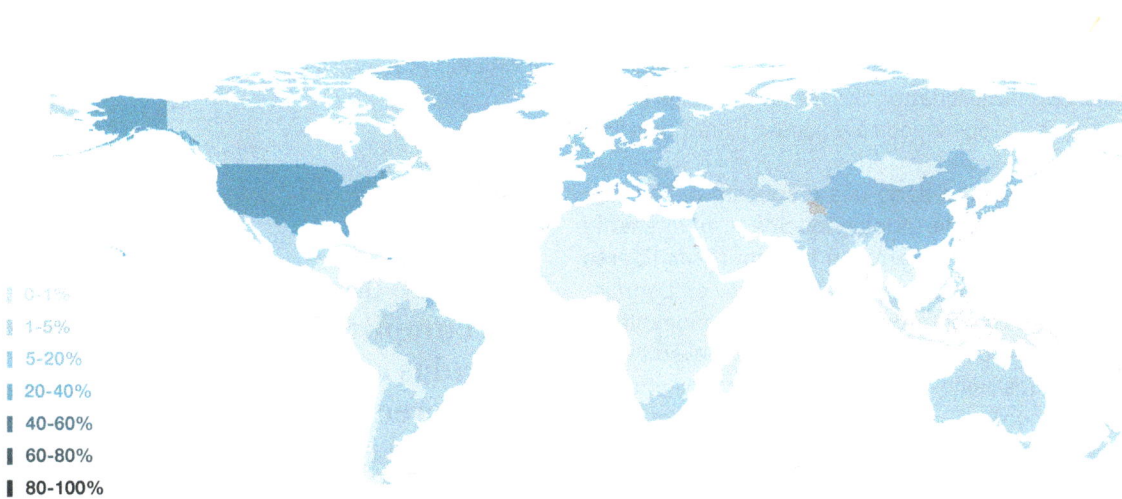

- 0-1%
- 1-5%
- 5-20%
- 20-40%
- 40-60%
- 60-80%
- 80-100%

Número total de familias de patentes de origen extranjero asociadas a teléfonos inteligentes, 1995-2014 (definición amplia)

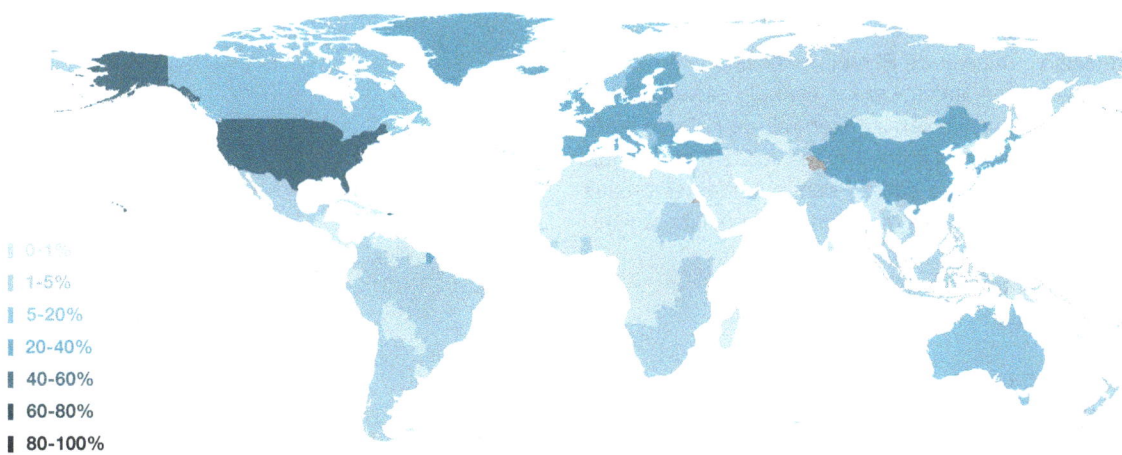

- 0-1%
- 1-5%
- 5-20%
- 20-40%
- 40-60%
- 60-80%
- 80-100%

Nota: en relación con los enfoques restrictivo y amplio para el inventariado de patentes asociadas a los teléfonos inteligentes, véase el recuadro 4.2.

Fuente: OMPI, información extraída de la base de datos PATSTAT.

Surge así una pregunta importante desde el punto de vista económico: ¿es realmente el gran número de patentes relacionadas con los teléfonos inteligentes un incentivo a la inversión en innovación y fomento de los descubrimientos? O por el contrario, ¿promueven esas patentes un comportamiento anticompetitivo al permitir que empresas establecidas bloqueen el acceso a su tecnología, reduciendo así la competencia, en lugar de ser una recompensa a la innovación continuada? En otras palabras, reviste particular interés la incidencia del gran número de patentes relacionadas con los teléfonos inteligentes en la innovación continuada o el acceso a los mercados.

Aunque no se ha dado una respuesta definitiva a la cuestión, es de todos conocida la permanente innovación que desarrollan las empresas líderes de teléfonos inteligentes y un conjunto en permanente evolución de proveedores de componentes y servicios en los ámbitos del hardware y el software. Los rápidos cambios vividos en los últimos años en relación con las cuotas de mercado de las principales empresas también parecen indicar que existe una arraigada competencia entre empresas grandes y de menor tamaño.

Además, las empresas aplican cada vez más estrategias de mercado para resolver las dificultades derivadas de la dispersión de los derechos de PI y solucionar las controversias. Las empresas colaboran entre ellas mediante estrategias de PI que conllevan la concesión recíproca de licencias de tecnología, consorcios de patentes, servicios de compensación de patentes y otros tipos de colaboración. Con frecuencia, las controversias en materia de PI han promovido la adopción de soluciones amistosas (un ejemplo reciente es el acuerdo de concesión de licencias de patente entre Nokia y Apple en la primera mitad de 2017, que da por terminado un litigio sobre PI entre ambas empresas y que ha dado paso a otras formas de colaboración).

Patentes esenciales para el cumplimiento de estándares

La identificación de patentes esenciales para el cumplimiento de estándares (SEP) relativas a teléfonos inteligentes es una labor más sencilla que hacer un inventario de todas las patentes relacionadas con los teléfonos inteligentes. A tal fin se ha utilizado la base de datos IPlyitcs, que combina agrupaciones de CIP/CPC con concordancias del sector centradas en las SEP en la esfera de las TIC.

Una proporción relativamente alta de la actividad de patentamiento de teléfonos inteligentes está relacionada con las SEP del sector de las tecnologías de la comunicación (véase el gráfico 4.1).[45] Esos estándares propiciados por la PI amplían los potenciales mercados de concesión de licencias y alientan la inversión en I+D.[46]

Con el tiempo, y conforme se han ido desarrollando tecnologías celulares más rápidas y complejas, ha crecido el número de SEP asociadas a dichas tecnologías.

Gráfico 4.8

El número de patentes esenciales para cumplir las normas técnicas asociadas a teléfonos inteligentes siguen creciendo en las tecnologías móviles de cuarta generación

Número de SEP de tecnologías móviles de segunda, tercera y cuarta generación que constituyen familias de patentes únicas

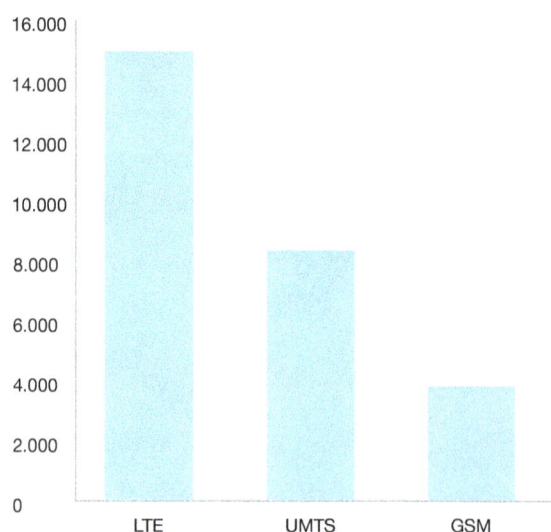

Nota: una familia de patentes es una colección de solicitudes de patente interrelacionadas que se presentan en uno o varios países o jurisdicciones al objeto de proteger una misma invención. Véase el glosario en OMPI (2016).

Fuente: OMPI, información extraída de la base de datos IPlytics, descargada en junio de 2017.

Gráfico 4.9

La República de Corea, China y empresas de Internet tienen una participación creciente en las SEP

Distribución de empresas solicitantes a nivel mundial de SEP para el estándar GSM en base al número de familias de patentes.

33,18% Nokia Corporation	3,28% InterDigital, Inc.	1,14% Sharp Corporation
11,20% Ericsson	3,05% Panasonic Corporation	0,91% LG Electronics Inc.
9,53% Nokia Siemens Networks SA	2,52% BlackBerry Limited	0,91% Intel Corporation
9,45% QUALCOMM Incorporated	2,21% NEC Corporation	0,91% Rockstar Consortium Inc.
5,56% Huawei Technologies Co., Ltd.	2,06% Core Wireless	0,61% Samsung Electronics Co. Ltd.
5,03% Siemens Aktiengesellschaft	1,75% Kyocera Corp.	0,53% Koninklijke Philips N.V.
5,03% Microsoft Corporation	1,52% Apple Inc.	0,46% Infineon Technologies AG
3,73% Motorola Mobility	1,37% Alcatel-Lucent	0,50% Otros
3,73% NTT DOCOMO, Inc.	1,14% Sony Corporation	

Distribución más reciente de empresas concesionarias en todo el mundo de SEP para el estándar LTE en base al número de familias de patentes.

13,19% Samsung Electronics Co. Ltd.	2,08% Panasonic Corporation	1,20% Siemens Aktiengesellschaft
9,88% Huawei Technologies Co., Ltd.	2,05% BlackBerry Limited	1,20% Electronics and Telecommunication Research Institute
9,41% QUALCOMM Incorporated	1,74% Apple Inc.	
8,74% Nokia Corporation	1,61% Institute of Telecommunication Science And Technology	1,12% Sony Corporation
6,58% Ericsson		1,12% Alcatel-Lucent
6,13% LG Electronics Inc.	1,56% NEC Corporation	0,91% Nokia Siemens Networks SA
4,79% Google Inc.	1,47% China Academy of Telecommunications Technology	0,88% Kyocera Corp.
4,52% InterDigital, Inc.		0,70% Microsoft Corporation
4,28% NTT DOCOMO, Inc.	1,40% ZTE Corp.	8,15% Otros
2,14% Sharp Corporation	1,26% Texas Instruments Inc.	

Fuente: OMPI, información extraída de la base de datos IPlytics.

Nota: las declaraciones de SEP superan al número de patentes que realmente son esenciales para el estándar. Para más información véase Audenrode et al. (2017).

Tal como se ilustra en el gráfico 4.8, la cuarta generación de la tecnología celular, LTE, está asociada a casi cuatro veces más SEP declaradas que la antigua y menos compleja norma técnica del Sistema Mundial para Comunicaciones Móviles (GSM) de segunda generación, y casi al doble que el anterior Sistema de Telecomunicaciones Móviles Universales (UMTS) de tercera generación.

El gráfico 4.9 muestra el reparto en porcentajes correspondientes a GSM (arriba) y a la más reciente cuarta generación, el estándar LTE (abajo). A lo largo del tiempo, la proporción de SEP de empresas explotadoras de telecomunicaciones de Europa y los Estados Unidos de América ha disminuido conforme ha crecido la proporción correspondiente a nuevos entrantes de los Estados Unidos (principalmente empresas de Internet, como Google) y de nuevas marcas de teléfonos inteligentes de la República de Corea (Samsung) y China (ZTE, Huawei) (en parte para utilizar licencias recíprocas, reducir los pagos y evitar los litigios). Además de destacar el hecho de que los actores asiáticos han pasado a tener una contribución muy activa en el desarrollo de estándares, las cifras también demuestran que empresas como Apple contribuyen actualmente menos a su desarrollo.

Algunas de dichas SEP fueron desarrolladas internamente mientras que otras fueron adquiridas como parte de una cartera de patentes, como es el caso de las compras realizadas por Apple, Microsoft y otros de la cartera de patentes de Nortel, la compra por Google de la cartera de Motorola y la compra por Lenovo de la cartera de SEP de Unwired Planet, que esta última había adquirido de Ericsson. Más recientemente, Lenovo también adquirió de Google una parte de la cartera de Motorola.[47] Además, las entidades de reivindicación de patentes (PAE) tales como Intellectual Ventures y Rockstar han incrementado su cuota de propiedad.[48]

Aunque la proporción de SEP objeto de litigio con respecto al total de las SEP declaradas ha aumentado progresivamente hasta 2015, el mayor número de propietarios de carteras de patentes parece haber alentado el establecimiento de acuerdos de licencias cruzadas y los consorcios de patentes, algo que previsiblemente reducirá los litigios en los próximos años. Desde 2012 se ha observado una reducción de este tipo de litigios.[49]

Con una perspectiva a más largo plazo, las empresas están actualmente tratando de hacerse con una participación en la tecnología móvil de quinta generación, con el liderazgo de Huawei, Samsung y algunas empresas japonesas, aunque también participan empresas de Europa y los Estados Unidos de América, como Nokia, Qualcomm, Ericsson y Orange. Otras empresas de Internet también desean tener su parte; en este sentido, Google ha hecho recientemente varias adquisiciones.[50]

A los fines del presente estudio es necesario disponer de estimaciones adecuadas del valor de los pagos por licencias de SEP para calcular con más precisión el rendimiento total de los activos intangibles.

Cuadro 4.7

Ingresos por derechos de licencias de SEP para tecnologías móviles y rendimiento de las regalías en el mercado mundial de teléfono móviles, 2014.

	Ingresos (miles de millones de USD)	Rendimiento*
Principales titulares de SEP con programas de concesión de licencias: Alcatel-Lucent, Ericsson, Nokia, InterDigital, Qualcomm	10,6	2,6
Consorcios de patentes: SIPRO (WCDMA), Via Licensing & Sisvel (LTE)	< 4	<1
Otros: incluye a Apple, Huawei, RIM, Samsung, LG	< 6	<1,5
Máximo acumulativo: tasas y rendimientos de las SEP de tecnología móvil	~ 20	~5

* Nota: los rendimientos son los ingresos totales por derechos de licencias, teniendo en cuenta tanto los pagos únicos iniciales como los pagos periódicos por regalías, expresados como porcentaje de los 410.000 millones de USD de ingresos mundiales por terminales móviles.

Fuente: Dedrick y Kraemer sobre la base de Mallinson (2014) y Galetovic et al. (2016).

Desafortunadamente, la mayoría de los proveedores no aportan datos sobre su actividad de concesión de licencias y para aquellos que lo hacen, es difícil identificar claramente los ingresos inducidos por las SEP asociadas a teléfonos inteligentes.

Gráfico 4.10

En los teléfonos inteligentes interviene un número cada vez mayor de sectores de la tecnología

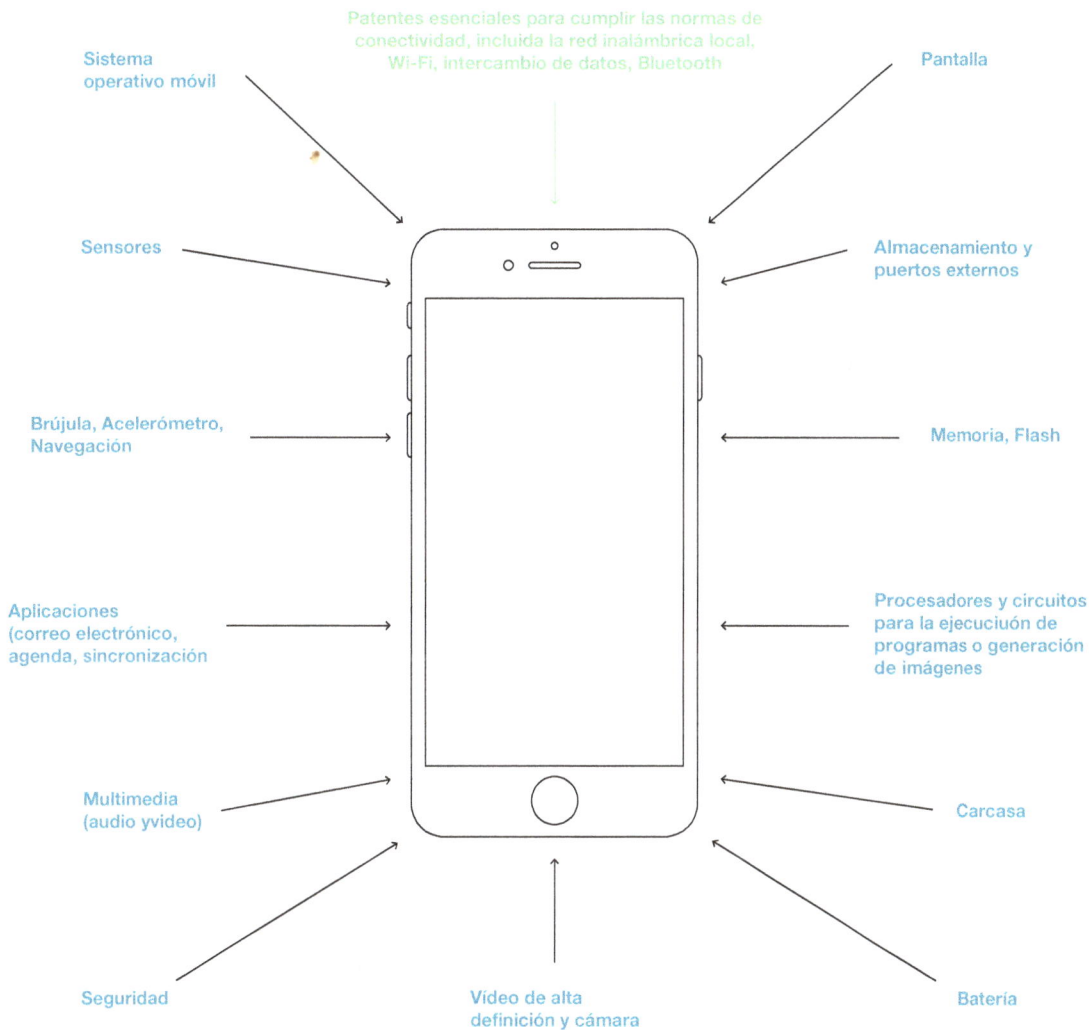

Sistema operativo móvil

Patentes esenciales para cumplir las normas de conectividad, incluida la red inalámbrica local, Wi-Fi, intercambio de datos, Bluetooth

Pantalla

Sensores

Almacenamiento y puertos externos

Brújula, Acelerómetro, Navegación

Memoria, Flash

Aplicaciones (correo electrónico, agenda, sincronización

Procesadores y circuitos para la ejecuciún de programas o generación de imágenes

Multimedia (audio yvideo)

Carcasa

Seguridad

Vídeo de alta definición y cámara

Batería

Afortunadamente, existen varios informes sobre este asunto, algunos de los cuales sugieren que las denominadas "acumulaciones de regalías" son excesivas (a menudo desde el punto de vista de los licenciatarios), mientras que otros argumentan que estas son razonables (a menudo del lado de los licenciantes).[51] Sobre la base de esos estudios, se asume la hipótesis de que los costos de las licencias de SEP oscilan entre el 3 y el 5% del precio minorista de un teléfono (véase el recuadro 4.1 y el cuadro 4.7).[52]

A nivel de empresas individuales, los ingresos conexos son importantes. Los informes anuales muestran, por ejemplo, que Nokia obtuvo aproximadamente 1.000 millones de USD en ingresos por licencias en 2016 (que en 2017 serían unos 800 millones de EUR), y que Ericsson obtuvo aproximadamente 1.200 millones de USD en 2016.[53] Dos tercios de los ingresos de Qualcomm en 2016 procedieron de la venta de circuitos integrados (15.400 millones de USD) y el otro tercio de la concesión de licencias de su tecnología (7.600 millones de USD).

Gráfico 4.11

Samsung Electronics, LG Electronics, NEC y Qualcomm son líderes mundiales en patentes relacionadas con los teléfonos inteligentes (definición amplia)

Primeras presentaciones a nivel mundial de solicitudes de patente de teléfonos inteligentes (definiciones amplia y restrictiva) presentadas en el periodo 1990-1999 en comparación con 2005-2014

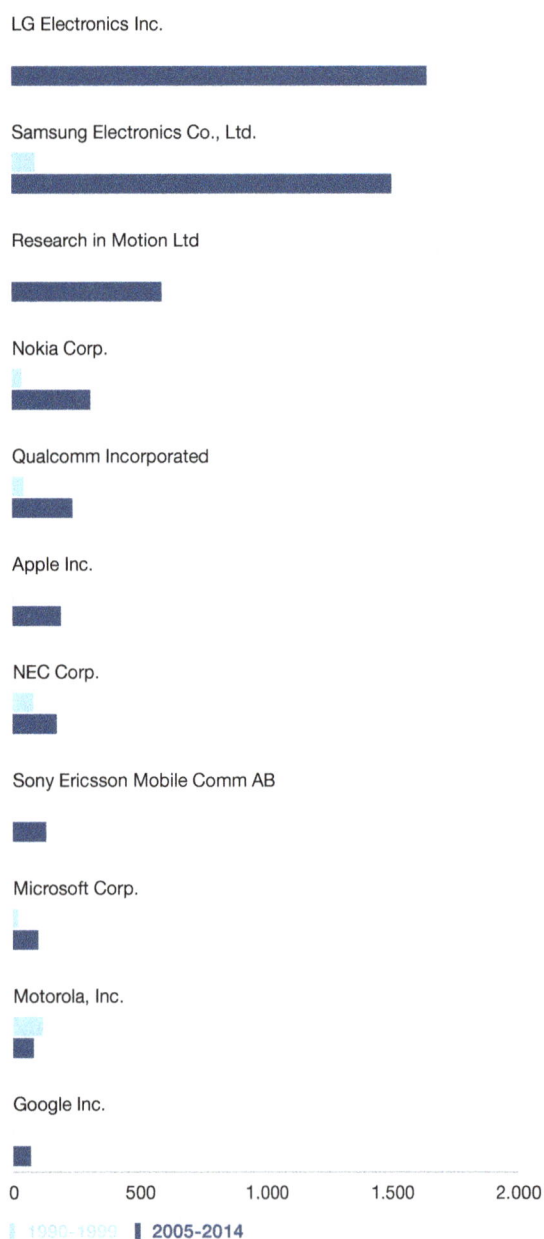

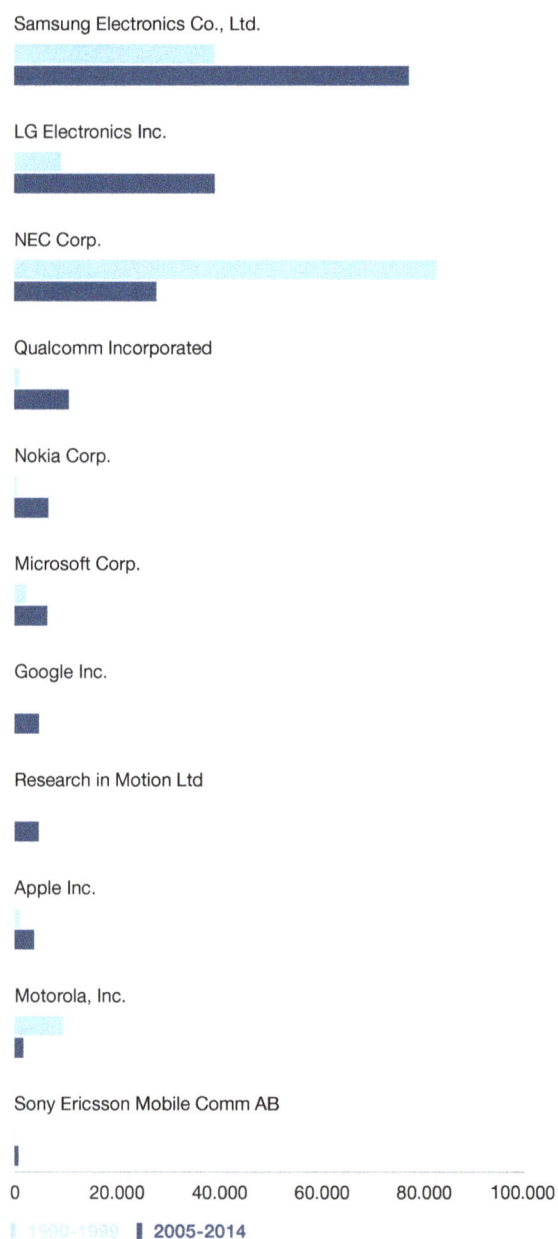

Cuadro 4.8

Samsung y Apple son las empresas con más patentes asociadas a los teléfonos inteligentes en la USPTO, según la definición restrictiva, e IBM y Samsung según la definición amplia

Primeras presentaciones de patentes relacionadas con los teléfonos inteligentes (definiciones amplia y restrictiva) en la USPTO, 2000-2015

Restrictiva

Nombre de la empresa	Patentes USPTO	Porcentaje de patentes de teléfonos inteligentes en la USPTO
SAMSUNG ELECTRONICS	1.239	3,2
APPLE	810	2,1
QUALCOMM	522	1,4
LG ELECTRONICS	502	1,3
MOTOROLA	663	1,3
INTEL	832	1,2
DIGIMARC	450	1,2
NOKIA	443	1,1
MICROSOFT	556	1,1
SILVERBROOK RESEARCH, Australia	393	1,0
SONY ERICSSON MOBILE	303	0,8
NEC	293	0,8
GOOGLE	262	0,7
RESEARCH IN MOTION	256	0,7
SONY	230	0,6
IBM	201	0,5
PANASONIC	163	0,4
BLACKBERRY	158	0,4
BROADCOM	140	0,4
FITBIT	140	0,4
FUJITSU	137	0,4
PALM	134	0,3
HEADWATER PARTNERS, U.S.	134	0,3
AT&T IP	133	0,3
KYOCERA	131	0,3
FLEXTRONICS	113	0,3
ENERGOUS	107	0,3
CITRIX SYSTEMS	103	0,3
NOKIA MOBILE PHONES	100	0,3
FLIR SYSTEMS	90	0,2
ERICSSON	85	0,2
HONDA MOTOR	84	0,2
AT&T MOBILITY	83	0,2
TENCENT TECHNOLOGY	82	0,2
NANT HOLDINGS IP	72	0,2
HEWLETT PACKARD	68	0,2
HUAWEI	65	0,2
SHARP	63	0,2
ELWHA LLC	63	0,2
NTT DOCOMO	62	0,2

Amplia

Nombre de la empresa	Patentes USPTO	Porcentaje de patentes de teléfonos inteligentes en la USPTO
IBM	57.414	1,8
SAMSUNG ELECTRONICS	41.421	1,3
QUALCOMM	29.572	0,9
INTEL	26.150	0,8
MICROSOFT	22.844	0,7
CANON	18.983	0,6
FUJITSU	18.038	0,6
SONY	18.036	0,6
PANASONIC	17.515	0,5
HEWLETT PACKARD	16.881	0,5
HONDA MOTOR	14.859	0,5
HITACHI	11.985	0,4
GOOGLE	11.243	0,3
PHILIPS ELECTRONICS	10.818	0,3
SEIKO EPSON	10.645	0,3
APPLE	10.598	0,3
MOTOROLA	10.489	0,3
LG ELECTRONICS	10.369	0,3
TEXAS INSTRUMENTS	10.213	0,3
TAIWAN SEMICONDUCTOR MFG	9.399	0,3
NEC	9.093	0,3
INFINEON TECHNOLOGIES	8.221	0,3
CISCO TECH	8.033	0,2
GENERAL ELECTRIC	7.764	0,2
HONGHAI PRECISION	7.613	0,2
3M	7.391	0,2
HONEYWELL	7.284	0,2
SAMSUNG DISPLAY	7.212	0,2
MITSUBISHI ELECTRIC	6.956	0,2
TOSHIBA	6.693	0,2
NOKIA	6.567	0,2
SHARP	6.526	0,2
ERICSSON	6.469	0,2
BROADCOM	6.254	0,2
ADVANCED MICRO DEVICES	6.027	0,2
SIEMENS	5.892	0,2
HUAWEI	5.845	0,2
SEMICONDUCTOR ENERGY LAB	5.810	0,2
UNIVERSITY OF CALIFORNIA	5.477	0,2
SUN MICROSYSTEMS	5.341	0,2

Nota: en relación con el enfoque restrictivo y el amplio utilizados para inventariar las patentes relacionadas con los teléfonos inteligentes, véase el recuadro 4.2.
Fuente: OMPI, información extraída de la base de datos de la USPTO.

Los porcentajes aquí utilizados (y los utilizados en la sección 4.2 para obtener el valor capturado) son estimaciones conservadoras. Además, excluyen los ingresos por PI de tecnologías protegidas por las patentes de aplicación.

Patentes de aplicación

Las patentes de aplicación conllevan el uso de tecnologías que permiten diferenciar productos específicos de fabricantes individuales. Las empresas líderes y los proveedores de componentes patentan y conceden licencias de dichas tecnologías. Por ejemplo, las primeras pueden adquirir licencias para utilizar microprocesadores de una empresa como ARM.[54] Para algunas empresas, como Microsoft y Research in Motion, la concesión de licencias es una parte fundamental de su actividad, mientras que otras como Apple no conceden licencias de sus patentes.

El gráfico 4.10 ilustra áreas de la tecnología asociadas a la mayor parte de las patentes de aplicación adicionales a las SEP antes analizadas.[55] En términos de sectores de la tecnología, los más importantes se encuentran en las áreas de visualización de imágenes y pantallas (y recientemente pantallas de diodos fotoemisores orgánicos), baterías, antenas y otras relacionadas con el software, como por ejemplo los mapas geográficos, la gestión de la agenda, el reconocimiento de voz y otras características en la esfera de la inteligencia artificial.[56]

Samsung Electronics, LG Electronics, NEC Corporation –una empresa japonesa de productos y servicios de TI– y Qualcomm son los líderes a nivel mundial en materia de patentes asociadas a teléfonos inteligentes en la categoría amplia, y LG Electronics, Samsung Electronics, Research in Motion y Nokia lo son en la categoría restrictiva. Con el tiempo, NEC y Motorola han ido perdiendo importancia, mientras que otros como Apple, Microsoft y Google protagonizan una intensa competencia (véase el gráfico 4.11). Como era previsible (véase también el cuadro 4.8), el porcentaje de solicitudes de patente de teléfonos inteligentes presentadas por Apple es más elevado en la categoría restrictiva que cuando se consideran sectores amplios de tecnologías conexas en los que otras empresas destacan.

Samsung Electronics y Apple son las empresas que más solicitudes de patente relacionadas con teléfonos inteligentes, según la definición restrictiva, han presentado en la USPTO durante el periodo 2000-2015, e IBM y Samsung encabezan la clasificación según la definición amplia (cuadro 4.8). Gracias a su reciente fortaleza en la presentación de solicitudes de patente, Huawei se encuentra actualmente entre los 40 principales solicitantes de patente relacionadas con teléfonos inteligentes en la USPTO. Sin embargo, con arreglo a la definición amplia, Honghai Precision ha presentado en la USPTO más solicitudes de patente que Huawei, reflejando una tendencia señalada anteriormente en este capítulo. En el cuadro 4.8 también aparecen algunas entidades pasivas como ELWHA, un grupo empresarial propiedad de Intellectual Ventures, y varias universidades como la Universidad de California.

Las patentes y otros derechos relacionados con el software y las aplicaciones son importantes activos intangibles, que posiblemente determinan una parte considerable de la futura captura de valor. Al utilizar su propio sistema operativo, Apple tiene un mayor control del mercado descendente de las aplicaciones y los contenidos a través de su App Store, donde normalmente exige a los desarrolladores el 30% del valor de las compras de aplicaciones en la tienda, porcentaje que posteriormente puede reducirse al 15% si se cumplen determinadas condiciones.[57] Según información obtenida de litigios sobre PI y de informes no confirmados aparecidos en la prensa, empresas como Google pagaron a Apple 1.000 millones de USD en 2013, y posiblemente tres veces esa cifra, para ser la máquina de búsqueda por defecto en el navegador Safari móvil, el navegador web preinstalado en los iPhones y otros dispositivos iOS.[58]

Android se rentabiliza de una forma diferente, ya que no exige una tasa directa por uso. Si los fabricantes de teléfonos quieren instalar Android en sus teléfonos, también deben instalar el ecosistema completo de Google (búsqueda, tienda y mapas). Google consigue ingresos de Android de dos formas distintas: retiene una parte de las ventas de aplicaciones y medios en la Google Play Store y publica anuncios que se muestran a los usuarios de Android. Google excluye a los fabricantes de teléfonos de ingreso alguno de la Play Store, reduciendo así la capacidad de estos de generar ingresos de los mercados descendentes de contenidos y servicios.

Empresas como Samsung, que utiliza el sistema Android, también han decidido pagar importantes regalías por patentes a Microsoft a fin de llegar a acuerdos en relación con las demandas de Microsoft por violación de patentes del sistema Android de Google. En 2013, Samsung pagó a Microsoft más de 1.000 millones de USD, según se desprende de procedimientos judiciales y artículos en prensa.[59]

4.3.2 – El diseño de los teléfonos inteligentes es fundamental para los consumidores

La bibliografía, las encuestas a consumidores y las decisiones judiciales ponen de manifiesto que el diseño de los teléfonos inteligentes (tanto del aspecto físico como del software) es uno de los factores más importantes en la decisión de compra de los consumidores, la aceptación de la tecnología y, posteriormente, la fidelidad a la marca.[60] Este es particularmente el caso cuando los teléfonos comparten las mismas características técnicas.

Por lo tanto, es comprensible que las tres empresas líderes analizadas inviertan cantidades considerables en nuevos diseños y en alianzas establecidas a tal fin, así como en la contratación de un gran número de diseñadores.

Los diseños industriales son realizados en su mayor parte por grandes empresas líderes más que por proveedores de componentes o entidades de menor tamaño.[61] Un estudio econométrico sugiere que en el caso de Apple la presentación de solicitudes de registro de diseños industriales (a las que en los Estados Unidos de América se denominan patentes de diseño) es realmente más importante que las patentes propiamente dichas a efectos de la evolución de la capitalización bursátil de la empresa.[62] En el conocido caso AppleSamsung, la infracción de diseño industrial y la copia de la apariencia de los teléfonos inteligentes de Apple (incluidos los elementos de la interfaz gráfica de usuario (IGU), especialmente los iconos), fue el origen de un litigio judicial ante los tribunales de los Estados Unidos de América y de otros países.[63] Desde la decisión judicial tomada al respecto en los Estados Unidos de América en 2012, también han aumentado las solicitudes de registro de diseños industriales en la USPTO, posiblemente en parte debido a las elevadas compensaciones por daños y perjuicios concedidas a Apple (véase también el gráfico 4.12).[64] En el momento

de redactar el presente informe el caso no estaba completamente resuelto en los Estados Unidos: el Tribunal Supremo ha revocado la primera decisión judicial en diciembre de 2016. Además, aún están pendientes litigios conexos, o los resultados en otras jurisdicciones han sido diferentes. Todo ello ilustra la incertidumbre jurídica inherente a hacer valer los diseños industriales. No obstante, los casos judiciales y la actividad de presentación de solicitudes de registro de diseño reflejan un movimiento más amplio de utilización de los diseños industriales como herramienta para conseguir rendimientos de la actividad innovadora conjuntamente con otras formas de PI.

Una mirada a los principales solicitantes de registro de diseños industriales ilustra esta cuestión: Samsung, Sony, Microsoft, LG, Hon Hai Precision (Foxconn) y Apple se encontraban entre los principales titulares de patentes de diseño ante la USPTO en 2015.[65] La identificación de los diseños industriales específicos para los teléfonos inteligentes mencionados en la sección 4.2, o relacionados de una forma general con los teléfonos inteligentes, es complicada por varios motivos.[66] Para empezar, ni la Clasificación Internacional para los Dibujos y Modelos Industriales, establecida por el Arreglo de Locarno, ni el Sistema de Clasificación de Patentes de los Estados Unidos de América (USPC) ofrecen una clasificación específica para los teléfonos inteligentes. Los diseños industriales para teléfonos inteligentes no solo conciernen al dispositivo en sí mismo, sino también a las interfaces gráficas de usuario (IGU), los iconos, las pantallas y otros elementos. Además, algunas de las IGU e iconos se utilizan en varios grupos de productos. Por ejemplo, es probable que el diseño industrial de un icono o una IGU de Apple se utilice en toda la familia de productos de Apple (iPhone, iPad, iPod, etc.), y por lo tanto no es exclusivamente un diseño para teléfono inteligente. Algunas IGU de Samsung pueden aplicarse a lavadoras, frigoríficos, cámaras de fotografía o cámaras de video.

En los gráficos 4.11 y 4.12 se presentan los diseños industriales protegidos por Apple, Samsung Electronics y Huawei según datos de la USPTO y la Oficina de Propiedad Intelectual de la Unión Europea (EUIPO). En el caso de la USPTO, se ha utilizado la clase USPC D14 ("Aparatos de registro, de telecomunicación y de tratamiento de la información") como punto de partida para un filtrado posterior utilizando los títulos de las patentes.

El mismo enfoque fue utilizado para la EUIPO, con la diferencia de que el conjunto de datos inicial incluía todas las solicitudes presentadas de las clases 14-03 "Aparatos de telecomunicación y de mando a distancia sin hilo, amplificadores de radio") y 14-04 ("Representaciones en pantalla e iconos") de la Clasificación Internacional para los Dibujos y Modelos Industriales.

Apple y Samsung tienen en sus carteras un gran número de diseños presentados en la USPTO y la EUIPO, que han crecido regularmente y han tenido un notable repunte en 2012 y 2013 (véase el gráfico 4.12). Tal como se ha señalado anteriormente, el éxito inicial de Apple en hacer valer un diseño industrial de IGU frente Samsung ante los tribunales de los Estados Unidos de América, puede haber contribuido al aumento en la presentación de solicitudes de registro de diseño de IGU. El número de registros de Samsung Electronics supera ampliamente al de Apple, pero lo más probable es que ello sea la consecuencia cuantitativa de que Samsung es un conglomerado más diversificado que Apple. Aunque Huawei ha comenzado a registrar diseños industriales en los últimos años, Apple y Samsung aún tienen carteras de diseños considerablemente más amplias.

Las carteras de diseños protegidos de las tres empresas también tienen enfoques distintos. Una gran proporción de los diseños que Huawei ha registrado en la USPTO en el periodo 2007-2015 (41,9%, es decir, 18), corresponde a diseños de los propios teléfonos. Por el contrario, la mayoría de los diseños de Apple en el mismo periodo correspondió a las IGU (75,2%). Los diseños de Samsung Electronics también correspondieron principalmente a las IGU (43,7%), pero seguidos en cifras absolutas por diseños de los teléfonos propiamente dichos (30,9%). Los registros de diseños de Apple en la EUIPO fueron IGU en su mayoría (70,1% del total), mientras que los de Huawei correspondieron a teléfonos. Tras la controversia judicial entre Apple y Samsung, se produjo un repunte en el número de registros de diseños en torno a 2012-13. Los diseños industriales en esos dos años representan el 42,4% de todos los diseños de Apple en la USPTO en el periodo 2007-2015, y el 22,2% en lo que se refiere a la EUIPO. En el caso de Samsung representan el 44,1% del total de los diseños en la USPTO y el 44,3% en la EUIPO en el periodo 2007-2015.

Gráfico 4.12

Creció en 2012 y 2013 el número de diseños industriales de empresas de teléfonos inteligentes.

Número de diseños industriales registrados en la USPTO (izquierda) 2009-2014

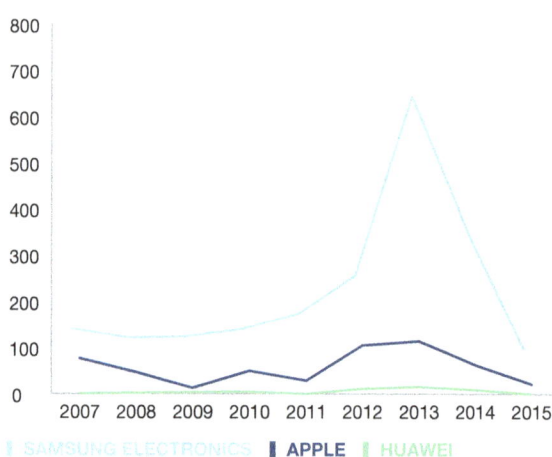

Número de diseños industriales registrados en la EUIPO (derecha), 2009-2014

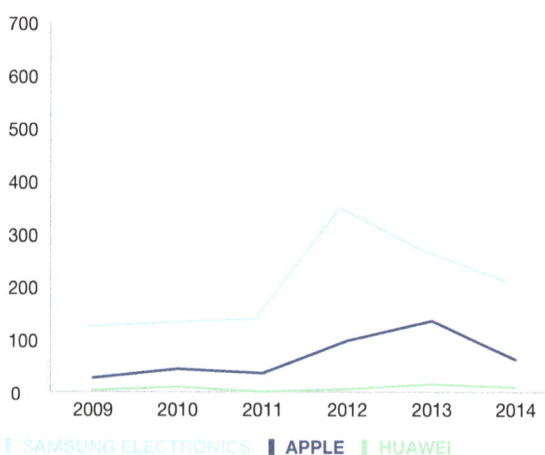

Notas: datos correspondientes a diseños industriales registrados y publicados. Los datos de la EUIPO muestran el número total de diseños individuales publicados y registrados en todas las solicitudes de registro presentadas. Solamente se presentan los datos de Samsung Electronics. No obstante, es práctica común que los diseños puedan ser presentados por empresas filiales. Por ejemplo, Samsung Display Co. Ltd., una filial de Samsung, registró 22 diseños industriales en la EUIPO en el periodo 2013-15.

Fuente: OMPI, información extraída de las bases de datos de la USPTO y la EUIPO.

Gráfico 4.13

Las IGU y los iconos representan la mayoría de los diseños industriales para teléfonos inteligentes

Número de diseños industriales registrados en la USPTO por empresa y tipo

Apple

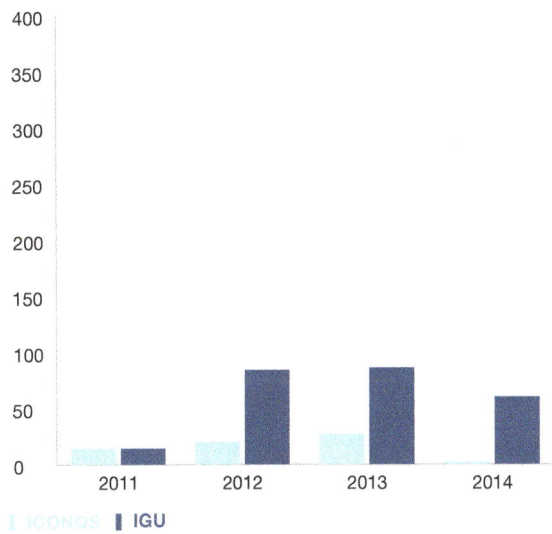

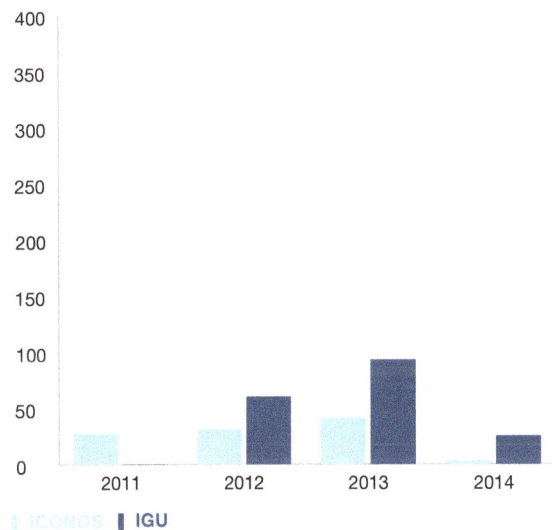

Samsung Electronics

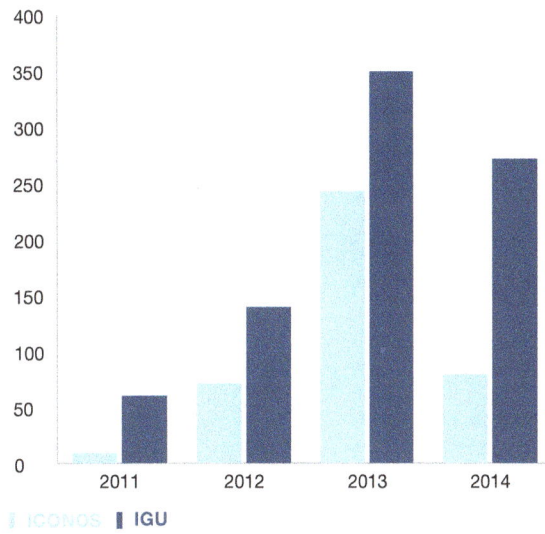

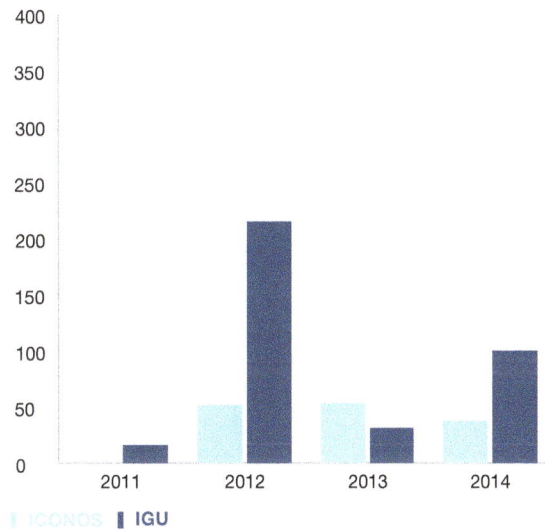

ICONOS   IGU

ICONOS   IGU

Número de diseños industriales registrados en la EUIPO por empresa y tipo

Apple

Samsung Electronics

ICONOS   IGU

ICONOS   IGU

Fuente: OMPI, información extraída de las bases de datos de la USPTO y la EUIPO.

Gráfico 4.13 (cont.)

Proporción de los diseños industriales ("patentes de diseño") registrados en la USPTO por las
empresas analizadas para distintos elementos
de los teléfonos inteligentes, 2007-2015

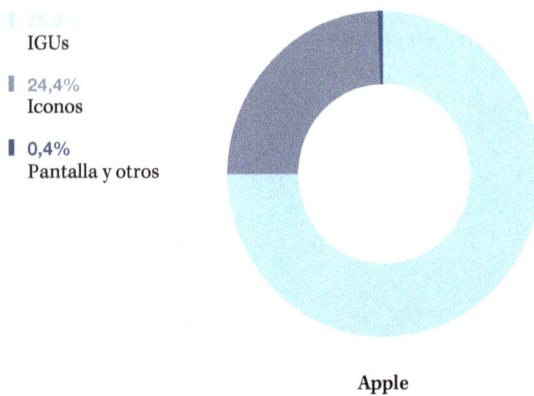

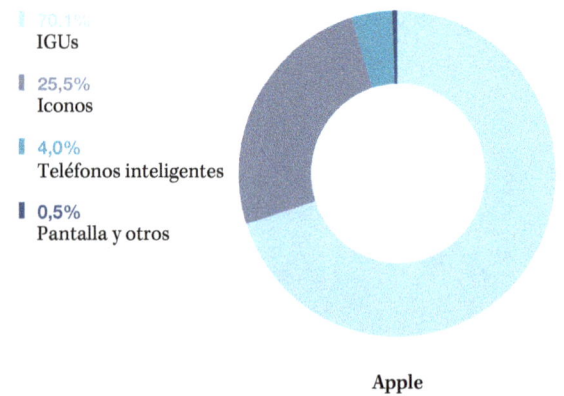

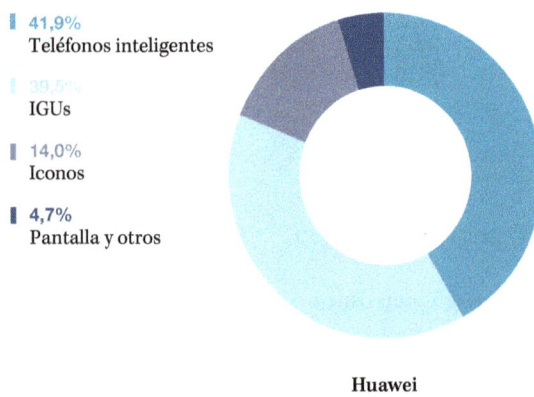

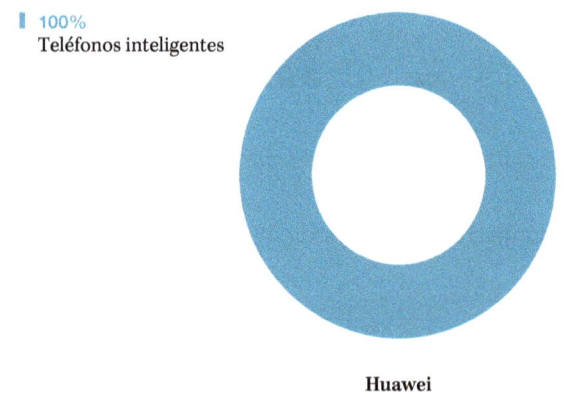

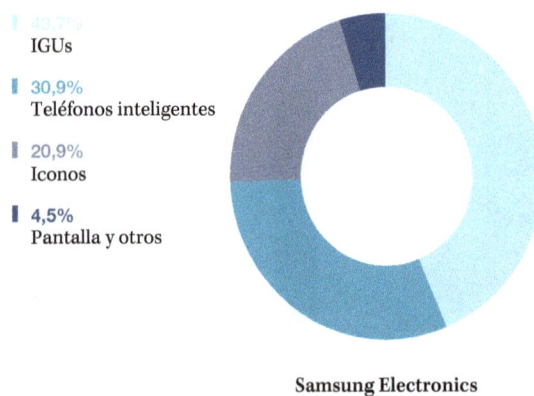

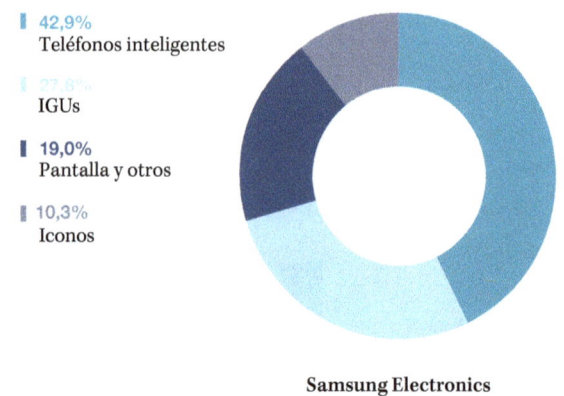

Proporción de los diseños industriales
registrados en la EUIPO por las empresas
analizadas para distintos elementos
de los teléfonos inteligentes, 2007-2015

IGUs

24,4%
Iconos

0,4%
Pantalla y otros

Apple

IGUs

25,5%
Iconos

4,0%
Teléfonos inteligentes

0,5%
Pantalla y otros

Apple

41,9%
Teléfonos inteligentes

IGUs

14,0%
Iconos

4,7%
Pantalla y otros

Huawei

100%
Teléfonos inteligentes

Huawei

IGUs

30,9%
Teléfonos inteligentes

20,9%
Iconos

4,5%
Pantalla y otros

Samsung Electronics

42,9%
Teléfonos inteligentes

IGUs

19,0%
Pantalla y otros

10,3%
Iconos

Samsung Electronics

Fuente: OMPI, información extraída de las bases de datos de la USPTO y la EUIPO

136

Las carteras de diseños de las tres empresas también han cambiado a lo largo del tiempo. Apple fue pionero en el sector. En 2007 y 2008 presentó un total de 370 diseños en la EUIPO (el 35,7% del total que presentó en el periodo 2007-2015), coincidiendo con la salida al mercado del primer iPhone. Ninguno de dichos registros estaba relacionado con el diseño propiamente dicho del teléfono inteligente, sino más bien con las IGU (69,2%) y los iconos (30,8%). Ello no resulta sorprendente dado que la mayoría de los diseños de Apple no son específicos para el iPhone, sino que se utilizan como iconos en las distintas familias de productos de Apple. Desde entonces, Apple ha venido registrando diseños industriales (o patentes de diseño en los Estados Unidos de América) en la USPTO y la EUIPO con menor frecuencia. Es difícil aventurar la razón exacta de esa tendencia, pero una posible explicación puede ser que el ecosistema de diseño de Apple y su identidad ya hayan logrado establecerse y adquirido madurez.

Por su parte, la cartera de Samsung ha sido más volátil. Sus registros de diseños de IGU e iconos han crecido a lo largo del tiempo con respecto a los correspondientes a teléfonos inteligentes propiamente dichos, que han disminuido. Samsung puede estar siguiendo la misma estrategia que Apple y estar adaptándose al mercado, en particular después de 2012 y la controversia judicial sobre las IGU.

Finalmente, Huawei es un competidor emergente en el sector que tiene un número inferior de diseños, en términos absolutos, que Apple y Samsung. Todos sus registros en la EUIPO corresponden a teléfonos inteligentes, aunque ha patentado diseños de IGU en la USPTO.

La protección de los diseños aplicables a teléfonos inteligentes y a las IGU e iconos conexos parece estar adquiriendo una importancia creciente. En numerosas jurisdicciones estos tipos de diseños se encuentran entre los que tienen un crecimiento más rápido y representan los tipos de diseños para los que diseñadores locales y de origen extranjero desean con más interés obtener protección por diseño industrial.[67] Con frecuencia, las IGU influyen no solo en la apariencia, sino también en la funcionalidad (que no está amparada por el derecho que confiere todo diseño industrial registrado) y la facilidad de uso. Los distintos derechos de PI ofrecen protecciones diferentes y presentan distintos requisitos para su obtención, existiendo diferencias importantes de

una jurisdicción a otra en lo que respecta al tipo de protección y de requisitos que deban cumplirse. Las formas más habituales de protección jurídica para los teléfonos inteligentes son por patente, por diseño industrial registrado y por derecho de autor.[68] En los Estados Unidos de América una forma especial de marca, denominada acondicionamiento distintivo (trade dress), que abarca la apariencia de un producto, su caja, forma u otros aspectos, también puede ser pertinente, por ejemplo, para la protección del diseño distintivo de las cajas de los iPhone de Apple.

En el gráfico 4.13 se muestra el número de solicitudes presentadas (o de registros) correspondientes a Apple y Samsung en relación con IGU e iconos. El número de diseños industriales de IGU presentados por Apple y Samsung Electronics en la USPTO y la EUIPO ha crecido considerablemente desde 2012. Apple presentó 222 diseños para las IGU en la EUIPO entre 2009 y 2014, mientras que Samsung presentó 379. En 2007, año en que salió a la venta el primer iPhone, la mitad (38) de los diseños industriales presentados por Apple en la USPTO correspondieron a IGU, y la otra mitad a diseños de iconos. En 2008, el 89% (41) de las solicitudes presentadas por Apple en la USPTO fueron diseños industriales de IGU. Aproximadamente el 66% (189) de las solicitudes de Apple en la EUIPO en 2008 fueron para IGU y el 34% (98) para diseños de iconos. El número de diseños industriales presentados por Samsung también ha crecido, triplicando su cifra en la USPTO entre 2012 y 2013. Es notable que Huawei solo haya presentado 17 solicitudes de registro de diseños de pantallas de visualización con IGU en la USPTO entre 2012 y 2015, y hasta la fecha no ha presentado ninguna solicitud de diseño de IGU en la EUIPO.

No obstante, comparar el número absoluto de diseños industriales presentados por estas empresas es un verdadero reto. En primer lugar, la metodología utilizada para identificar los diseños industriales asociados a teléfonos inteligentes no es precisa. En segundo lugar, Samsung Electronics es un grupo de empresas que presenta solicitudes de registro para una gama muy amplia de productos, teléfonos inteligentes y otros productos electrónicos, mientras que Apple ha puesto en el mercado 15 modelos de iPhone desde 2007.[69] Finalmente, los diseños de Apple para IGU e iconos se utilizan en toda la gama de productos de Apple, en muchos casos en los diversos modelos de IPhone, lo que puede dar lugar a un número absoluto incluso inferior de solicitudes de registro presentadas.

Por último, en ocasiones puede darse una super-posición de protección cuando las empresas deciden, después de haber registrado un diseño industrial, proteger el carácter distintivo del diseño solicitando que quede registrado además como marca. Es posible obtener protección mediante el registro de un diseño industrial y de una marca para un mismo objeto:[70] el primero ofrece una protección limitada en el tiempo para el diseño, mientras que con el segundo se obtiene una protección que puede llegar a ser perpetua para el mismo diseño conceptuado como marca.

4.3.3 – El alto valor de las marcas de los teléfonos inteligentes más vendidos

En el *Informe mundial sobre la propiedad intelectual* de 2013 se destacó la importancia de las marcas como activos intangibles y como forma de impulsar un nivel de precios superior, incluido en el sector de los teléfonos inteligentes.[71] Asimismo, se expuso que las marcas juegan un papel importante que explica por qué las empresas líderes capturan la mayor parte de los beneficios.

Apple, Samsung, y más recientemente Huawei, gastan grandes sumas en publicidad (véase el gráfico 4.14). Al reconocer la relación existente entre el desarrollo de marcas y la innovación, las tres empresas otorgan una importancia similar a las actividades de mercadotecnia y de I+D en el desarrollo de productos innovadores. Apple aumentó su gasto hasta los 1.800 millones de USD en 2015 (las cifras de 2016 aún no están disponibles), mientras que Samsung, tras la crucial decisión tomada en 2012 de aumentar de manera muy importante su gasto anual en publicidad para impulsar su marca Galaxy, gastó 3.800 millones de USD en 2016, rivalizando con las empresas que tienen los mayores presupuestos en publicidad de todo el mundo, como Coca-Cola.[72] Las cifras oficiales dedicadas a publicidad por Huawei no están disponibles, pero las campañas de mercadotecnia cada vez más globales en torno a la empresa y sus teléfonos inteligentes de la serie P, reflejan su intento de salir del segmento de bajos márgenes mediante la creación de una marca de alta calidad.[73]

Gráfico 4.14

Samsung y otros productores de teléfonos inteligentes están entre los principales anunciantes a nivel mundial

Gasto mundial en publicidad (miles de millones de USD)

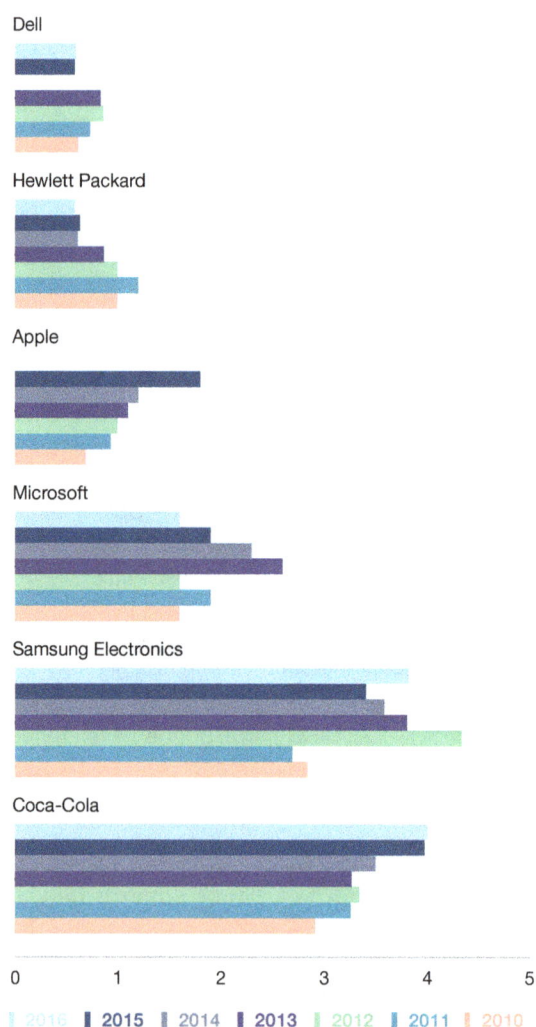

Notas: los datos de Dell en 2014 no están disponibles. Los datos de Apple en 2016 tampoco están disponibles. Los datos de Microsoft y Apple corresponden a sus ejercicios fiscales.

Fuente: OMPI, información extraída de los informes anuales de las empresas.

Cuadro 4.9

Valor de las marcas de los principales productores de teléfonos inteligentes, 2016 (cifras en millones de USD)

Empresa	Interbrand Posición y valor	Como porcentaje de la capitalización bursátil	BrandZ Posición y valor	Como porcentaje de la capitalización bursátil	Forbes Posición y valor	Como porcentaje de la capitalización bursátil
Apple	Puesto 1 178.000	23	Puesto 2 22.000	30	Puesto 1 154.000	20
Samsung	Puesto 7 52.000	20	Puesto 48 19.000	7,2	Puesto 11 36.000	13
Huawei	Puesto 72 6.000	0,4	Puesto 50 19.000	1,3	–	n.d.

Fuentes: Dedrick y Kraemer (2017) con datos extraídos de la OMPI (2013), Interbrand (2016), Millward Brown (2016) y Forbes (2016).

Determinar el valor de las marcas de los teléfonos inteligentes en general, o de modelos específicos de teléfonos inteligentes en particular, constituye un auténtico reto. Gran parte del valor de la marca reside en la reputación y la imagen de la empresa líder, como Apple, Samsung o Huawei, y ese valor es especialmente elevado en los casos de Apple y Samsung, que ocupan las principales posiciones en las clasificaciones de marcas, con Apple en primer lugar en dos de las tres clasificaciones (véase el cuadro 4.9 de este informe y el cuadro 1.1 y el recuadro 1.6 del informe de la OMPI en 2013 donde se hace un análisis técnico de dichas clasificaciones de valores de las marcas). Huawei está menos valorada, pero progresivamente se acerca a sus rivales. Las nuevas empresas chinas de teléfonos inteligentes aún están rezagadas.

Las tres empresas siguen estrategias similares de desarrollo de marca. Según las estimaciones realizadas para este informe, Apple comenzó el registro de marcas relacionadas con su iPhone en la USPTO en 2006, incluyendo una marca para su nombre "iPhone."[74] Aprovechando su anticipación, registró 15 marcas en 2007, año de lanzamiento del iPhone. Samsung y Huawei solo comenzaron a registrar marcas relacionadas con los teléfonos inteligentes en 2009 y 2011, habiendo presentado Samsung un número relativamente elevado de solicitudes de registro de marcas que no ha utilizado aún en su totalidad en el mercado.

Si bien Huawei registró un número reducido de marcas (solo 10 en todo el periodo), Samsung comenzó inmediatamente a registrar numerosas marcas, un total de 300 durante ese periodo. La intensificación del registro de marcas de Samsung en 2012 coincidió con el antes mencionado aumento del gasto en publicidad ese año (véase el gráfico 4.15).

Pocas marcas parecen estar específicamente relacionadas con un modelo concreto de teléfono inteligente, lo que refuerza la conclusión de que el valor de la marca está íntimamente asociado a la marca genérica de la empresa. Por ejemplo, Apple no ha protegido el término "iPhone 7" como marca. Samsung presentó una solicitud de registro de marca para "S7" y "S7Edge", pero posteriormente renunció a ella en la USPTO, aunque sí está protegida en la EUIPO. Huawei es la única empresa que sigue una estrategia de marca que protege en la USPTO el nombre de marca que se muestra en el dispositivo, la denominación de las series de productos y el nombre específico del producto, por ejemplo "Huawei P9". No obstante, los tres líderes del mercado protegen las series de productos, como "iPhone", Galaxy" y "Huawei P".

Además, también se registran marcas para componentes innovadores de hardware o software que se convertirán en características distintivas del producto. Ejemplos de ello son la "pantalla retina" (Apple) y la "pantalla infinita" (Samsung) y, en el repertorio de Apple, el "Assistive touch" (tacto de asistencia), el disco duro "AirPort Time Capsule" y el "circuito integrado A10 Fusion".

Gráfico 4.15

Apple fue la primera en registrar marcas de teléfonos inteligentes

Número de marcas asociadas a teléfonos inteligentes registradas anualmente en la USPTO por Apple, Huawei y Samsung, 2007-15

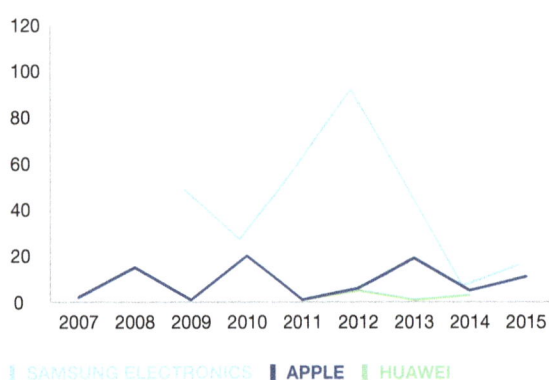

SAMSUNG ELECTRONICS ● APPLE ● HUAWEI

Fuente: OMPI, información extraída de la base de datos de la USPTO.

En el gráfico 4.16 se ilustra qué clases de la Clasificación de Niza (clasificación internacional de productos y servicios aplicada en el registro de marcas) han sido mencionadas a lo largo del tiempo en relación con las marcas registradas de teléfonos inteligentes de Apple, Huawei y Samsung Electronics.[75] La clase pertinente para teléfonos inteligentes es la clase 9, y todas las empresas presentan la mayor parte de sus solicitudes de registro asociadas a esa clase, habiendo presentado Apple un total de 68 en el periodo 2007-2016, Samsung cerca de 300 y Huawei unas 10. El aspecto más interesante de este gráfico es la distribución entre las diversas clases, ya que las empresas no realizan solo registros en la clase 9, sino que utilizan una amplia variedad de clases y, especialmente, las relativas a servicios.

Esto es importante por dos motivos: i) les ayuda a desarrollar la marca utilizándola en una amplia variedad de categorías de productos y servicios adicionales, no solo en productos electrónicos "tradicionales", y ii) les permite abarcar el mayor espacio que razonablemente sea posible en el conjunto de las clases y estar en mejores condiciones de evitar que competidores y otras empresas (y usurpadores) puedan apropiarse del valor de la marca, pero teniendo presente que para que una marca esté protegida debe usarse con arreglo a la clase

pertinente. El gráfico también muestra que Huawei está comenzando a cambiar su enfoque al presentar solicitudes de registro asociadas a más clases.

Huawei presentó solicitudes exclusivamente asociadas a la clase 9, pero Apple y Samsung también registraron marcas relacionadas con los teléfonos inteligentes asociadas a otras clases, incluidas las relativas a servicios. Por ejemplo, la marca del primer iPhone en 2006 también se registró en la clase 28, que abarca juegos y juguetes, como "dispositivo portátil para juegos electrónicos". La clase más común para servicios es la clase 38, que abarca los servicios de telecomunicación, pero también se han presentado solicitudes de registro de marcas asociadas a la clase 42 que, entre otras cosas, incluye el diseño y desarrollo de software para computadoras.

Tal como se ha señalado anteriormente, Apple es titular de tres marcas relativas al diseño (acondicionamiento distintivo) de su iPhone. Samsung intentó obtener esa protección en la USPTO y la EUIPO, pero no lo consiguió. También son objeto de interés los derechos asociados al embalaje del producto. Apple tiene una marca y un derecho de diseño sobre la forma de la caja del iPhone.

Además, algunos proveedores de componentes también son titulares de marcas registradas que las empresas productoras de terminales utilizan cuando comercializan sus teléfonos, como es el caso de la marca del cristal Gorilla de Corning o el uso por Huawei de la marca Leica de la cámara de su nuevo teléfono inteligente.

Los productores de terminales y los proveedores de componentes también hacen referencia y obtienen licencias respecto de estándares y tecnologías de terceros que son esenciales para las capacidades de comunicación en red del teléfono, como "LTE", "Wi-Fi" y "Bluetooth". Normalmente, dichas marcas son propiedad de organizaciones de normalización o de alianzas establecidas en el sector, más que de proveedores individuales de componentes.[76]

Finalmente, también gozan de protección por marca elementos relacionados con el software, los contenidos y los servicios del teléfono inteligente, como "Siri" de Apple y "Bixby" de Samsung; "iTunes" o "Apple Pay".[77] Algunas marcas son propiedad de otros proveedores, como es el caso de "Android."

Gráfico 4.16

Las marcas de teléfonos inteligentes se registran cada vez más asociadas a clases relativas a servicios

Solicitudes de registro de marcas relacionadas con teléfonos inteligentes presentadas anualmente en la USPTO por Apple, Huawei y Samsung, por clase de la Clasificación de Niza, 2006-2016

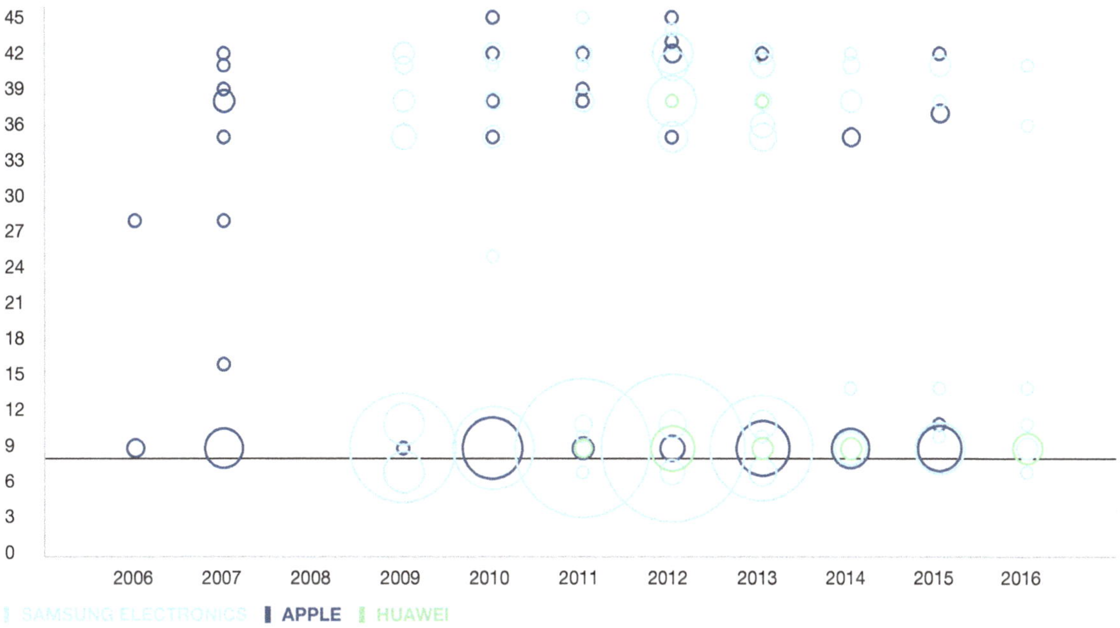

SAMSUNG ELECTRONICS | APPLE | HUAWEI

Nota: el tamaño de las burbujas indica el número de solicitudes de registro de marcas presentadas para la correspondiente clase de Niza.

Fuente: OMPI, información extraída de información de la USPTO; véanse también las notas técnicas.

También se presentan solicitudes de registro de marcas relativas a IGU e iconos asociados a aplicaciones y accesorios de teléfonos inteligentes. Apple y Samsung muestran un especial interés en la presentación de solicitudes para obtener la protección por marca y por diseño industrial de las IGU, haciendo hincapié en el concepto de que estas son una forma de identificación distintiva de productos.

4.4 – Perspectivas sobre el aprendizaje tecnológico y los intangibles

¿Cómo se ha desarrollado el aprendizaje tecnológico en la cadena global de valor de los teléfonos inteligentes?, ¿se está produciendo un desplazamiento en la captura del valor? y ¿qué papel puede jugar la PI en este proceso?

Una vez más, no existe una respuesta sencilla a esas preguntas; los factores que intervienen presentan numerosas facetas. No obstante, es útil recordar

cómo se han desarrollado a lo largo del tiempo los procesos de innovación en el ámbito de los teléfonos inteligentes y el reducido número de empresas y países involucrados.

En relación con las invenciones necesarias para los teléfonos inteligentes, el desarrollo de los teléfonos móviles y las tecnologías subyacentes data de hace varias décadas. Motorola introdujo en el mercado el primer terminal móvil en 1973.[78] Los teléfonos celulares utilizan un gran número de tecnologías, incluidos los procesadores, que tienen su propia larga historia.[79] En 1974 se concedió la primera patente de importancia fundamental para las comunicaciones inalámbricas.

En términos de penetración del mercado, NTT DoCoMo (una empresa japonesa) llegó a tener una elevada presencia en el Japón, donde comercializó su primer teléfono inteligente en 1999. No obstante, fue en 2007 cuando el iPhone de Apple protagonizó un avance revolucionario.

Samsung siguió los pasos de Apple en 2009 y solo un poco más tarde lo hizo Huawei. [80] Apple definió el diseño dominante de un teléfono inteligente. En la literatura sobre innovación, el establecimiento de un diseño dominante es un hito importante, ya que la competencia que sigue al mismo se desarrolla en el marco de sus parámetros de diseño.

Asimismo, actualmente el aprendizaje tecnológico sigue estando relativamente concentrado en unas pocas empresas y países. Se ha producido un desplazamiento de la capacidad desde Europa, el Japón y los Estados Unidos de América, inicialmente a determinadas empresas de la República de Corea (Samsung y LG), Taiwán (Provincia de China) y China (Huawei y ZTE). Al igual que ocurre en otras tecnologías avanzadas, la participación en estas tecnologías no refleja una división entre países desarrollados y países en desarrollo; por ejemplo, Europa ha dejado de ser un competidor importante, mientras que China ha pasado a serlo.

Existen importantes diferencias entre los países que han iniciado esta actividad. La República de Corea construye su capacidad en gran medida internamente, con el apoyo de políticas gubernamentales y contando con la fortaleza de sus grandes conglomerados empresariales nacionales. El aprendizaje tecnológico en China se ha basado en una amplia colaboración con entidades de otros países, en particular a través de la oferta de servicios de ensamblaje a entidades extranjeras y la inversión extranjera directa en China.

En realidad existen dos o tres vías de aprendizaje en China. Una de ellas es la que siguen empresas de Taiwán (Provincia de China) que crean en China unidades de producción para multinacionales (por ejemplo, Foxconn, que ensambla productos para Apple y otros). Otras empresas chinas del sector, como Huawei, ZTE y Lenovo, han creado sus propias líneas de producción (para equipos de red y computadoras personales), accediendo posteriormente al mercado de los teléfonos inteligentes. Una tercera vía es la elegida por un conjunto de nuevas empresas chinas que venden teléfonos baratos en el mercado interno sin necesidad de contar con invenciones tecnológicas de peso propias. Por todo ello, China juega un papel importante en el sector de los teléfonos inteligentes sin que necesariamente exista una gran presencia de empresas chinas en las cadenas globales de valor de multinacionales como Apple y Samsung.

La transferencia de intangibles o la aparición de nuevos competidores o participantes en la cadena global de valor de los teléfonos inteligentes ha sido escasa al margen de las empresas y los países mencionados, cada uno con sus propias características (véase más arriba, sección 4.2.1). Los únicos cambios en términos geográficos de la participación en la cadena de valor ha sido una transferencia limitada de actividades de ensamblaje a países fuera de Asia Oriental.

Entre las empresas líderes, ¿qué tienen en común Apple, Samsung y Huawei en cuanto al desarrollo de su capacidad de innovación y al papel de los activos intangibles?

En primer lugar, antes de entrar en el mercado de los teléfonos inteligentes las tres empresas tenían experiencia y capacidad de innovación en campos conexos de la tecnología.

• La historia de Apple es bien conocida. Comenzó a finales de la década de 1970 centrada en tecnología de computación y a lo largo de cuatro décadas desarrolló conocimientos fundamentales sobre controladores, impresoras, dispositivos de entrada, pantallas y tecnologías de conexión en red. Hubo de transcurrir cierto tiempo antes de que Apple pasara de su reproductor de audio, el iPod presentado en 2001 a través de un proceso de innovación en el ámbito del software como por ejemplo, iTunes, a la introducción simultánea del iPhone y el iPad. Su capacidad de desarrollo interno de componentes es menor que la de Huawei o Samsung, con la excepción de los componentes más caros y estratégicos como los procesadores, y más recientemente, las unidades de procesamiento de gráficos.[81] Además, Apple tiene grandes capacidades en diseño, integración y software.

• Samsung Electronics siempre ha formado parte de un conglomerado empresarial de mayor tamaño, que comenzó como proveedor de componentes (específicamente hardware para telecomunicaciones y teléfonos) de otras empresas en la década de 1980. Samsung Electronics fabricaba inicialmente electrónica barata y de imitación para otras empresas. También fabricaba muchos productos con marca propia destinados al mercado de la República de Corea. Ya entonces estableció muchas de sus plantas de producción en el extranjero, dados los beneficios que le ofrecía el acceso a competencias y mano de obra extranjeras.

Sin embargo, en 1996 modificó su enfoque al objeto de desarrollar capacidades de diseño internas y crear su propia marca comercial.[82] Actualmente, Samsung sigue siendo singular por su dependencia de la transferencia interna de tecnología y sus capacidades de producción y diseño de productos.

- Huawei comenzó mucho más tarde y con menos capacidades integrales, pero en 2012 ya se había convertido en líder mundial de redes de teleco-municaciones.[83] A diferencia de otras empresas de China o Taiwán (Provincia de China), Huawei no fue fabricante contratista de empresas occi-dentales. En su lugar, se centró sistemáticamente en la innovación en la esfera de las telecomuni-caciones y en la creación de un amplio abanico de relaciones con operadores de todo el mundo. En 2003, Huawei comenzó a fabricar teléfonos, en su mayoría gamas bajas para operadores de telecomunicaciones de China. Y a partir de 2011 comenzó el desarrollo de dispositivos de alta gama. En lugar de basarse en alianzas que le garantizaran la transferencia de tecnología de empresas extranjeras, Huawei se centró en una actividad local de I+D y en el aprendizaje basado en ingeniería inversa de tecnologías extranjeras (Chong, 2013). Actualmente, Huawei realiza una actividad de I+D más intensa que Apple y Samsung (véase el cuadro 4.3) y sigue manteniendo una elevada inversión en I+D pese a la caída de ingresos y márgenes.[84] Estudios académicos señalan que el rápido progreso de Huawei se ha debido más a sus capacidades tecnológicas que al hecho de disponer de una ventaja en materia de costos (al crear su propia vía hacia la tecnología en lugar de adoptar un papel de seguidor tecnológico). Huawei creció rápidamente gracias a desarrollar tecnologías diferentes a las de Ericsson, uno de sus prin-cipales competidores, basando su estrategia de innovación en el dominio del conocimiento científico más actual.[85] Recientemente, Huawei ha tratado de progresar estableciendo alianzas o proyectos empresariales con empresas como IBM, Siemens, 3Com y Symantec, así como acuerdos en I+D con Motorola y otros operadores de telecomunicaciones, y ha aprendido técnicas de gestión de empresas occidentales.

Aunque cada empresa ha seguido una vía de desa-rrollo diferente, las tres han realizado una activa labor de creación de capacidad de innovación y de los intangibles conexos, incluidas las marcas.

Las tres son muy intensivas en I+D, con el objetivo expreso de incrementar la producción propia de componentes tecnológicamente sofisticados que tengan un margen elevado, como los circuitos inte-grados. Las tres han aprendido a utilizar intensa-mente la PI, disponen de amplias carteras de PI y tienen una gran experiencia en litigios sobre PI. Además, Samsung y Huawei participan en activi-dades de normalización de la tecnología y en la esfera de la PI.

En segundo lugar, las tres empresas operan en el marco de amplias redes de valor y con proveedores de componentes (véase las secciones 4.1 y 4.2). El aprendizaje y la mejora no se producen exclusi-vamente en el seno de las empresas de teléfonos inteligentes, sino que también se produce en secto-res de tecnologías conexas. Esas interacciones generan flujos bidireccionales de conocimientos en el proceso de diseño conjunto y fabricación. A nivel de componentes, el modelo circuitos integrados "sin fábrica" adoptado por grandes productores de circuitos integrados como Qualcomm, Broadcom y Apple, exige una estrecha colaboración con empre-sas especializadas en la fabricación, como Taiwan Semiconductor Manufacturing Corporation ((TSMC) para el diseño de circuitos integrados adaptados a procesos de fabricación específicos.[86] Las alianzas entre Qualcomm y Huawei para crear una nueva generación de conjuntos de circuitos integrados para móviles también conllevan un importante intercambio de conocimientos.

La participación en la cadena global de valor de los teléfonos inteligentes implica un aprendizaje y un proceso de mejora acordes al nivel de la capacidad de fabricación contratada. Cuando Apple trabaja con Foxconn en procesos como el moldeado de plásticos, las máquinas herramientas y el control de calidad, existe un proceso de aprendizaje. Empresas como Foxconn comenzaron con contribuciones sencillas pero actualmente añaden valor al iPhone gracias a sus activos intangibles (máquinas herra-mientas, ejecución rápida de prototipos, capacidad de alcanzar elevados volúmenes de producción de forma acelerada y gestión de la cadena de suminis-tro), algunos de los cuales puede que se implanten en breve en la factoría de Foxconn en los Estados Unidos de América.[87]

Cuando Huawei ensambla sus productos fuera de Asia, por ejemplo en Brasil, también se produce transferencia de conocimiento.[88] Lo mismo sucede en el seno de las corporaciones multinacionales. Por ejemplo, Samsung fabrica la mitad de sus teléfonos móviles en sus propias fábricas en Viet Nam. Apple ha desarrollado software en varios países. Estas actividades extienden el conocimiento a instituciones de investigación, proveedores y competidores nacionales, e incluyen una mejor comprensión del negocio y la tecnología. En general, gran parte del conocimiento asociado a estas actividades de transfiere de forma tácita (no es una actividad reglamentada, sino que fluye dentro de las organizaciones y entre ellas), mientras que otros conocimientos están sometidos a una reglamentación que facilita la colaboración entre las partes.

En tercer lugar, las adquisiciones han ayudado a estas empresas a progresar. Por ejemplo, solo en 2016 y 2017 Samsung ha comprado empresas en áreas tan diversas como los servicios de música para móviles, las tecnologías de reconocimiento de la voz y empresas de nanotecnología con soluciones aplicables a pantallas. Ese es también el caso de empresas que cada vez participan más en actividades de mayor valor añadido, como Foxconn, que en 2016 adquirió Sharp y ha hecho una oferta por el negocio de circuitos integrados de Toshiba.[89]

En cuarto lugar, la movilidad laboral juega un papel importante. Empresas como Samsung han aprovechado la movilidad laboral al aprender de ingenieros japoneses en la década de 1990 y contratar ingenieros coreanos formados en los Estados Unidos de América. Huawei es conocida por haber contratado a profesionales occidentales en las áreas de mercadotecnia y asuntos públicos, así como expertos claves de Apple o Samsung, y ha creado centros de diseño en Londres.[90] Apple también contrata con regularidad personal de las principales empresas de los Estados Unidos de América, como Qualcomm, o de universidades del país.

En quinto lugar, el aprovisionamiento interno de tecnología y los intercambios de PI han sido una importante fuente de intercambio de conocimientos o ha fortalecido la capacidad operativa de las empresas. Las tres empresas participan en actividades relacionadas con las SEP, incluidas las licencias recíprocas o la concesión de licencias (por ejemplo, los acuerdos de licencias con Nokia).

Finalmente, otro factor importante a este respecto es el papel de la política gubernamental y la existencia de un entorno más favorable al desarrollo de los negocios y la innovación. Las tres empresas operan en países que ponen un acento especial en el crecimiento basado en la innovación, el compromiso público y privado con la ciencia y la I+D, así como infraestructuras de investigación excelentes (o en rápida modernización), abundancia de científicos e ingenieros competentes y un reconocimiento del valor de la innovación tecnológica y no tecnológica. Los tres países están empeñados en un funcionamiento sin fronteras de las cadenas globales de valor y en su participación en esas cadenas. También disponen de marcos y políticas que alientan la presentación de solicitudes de PI e impulsan la normalización en el ámbito de las telecomunicaciones; históricamente China se ha incorporado a este proceso más recientemente, pero ha hecho grandes avances en poco tiempo.

Desde la perspectiva del comercio internacional, las tres empresas se han beneficiado de unos mercados internacionales muy abiertos en la esfera de los productos de tecnologías de la información, algo que se logró asegurar gracias al Acuerdo sobre Tecnología de la Información alcanzado en 1996 en el marco de la Organización Mundial del Comercio.[91]

En resumen, la política de los gobiernos (y en ocasiones también la ausencia de una intervención política explícita) ha jugado un papel importante en el fortalecimiento del sector de los teléfonos inteligentes.

Notas

1. Este capítulo se basa en Dedrick y Kraemer (2017) y en Stitzing (2017).

2. IDC (2017).

3. Crédit Suisse (2017).

4. IDC (2017).

5. Credit Suisse (2016, 2017).

6. IDC (2017).

7. iri.jrc.ec.europa.eu/scoreboard.html.

8. Credit Suisse (2017).

9. BCG (2017).

10. Koski y Kretschmer (2007).

11. "Qualcomm calls for iPhone ban as Apple patent case intensifies," *Financial Times* (FT), 6 de julio de 2017.

12. "China smartphone maker Xiaomi designs its first chip," FT, 28 de febrero de 2017; "China's Xiaomi to take on top tier with smartphone chip of its own," *Wall Street Journal* (WSJ), 9 de febrero de 2017; "Apple's building its own graphics processor for the iPhone, dropping Imagination GPUs," *PC World*, 3 de abril de 2017.

13. Para más información véase Dedrick *et al.* (2010) y Dedrick y Kraemer (2017).

14. IHS Markit (2016).

15. IHS Markit (2016), Samsung Galaxy S7.

16. La empresa líder no siempre paga la factura; en ocasiones son los proveedores de componentes quienes la pagan. Ese es el caso de Apple, que no dispone de una licencia que incluya la PI de Qualcomm, sino que se beneficia de los acuerdos entre sus fabricantes y Qualcomm.

17. Véase Neubig y Wunsch-Vincent (2017), un estudio realizado para el presente informe, que señala de qué forma los aspectos fiscales distorsionan las mediciones relativas a las transacciones en materia de PI.

18. Dedrick *et al.* (2011) han concluido que los operadores capturan la mayor parte del valor, más que los propios fabricantes de terminales.

19. Véase Neubig y Wunsch (2017), que también analiza cómo las empresas desplazan sus carteras de I+D y PI, incluidos los motivos fiscales (por ejemplo, Apple y otras empresas de alta tecnología a Irlanda).

20. Véanse en Ali-Yrkkö *et al.* (2011) conclusiones similares sobre este sector.

21. En relación con la estimación del 90% que ha tenido un amplio eco en la prensa de negocios, véase S. Ovide y D. Wakabayashi, "Apple's share of smartphone industry's profits soars to 92%," WSJ, 12 de julio de 2015: www. wsj.com/articles/apples-share-of-smartphone-industrys-profits-soars-to-92-1436727458.

22. Shapiro y Varian (1998), OCDE (2005), Garcia-Swartz y Garcia-Vicente (2015). Korkeamäki y Takalo (2013) demuestran igualmente que, con relación a sus competidores, Apple es quien captura el mayor valor por la venta de teléfonos inteligentes en relación con la positiva evolución de su capitalización bursátil.

23. Informe Annual de Apple, 2016.

24. Véase Dedrick y Kramer (2017).

25. Dedrick y Kramer (2017) basados en FT Markets Data: markets.ft.com/data.

26. OCDE (2011), Blind *et al.* (2014), y Cecere *et al.* (2015).

27. Korkeamäki y Takalo (2013).

28. Teece (1986).

29. Sharma (2016) y OMPI (2011, 2013 y 2015).

30. "Apple-Samsung case shows smartphone as legal magnet," *New York Times*, 25 de agosto de 2012: www.nytimes.com/2012/08/26/technology/apple-samsung-case-shows-smartphone-as-lawsuit-magnet.html; "There are 250,000 active patents that impact smartphones; representing one in six active patents today," *Techdirt*, 18 de octubre de 2012: www.techdirt.com/articles/20121017/10480520734/there-are-250000-active-patents-that-impact-smartphones-representing-one-six-active-patents-today.shtml. La fuente original de la cifra de 250.000 patentes procede de un caso planteado ante la SEC por RPX Corporation, un "agregador preventivo de patentes", www.sec.gov/Archives/edgar/data/1509432/000119312511240287/ds1.htm, cifra que aún no ha sido comprobada.

31. OMPI (2017).

32. OMPI (2016).

33. La CPC está disponible en: www.cooperativepatentclassification.org/. Expertos de Clarivate, anteriormente Thomson Reuters, han asesorado sobre esta elección, que también está basada en los códigos para teléfonos inteligentes del Derwent World Patents Index.

34. La CIP está disponible en: www.wipo.int/classifications/ipc.

35. worldwide.espacenet.com y Datenbankrecherche, Deutsche Patent- und Markenamt (DPMA), www.dpma.de/patent/recherche/index.html.

36. Una familia de patentes es un conjunto relacionado de solicitudes de patente presentadas en uno o más países para proteger una misma invención. Véase el glosario en OMPI (2016).

37. Véase en OCDE (2008) un análisis del papel de la PI en el sector de las TIC.

38. Véase OMPI (2011) sobre los aspectos económicos de las patentes, y Blind *et al.* (2014) sobre una aplicación al sector de las TIC.

39. Engstrom (2017).

40. Reidenberg *et al.* (2012, 2015).

41. Gurry (2013).

42. PwC (2017).

43. Gurry (2013).

44. PwC (2017).

45. Reidenberg *et al.* (2012) muestra que la mayoría de las patentes están relacionadas con la tecnología de comunicaciones, seguidas de las patentes asociadas al hardware y al software.

46. Audenrode *et al.* (2017) y Baron *et al.* (2016).

47. Kumar y Basin (2016).

48. Véase Fan (2006) sobre Huawei y ZTE; véase IPlytics (2016) y Thumm y Gabison (2016) sobre el papel cada vez más relevante de las PAE y el creciente número de litigios relacionados con las SEP.

49. Pohlmann y Blind (2016) y Reidenberg *et al.* (2014).

50. Por ejemplo, en 2014 Google adquirió Alpental Technologies.

51. Sullivan y Cromwell (2013), Armstrong *et al.* (2014) y Mallinson (2015).

52. Galetovic *et al.* (2016) identifican regalías por SEP de teléfonos inteligentes por valor de 14,3 mil millones de USD, equivalente al 3,4% del valor de los teléfonos inteligentes. Sidak (2016) estima que los pagos de regalías por SEP fueron entre el 4 y el 5% de los ingresos relacionados con los estándares 3G y 4G en 2013 y 2014.

53. Informe anual de Nokia de 2016: www.nokia.com/en_int/investors; nota de prensa de Nokia, 2 de febrero de 2017: www.nokia.com/en_int/news/releases/2017/02/02/nokia-corporation-report-for-q4-2016-and-full-year-2016; Informe anual de Ericsson de 2016: www.ericsson.com/assets/local/investors/documents/2016/ericsson-annual-report-2016-en.pdf; nota de prensa de Ericsson, 26 de enero de 2017: www.ericsson.com/en/press-releases/2017/1/ericsson-reports-fourth-quarter-and-full-year-results-2016, y "Top licensors Ericsson, Microsoft and Nokia all see drop in year-on-year patent revenues," *IAM Market*, 9 de febrero de 2017.

54. Shimpi (2013).

55. Véase Engstrom (2017), Kumar y Bhasin (2017) y "Royalty fees could reach $120 on a $400 smartphone," ZDNet, May 31, 2014: www.zdnet.com/article/patent-insanity-royalty-fees-could-reach-120-on-a-400-smartphone/.

56. Thomson Reuters (2012).

57. "iOS versus Android. Apple App Store versus Google Play," ZDNet, 16 de enero de 2015; "App Store 2.0," *The Verge*, 8 de junio de 2016; véase en Campbell-Kelly *et al.* (2015) un análisis de cómo obran las plataformas para móviles de Google y Apple y los modelos de negocio conexos.

58. "Según Bernstein, Google paga a Apple miles de millones cada año para estar presente en el iPhone" CNBC, 14 de agosto de 2017. Estimaciones basadas en documentos judiciales y en la teleconferencia financiera de Apple, de la primera mitad de 2017, demuestran que los ingresos de Apple por servicios han sido de 7.300 millones de USD durante el primer trimestre de 2017, lo que supone un aumento del 22% con respecto al año anterior.

59. Véase la presentación de documentos el 3 de octubre de 2014 en la causa sobre patentes y regalías entre *Microsoft* y *Samsung*, incoada en un Tribunal de Distrito de los Estados Unidos de América a principios de agosto de 2014. "Document sheds light on Samsung's payments a Microsoft over Android," CNET, de 4 de octubre de 2014; "Samsung paid Microsoft $1 billion last year for Android royalty, filing says," WJS, 3 de octubre de 2014; y "Microsoft and Samsung end Android royalties dispute," *The Verge*, 9 de febrero de 2015.

60. Véase Liu y Yu (2017), Liu y Liang (2014) e informes conexos de agencias y empresas como KISA (2014) y Samsung, "The most important feature in a mobile device", 29 de septiembre de 2015: www.samsung.com/ae/discover/your-feed/the-most-important-feature-in-a-mobile-device; y Apple v. Samsung, C-11-01846-LHK (N.D. Cal. 2012).

61. Reidenberg *et al.* (2012).

62. Johnson y Scowcroft (2016).

63. *Apple* v. *Samsung*, C-11-01846-LHK (N.D. Cal. 2012).

64. Véanse también referencias sobre esta tendencia y/o efectos en Golinveaux y Hughes (2015) y PwC (2017).

65. USPTO Design Patent Report, 1 de enero de 1991-31 de diciembre de 2015, publicado en marzo de 2016: www.uspto.gov/web/offices/ac/ido/oeip/taf/design.pdf; y Reidenberg et al. (2014).

66. El presente análisis se basa en las aportaciones de la División de Economía y Estadística de la OMPI y las contribuciones de Christian Helmers, especialmente su informe "Smartphone Trademark and Design Mapping", que no ha sido publicado y que fue elaborado para la edición de 2017 del Informe mundial sobre la propiedad intelectual, de 16 de junio de 2017.

67. Comité Permanente sobre el Derecho de Marcas, Diseños Industriales e Indicaciones Geográficas (SCT) de la OMPI, propuesta de las delegaciones de los Estados Unidos de América, Israel y el Japón, "Los diseños industriales y las tecnologías emergentes: Similitudes y diferencias en la protección de nuevos diseños tecnológicos", 12 de septiembre de 2016, SCT/35/6 Rev. 2.

68. SCT de la OMPI, "Recopilación de las respuestas al cuestionario sobre diseños de interfaces gráficas de usuario (IGU), iconos, y fuentes/tipos," 17-19 de octubre de 2016, SCT/36/2 Rev. 2; y SCT de la OMPI, "Análisis de las respuestas al cuestionario sobre diseños de interfaces gráficas de usuario (IGU), iconos, y fuentes/tipos," 27-30 de marzo de 2017, SCT/37/2 Rev.

69. iPhone (2007), iPhone 3G (2008), iPhone 3GS (2009), iPhone 4 (2010), iPhone 4S (2011), iPhone 5 (2012), iPhone 5C (2013), iPhone 5S (2013), iPhone 6 (2014), iPhone 6 Plus (2014), iPhone 6S (2015), iPhone SE (2016), iPhone 7 (2016), iPhone 7S (2017), iPhone 8 (2017).

70. Véase www.uspto.gov/web/offices/pac/mpep/s1512.html.

71. OMPI (2013).

72. No obstante, nótese que la cartera de Samsung Electronics es mucho más amplia que la de Apple. Por lo tanto, estas cifras no están directamente relacionadas con la publicidad dedicada a los teléfonos inteligentes y no son fácilmente comparables. En relación con las estimaciones para 2012-2015 véase "The cost of selling Galaxies," *Asymco*, 29 de noviembre de 2012; Adbrands Global Advertising Expenditure Ranking, diciembre de 2015: www.adbrands.net/top_global_advertisers.htm.

73. Informe anual de Huawei en 2016: www.huawei.com/en/about-huawei/annual-report/2016.

74. Véase la nota 66 y las notas técnicas.

75. Véase www.wipo.int/classifications/nice.

76. Véase a título de ejemplo www.wi-fi.org/who-we-are/our-brands, www.3gpp.org/about-3gpp/19-lte-logo-use y www.bluetooth.com/membership-working-groups/membership-types-levels.

77. www.apple.com/legal/intellectual-property/trademark/appletmlist.html.

78. Theodore Paraskevakos, patente estadounidense N.º 3,812,296/5-21-1974.

79. Véase en OMPI (2015) el estudio de caso sobre semiconductores basado en el informe de antecedentes preparado por el profesor Thomas Hoeren.

80. Samsung había experimentado con teléfonos inteligentes en una fase temprana, con modelos como el SPHi300 en octubre de 2001 y el SGH-i607 en 2006.

81. "Apple looks long term with development of GPUs," FT, 4 de abril de 2017; "Apple's building its own graphics processor for the iPhone, dropping Imagination GPUs," *PC World*, 3 de abril de 2017.

82. Yoo y Kim (2015) y Song *et al.* (2016).

83. Boutellier *et al.* (2000), Zhang y Zhou (2015) y Kang (2015).

84. Informe anual de Huawei en 2016. "Huawei 2016 numbers reveal the extent of Ericsson, Nokia and ZTE's challenge," *Telecoms.com*, 31 de marzo de 2017.

85. Jo *et al.* (2016).

86. Brown y Linden (2009). La producción de circuitos integrados con un modelo "sin fábricas" consiste en el diseño y venta de los circuitos integrados de semiconductores, contratando externamente la fabricación de los mismos a empresas con fábricas especializadas de semiconductores.

87. Véase en Wunsch-Vincent *et al.* (2015) una referencia a la cartera creciente de patentes de Foxconn.

88. En respuesta a esos factores, Huawei y Xiaomi disponen de instalaciones de ensamblaje en China, Viet Nam, India, Brasil e Indonesia. La reciente decisión de Apple fabricar en la India ha sido en respuesta a la demanda del mercado y los incentivos del gobierno (Phadnis, 2016).

89. "Fight at Toshiba: Some board members want deal with Foxconn," WSJ, 6 de septiembre de 2017.

90. "Huawei hires a former Apple creative director as a design chief," WSJ, 29 de octubre de 2015.

91. Véase información adicional en www.wto.org/english/tratop_e/inftec_e/inftec_e.htm.

Referencias

Ali-Yrkkö, J., P. Rouvinen, T. Seppälä y P. Ylä-Anttila (2011). Who captures value in global supply chains? Case Nokia N95 smartphone. *Journal of Industry, Competition and Trade*, 11(3), 263-278.

Armstrong, A.K., J.J. Mueller y T. Syrett (2014). The Smartphone Royalty Stack: Surveying Royalty Demands for the Components Within Modern Smartphones. SSRN, 29 de mayo de 2014: https://ssrn.com/abstract=2443848.

Audenrode, M.V., J. Royer, R. Stitzing y P. Sääskilahti (2017). Over-Declaration of Standard-Essential Patents and Determinants of Essentiality. SSRN, 12 de abril de 2017. https://papers.ssrn.com/sol3/papers.cfm?abstract_id=2951617.

Baron, J., K. Gupta y B. Roberts (2016). Unpacking 3GPP Standards. Documento de trabajo no publicado, disponible en: https://pdfs.semanticscholar.org/bb7a/902cdedbc5fb97b039372d0c7541c696e539.pdf.

Blind, K., T. Pohlmann, F. Ramel y S. Wunsch-Vincent (2014). The Egyptian IT Sector and the Role of IP. *WIPO Economic Research Working Paper No. 18*. Ginebra: OMPI.

Boston Consulting Group (BCG) (2017). *The Most Innovative Companies 2016*. Boston, MA: Boston Consulting Group.

Boutellier, R., O. Gassmann y M. von Zedtwitz (2000). Huawei: Globalizing through innovation – case study, Part IV.7. En Managing Global Innovation – Uncovering the Secrets of Future Competitiveness, Berlín: Springer Verlag, 507-523.

Brown, C. y G. Linden (2009). *Chips and Change: How Crisis Reshapes the Semiconductor Industry*. Cambridge, MA: MIT Press.

Campbell-Kelly, M., D. Garcia-Swartz, R. Lam y Y. Yang (2015). Economic and business perspectives on smartphones as multi-sided platforms. *Telecommunications Policy*, 39(8), 717-734.

Cecere, G., N. Corrocher y R.D. Battaglia (2015). Innovation and competition in the smartphone industry: is there a dominant design? *Telecommunications Policy*, 39(3), 162-175.

Chen, W., R. Gouma, B. Los y M. Timmer (2017). Measuring the Income to Intangibles in Goods Production: A Global Value Chain Approach. *WIPO Economic Research Working Paper No. 36*. Ginebra: OMPI.

Chong, G. (2013). *Chinese Telecommunications Giant Huawei: Strategies to Success*. Singapore: Nanyang Technopreneurship Center, Nanyang Technological University.

Credit Suisse (2016) *The Wireless View 2016: Smartphones – The Wireless Slowdown*. Global (Americas, Europe and Taiwan) Equity Research.

Credit Suisse (2017). *The Wireless View 2017: Smartphones – A Slight Pickup in Growth Ahead*. Global (Americas & Europe) Equity Research.

Dedrick, J. y K.L. Kraemer (2008). Globalization of innovation: the personal computing industry. En Macher, J.T. y D.C. Mowrey (eds), *Running Faster to Stay Ahead? Globalization of Innovation in High-Technology Industries*. Washington DC: National Academies Press, 21-57.

Dedrick, J. y K.L. Kraemer (2017). Intangible Assets and Value Capture in Global Value Chains: The Smartphone Industry. *WIPO Economic Research Working Paper No. 41*. Ginebra: OMPI.

Dedrick, J., K.L. Kraemer y G. Linden (2010). Who profits from innovation in global value chains? A study of the iPod and notebook PCs. *Industrial and Corporate Change*, 19(1), 81-116.

Dedrick, J., K.L. Kraemer y G. Linden (2010) (2011). The distribution of value in the mobile phone supply chain. *Telecommunications Policy*, 35(6), 505-521.

Engstrom, E. (2017). So how many patents are in a smartphone? Blog, 19 de enero de 2017. San Francisco: Engine: www.engine.is/news/category/so-how-many-patents-are-in-a-smartphone.

Fan, P. (2006). Catching up through developing innovation capability: evidence from China's telecom-equipment industry. *Technovation*, 26(3), 359-368.

Forbes. (2016). The World's Most Valuable Brands. https://www.forbes.com/powerful-brands/list/3/#tab:rank.

Galetovic. A., S.H. Haber y L. Zaretzki (2016). A New Dataset on Mobile Phone Patent License Royalties. *Working Paper Series No. 16011*. Stanford, CA: Hoover Institution, Stanford University.

Garcia-Swartz, D.D. y F. Garcia-Vicente (2015). Network effects on the iPhone platform: an empirical examination. *Telecommunications Policy*, 39(10), 877-895.

Golinveaux, J.A. y D.L. Hughes (2015). Developing trends in design patent enforcement. *World Trademark Review*, issue 54.

Graham, S.J.H., G. Hancock, A.C. Marco y A.F. Myers (2013). The USPTO trademark case files dataset: descriptions, lessons, and insights. *Journal of Economics & Management Strategy*, 22, 669–705.

Graham, S.J.H., G. Hancock, A.C. Marco y A.F. Myers (2015) Monetizing Marks: Insights from the USPTO Trademark Assignment Dataset. SSRN, 1 de abril de 2015: https://ssrn.com/abstract=2430962 o http://dx.doi.org/10.2139/ssrn.2430962.

Gurry, F. (2013). Repensar la función de la propiedad intelectual: discurso pronunciado en la Melbourne Law School. http://www.wipo.int/export/sites/www/about-wipo/es/dgo/speeches/pdf/dg_speech_melbourne_2013.pdf.

IHS Markit. (2016). Teardown reports and spreadsheets for the Apple iPhone 7. Samsung Galaxy S7 and Huawei P9. Englewood, EE.UU.: https://technology.ihs.com/Categories/450461/teardowns-cost-benchmarking.

Interbrand (2016). Best Global Brands 2016 Rankings. http://interbrand.com/best-brands/best-global-brands/2016/ranking/#?sortBy=rank&sortAscending=desc.

International Data Corporation (IDC) (2017). Data Tracker Database on the Smartphone Industry, 2005-2017. Boston. MA: International Data Corporation.

Johnson, D.K.N. y S. Scowcroft (2016). The Importance of Being Steve: an econometric analysis of the contribution of Steve Jobs's patents to Apple's market valuation. *International Journal of Financial Research*, 7(2), 2016.

Joo, S.H., C. Oh, y K. Lee (2016). Catch-up strategy of an emerging firm in an emerging country: analysing the case of Huawei vs. Ericsson with patent data. *International Journal of Technology Management*, 72(13), 19-42.

Kang, B. (2015). The innovation process of Huawei and ZTE: patent data analysis. *China Economic Review*, 36, 378-393.

Korea Internet and Security Agency (KISA) (2014). Final Report of Research on Actual Status of Mobile Internet Usage. 24 de febrero de 2014.

Korkeamäki, T. y T. Takalo (2013). Valuation of innovation and intellectual property: the case of iPhone. *European Management Review*, 10(4), 197-210.

Koski, H. y T. Kretschmer (2007). Innovation and dominant design in mobile telephony. *Industry and Innovation*, 14(3), 305-324.

Kumar. A. y B.S. Bhasin (2017). Innovation and survival: lessons from the smartphone wars. En *Intellectual Asset Management Yearbook 2017*.

Liu, C.-J. y H.-Y. Liang (2014). The deep impression of smartphone brand on the customers' decision making. *Procedia – Social and Behavioral Sciences*, 109, 338-343.

Liu, N. y R. Yu (2017). Identifying design feature factors critical to acceptance and usage behavior of smartphones. *Computers in Human Behavior*, 70, 131-142.

Mallinson, K. (2014). Smartphone royalty stack. *IP Finance*, 19 de septiembre de 2014: www.wiseharbor.com/pdfs/Mallinson%20on%20Intel's%20Smartphone%20Royalty%20Stack%2019Sept2014.pdf.

Mallinson, K. (2015). Busting smartphone patent licensing myths. *Policy Brief*, septiembre de 2015. Arlington, VA: Center for the Protection of Intellectual Property, George Mason School of Law: http://sls.gmu.edu/cpip/wp-content/uploads/sites/31/2015/10/Mallinson-Busting-Smartphone-Patent-Licensing-Myths.pdf.

Millward Brown (2016). *BrandZ Top 100 Global Brands*: www.millwardbrown.com/brandz/top-global-brands/2016.

Neubig. T.S. y S. Wunsch-Vincent (2017). A Missing Link in the Analysis of Global Value Chains: Cross-border Flows of Intangible Assets, Taxation and Related Measurement Implications. *WIPO Economic Research Working Paper No. 37*. Ginebra: OMPI.

Organización para la Cooperación y el Desarrollo Económicos (OCDE) (2005). Digital Broadband Content: Music. DSTI/ICCP/IE(2004)12/FINAL: www.oecd.org/internet/ieconomy/34995041.pdf.

OCDE (2008). ICT research and development and innovation. En *OECD Information Technology Outlook 2008*. París: OCDE, Capítulo 4.

OCDE (2011). Global Value Chains: Preliminary Evidence and Policy Issues. DSTI/IND(2011)3. París: OCDE.

Organización Mundial de la Propiedad Intelectual (OMPI) (2011). Aspectos económicos de la PI: antiguas ideas y nuevos datos. En el *Informe de 2011 sobre la propiedad intelectual en el mundo: Los nuevos parámetros de la innovación*. Ginebra: OMPI, Capítulo 2, 87-127.

OMPI (2013). El desarrollo de marcas en la economía mundial. En el *Informe mundial sobre la propiedad intelectual (2013): Reputación e imagen en el mercado global*. Ginebra: OMPI, Capítulo 1, 21-80.

OMPI (2015). Innovaciones revolucionarias del pasado. En el *Informe mundial sobre la propiedad intelectual: La innovación revolucionaria y el crecimiento económico*. Ginebra: OMPI, Capítulo 2, 53-100.

OMPI (2016). *Indicadores Mundiales de Propiedad Intelectual 2016*. Ginebra: OMPI.

OMPI (2017). *Reseña anual del PCT 2017*. Ginebra: OMPI.

Phadnis, S. (2016). Apple plans to make iPhones in Bengaluru from April. *The Times of India,* 30 de diciembre de 2016.

Pohlmann, T. y K. Blind (2016). Landscaping Study on Standard-Essential Patents (SEPs). Berlín: IPlytics GmbH. Encargado por la Comisión Europea.

PricewaterhouseCoopers (PwC) (2017). *2017 Patent Litigation Study – Change on the Horizon?* y versiones anteriores en inglés: https://www.pwc.com/us/en/forensic-services/publications/assets/2017-patent-litigation-study.pdf.

Reidenberg, J.R., D. Stanley, N. Waxberg, J. Debelak, D. Gross y E. Mindrup (2012). The Impact of the Acquisition and Use of Patents on the Smartphone Industry. *WIPO Working Paper. IP and Competition Division.* Ginebra: OMPI: www.wipo.int/export/sites/www/ip-competition/en/studies/clip_study.pdf.

Reidenberg, J.R., N.C. Russell, M. Price y A. Mohan (2014). Patents and Small Participants in the Smartphone Industry. *WIPO Working Paper, IP and Competition Division.* Ginebra: OMPI. https://ssrn.com/abstract=2674467.

Shapiro, C. y H.R. Varian (1998). *Information Rules: A Strategic Guide to the Network Economy.* Boston, MA: Harvard Business School Press.

Sharma, C. (2016). Mobile Patents Landscape 2016: An In-Depth Quantitative Analysis, and previous editions of this report. Chetan Sharma Consulting: www.chetansharma.com/publications/mobile-patents-landscape-2016.

Shimpi, A.L. (2013). The ARM diaries, part 1: How ARM's business model works. A*nandTech*, 28 de junio de 2013: www.anandtech.com/show/7112/the-arm-diaries-part-1-how-arms-business-model-works.

Sidak, J.G. (2016). What aggregate royalty do manufacturers of mobile phones pay to license standard-essential patents? *Criterion*, 1, 701-719.

Stitzing, R. (2017). World IP Report – Smartphone Case Study – Presentation at the workshop for the World Intellectual Property Report. Ginebra, 16 y 17 de marzo de 2017.

Song, J., K. Lee y T. Khanna (2016). Dynamic capabilities at Samsung: optimizing internal co-opetition. *California Management Review*, 58(4), 118-140.

Sullivan & Cromwell (2013). Royalty rates for standard-essential patents. 30 de abril. Nueva York: Sullivan & Cromwell LLP: https://www.sullcrom.com/siteFiles/Publications/SC_Publication_Royalty_Rates_for_Standard_Essential_Patents_414F.pdf.

Teece, D.J. (1986). Profiting from technological innovation: implications for integration, collaboration, licensing and public policy. *Research Policy*, 15, 285-305.

Thomson Reuters (2012). Inside the iPhone Patent Portfolio. Thomson Reuters IP Market Reports: http://ip-science.thomsonreuters.com/m/pdfs/iphone-report.pdf.

Thumm. N. y G. Gabison (2016). *Patent Assertion Entities in Europe.* European Economics for the Joint Research Centre. Comisión Europea.

Wunsch-Vincent, S., M. Kashcheeva y H. Zhou (2015). International patenting by Chinese residents: constructing a database of Chinese foreign-oriented patent families. *China Economic Review*, 36, 198-219.

Yoo, Y. y K. Kim (2015). How Samsung became a design powerhouse. *Harvard Business Review*, septiembre de 2015, 72-78.

Zhang, Y. y Y. Zhou (2015). *The Source of Innovation in China: Highly Innovative Systems.* Londres: Palgrave, Appendix 2.2.

Siglas y acrónimos

BNEF	Bloomberg New Energy Finance
COE	Cup of Excellence (Copa de la Excelencia)
CPC	Clasificación de Patentes Cooperativa
EIPO	Oficina Etíope de Propiedad Intelectual
OEP	Oficina Europea de Patentes
EUIPO	Oficina de Propiedad Intelectual de la Unión Europea
FAO	Organización de las Naciones Unidas para la Alimentación y la Agricultura
FNC	Federación Nacional de Cafeteros de Colombia
FT	*Financial Times*
PIB	Producto interno bruto
GPU	Unidades de procesamiento gráfico
GSM	Sistema Mundial para Comunicaciones Móviles
IGU	Interfaz gráfica de usuario
CIC	Convenio Internacional del Café
OIC	Organización Internacional del Café
ICT	information and communication technology
IDC	International Data Corporation
IEA	Organismo Internacional de Energía
PI	Propiedad intelectual
CIP	Clasificación Internacional de Patentes
JPO	Oficina Japonesa de Patentes
KIPO	Oficina Surcoreana de Propiedad Intelectual
KISA	Korea Internet & Security Agency
NCAUSA	National Coffee Association U.S.A.
ONG	Organización no gubernamental
NREL	National Renewable Energy Laboratory
NVS	Normas voluntarias de sostenibilidad
NYT	*New York Times*
OCDE	Organización para la Cooperación y el Desarrollo Económicos
PATSTAT	Base de Datos Mundial sobre Estadísticas de Patentes de la OEP
PCT	Tratado de Cooperación en materia de Patentes
PQC	Premium Quality Consulting
I+D	Investigación y desarrollo
SEP	Patentes esenciales para el cumplimiento de estándares
SIPO	Oficina Estatal de Propiedad Intelectual de la República Popular China
TSMC	Taiwan Semiconductor Manufacturing Company
EE.UU.	Estados Unidos de América
UMTS	Sistema de telecomunicaciones móviles universales
UPOV	Unión Internacional para la Protección de las Obtenciones Vegetales
USD	Dólar de los EE.UU.
USPC	Clasificación de Patentes de los EE.UU.
USPTO	Oficina de Patentes y Marcas de los Estados Unidos de América
WIOT	Tabla mundial de insumos y productos
OMPI	Organización Mundial de la Propiedad Intelectual
WSJ	*Wall Street Journal*

Notes techniques

Grupos de países, por nivel de ingresos

En el presente informe se utiliza la clasificación de ingresos del Banco Mundial para referirse a los distintos grupos de países. La clasificación se basa en el ingreso nacional bruto per cápita en 2016 y establece los cuatro grupos siguientes: economías de bajos ingresos (1.005 USD o menos); economías de ingresos medianos bajos (1.006 a 3.955 USD); economías de ingresos medianos altos (3.956 a 12.235 USD); y economías de ingresos altos (12.236 USD o más).

Para más información sobre esta clasificación, véase http://data.worldbank.org/about/country-classifications.

Inventariar los títulos de PI

Los estudios de caso de los capítulos 2, 3 y 4 están basados en inventarios de patentes y marcas realizados a los fines del presente informe. Los datos sobre patentes proceden principalmente de la Base de datos estadísticos de la OMPI, la Base de Datos Mundial sobre Estadísticas de Patentes de la OEP (PATSTAT, abril de 2017) y de los conjuntos de datos sobre expedientes y cesiones de registros de marcas de la USPTO (2016). A continuación se explican los principales elementos metodológicos utilizados en la realización del inventario.

Unidad de análisis

La principal unidad de análisis de los datos sobre patentes es la primera presentación de una solicitud de patente sobre una invención determinada. Por consiguiente, a efectos del recuento en materia de patentes, la fecha de referencia es la fecha de la primera presentación. El origen de la invención se atribuye al primer solicitante en la primera presentación; siempre que falte esta información se aplica una estrategia de determinación del país de origen, como se explica más adelante.

La única excepción con respecto a este criterio se da al analizar la proporción de familias de patentes que solicitan protección en cada oficina de patentes (véanse los gráficos 2.8 ó 3.12). En este caso, se ha utilizado una definición de familia ampliada de patentes, conocida como la familia de patentes INPADOC, en lugar de la que se basa en las primeras solicitudes presentadas. Además, a los fines del análisis solo se han tenido en cuenta familias de patentes

con al menos una solicitud concedida, y la fecha de referencia es la de primera presentación dentro de la misma familia ampliada. La razón principal para utilizar la definición de familia ampliada de patentes e imponer por lo menos una patente concedida dentro de la familia es paliar toda subestimación derivada de estructuras complejas de presentación posterior de solicitudes, como las solicitudes de continuación y las divisionales, y de pequeñas familias de patentes de menor calidad, como las presentadas en un solo país y rechazadas después del examen o retiradas antes del examen.

En los datos sobre marcas, la unidad de análisis es toda solicitud de protección de registro de marcas en cualquiera de las fuentes empleadas, a saber, la USPTO, el Sistema de Madrid y las oficinas nacionales incluidas en la Base Mundial de la OMPI de Datos sobre Marcas. En esta definición quedan incluidas las marcas de productos y servicios. También se incluyen las renovaciones de marcas registradas y marcas en las que se reivindique una prioridad basada en registros de marcas existentes.

Determinación del país de origen

A falta de información sobre el país de residencia del primer solicitante inscrito en la primera solicitud de patente, se ha procedido en el siguiente orden: i) extraer la información sobre el país del domicilio del solicitante; ii) extraer la información sobre el país del nombre del solicitante (véase más adelante); iii) utilizar la información de las sociedades correspondientes (como se explica más adelante); iv) basarse en el país de residencia del primer solicitante más frecuente dentro de la misma familia de patentes (utilizando la definición de familia de patentes ampliada); v) basarse en el país de residencia del primer inventor más frecuente dentro de la misma familia de patentes (de nuevo, utilizando la definición de familia de patentes ampliada); y vi) para otros archivos de larga data, considerar la oficina de PI ante la cual se realizó la primera presentación como un indicador del origen.

Estrategias para efectuar inventarios de títulos

Para realizar inventarios de las patentes en cada uno de los tres sectores se ha partido de los datos existentes y de la opinión de los expertos. En la medida de lo posible, cada estrategia se ha sopesado en relación con otras posibles fuentes.

En el sector del café, el inventario se ha realizado partiendo de la siguiente combinación de símbolos CPC y CIP y palabras clave buscadas en títulos y resúmenes.

Símbolos de la CIP/CPC: A01D46/06, A23C11/00, A23F5*, A23L27/00, A23L27/10, A23L27/28, A23N12/06, A23N12/08,A47G19/14, A47G19/145, A47G19/20, A47J42*, A47J31* y C07D473/12.

Incluidas las palabras clave: *coffe*; caffe*; espresso; cappuccino; robusta; arabica; fertilizer* Y coffe*; fertilizer* Y robusta; fertilizer* Y arabica; coffe* Y(arabica O robusta).*

Excluidas las palabras clave: *coffee table; cleaning system for a coffee machine; coffee cream; coffee pot holder; coffee stirre; coffee maker pod holder; coffee latte printer; coffer*; method and structure for increasing work flow; not a product selected from coffee; cosmetic*; cleaning agent; washing agent; smart home; dietary fiber; repellent; residues; grevillea; food; malus; eucalyptus; hypsipyla robusta moore; health; wine; leaf; cannot place coffee cup; coffee stain; coffee car*; coffee by-products; coffee shop cafetería 510; extract; coffee owner board.*

Esas patentes están clasificadas en cinco segmentos de la cadena de suministro del sector del café, a saber:

Cultivo de café: A01B; A01C1/00; A01C11/00; A01C13/00; A01C14/00; A01C15/00; A01C17/00; A01C19/00; A01C21/00; A01C5/00; A01C7/00; A01G11/00; A01G7/00; A01G9/00; A01H1/00; A01H3/00; A01H4/00; A01H5/00; A01M1/14; A01N25/00; A01N27/00; A01N29/00; A01N31/00; A01N33/00; A01N35/00; A01N37/00; A01N39/00; A01N41/00; A01N43/00; A01N45/00; A01N47/00; A01N49/00; A01N51/00; A01N53/00; A01N55/00; A01N57/00; A01N59/00; A01N61/00; A01N63/00; A01N65/00; C12N15/00.

Cosecha y poscosecha: A01D46/06; A01D46/30; A47J42/00; B02B1/02; B02B1/04; C02F1/00; C02F3/00; C02F5/00; C02F7/00; C02F9/00; F26B11/04; F26B21/10; F26B23/10; F26B9/08; G01N7/22; G06K9/46; G06T7/40.

Almacenamiento y transporte de materias primas: A01F25/00; A23F5/00; A23N12/02; B03B5/66; B65B1/00; B65B3/00; B65B35/00; B65B7/00; B65G65/00; C02F1/00; C02F3/00; C02F5/00; C02F7/00; C02F9/00; E04H7/00; G01G1/00;

G01G11/00; G01G13/00; G01G15/00; G01G19/00; G01G21/00; G01G23/00; G01G3/00; G01G5/00; G01G7/00; G01G9/00; G01N.

Procesamiento de granos: A01D46/06; A01D46/30; A23F3/36; A23F5/00; A23F5/02; A23F5/04; A23F5/08; A23F5/10; A23F5/12; A23F5/14; A23F5/18; A23F5/20; A23F5/22; A23F5/24; A23F5/26; A23F5/28; A23F5/30; A23F5/32; A23F5/36; A23F5/46; A23F5/48; A23L3/44; A23N12/10; A23N12/12; A47J31/42; A47J37/06; A47J42/00; A47J42/20; A47J42/52; B07B4/02; B07C7/00; B07C7/04; G01N27/62; G01N30/06; G01N33/14; G06K9/46; G06T7/40.

Distribución final: A23F3/00; A23L1/234; A23L2/38; A23P10/28; A47J27/21; A47J31/00; A47J31/02; A47J31/047; A47J31/06; A47J31/10; A47J31/18; A47J31/20; A47J31/26; A47J31/34; A47J31/36; A47J31/38; A47J31/40; A47J31/42; A47J31/44; A47J31/46; A47J31/54; B01D29/35; B01D29/56; B65B1/00; B65B3/00; B65B31/02; B65B31/04; B65B35/00; B65B7/00; B65D33/01; B65D33/16; B65D85/804; B67D1/00; G06Q10/00; G06Q50/00;

En la estrategia para inventariar las marcas registradas en el sector del café, que se expone en el capítulo 2, se han utilizado las siguientes palabras clave para hacer búsquedas en las declaraciones descriptivas de uso de marcas: *coffe*; caffe*; kaffe*; cafe*; kopi; espresso; cappuccino; robusta; arabica.*

Para hacer un inventario de las patentes en el sector de la energía fotovoltaica se ha utilizado la siguiente combinación de símbolos CPC y CIP relativos a segmentos específicos de la cadena de suministro del sector fotovoltaico.

Silicio: C01B33/02*; C01B33/03*.

Lingotes y obleas: C30B29/06.

Células cristalinas: H01L31/036*; H01L31/037*; H01L31/038*; H01L31/039*; Y02E10/541; Y02E10/545; Y02E10/546; Y02E10/547; Y02E10/548.

Células de nuevo material: H01L31/0687*; H01L31/073*; H01G9/20*; Y02E10/542; Y02E10/543; Y02E10/544; Y02E10/549; H01G9/200*; H01G9/201*; H01G9/202*; H01G9/203*; H01G9/204*; H01G9/205*; H01G9/2063; H01G9/209*.

Otras células: H01L31/052*; H01L31/053*; H01L31/054*; H01L31/055*; H01L31/056*; H01L31/058*; H01L31/06* (excl.H01L31/0687*); H01L31/07; H01L31/072*; H01L31/074*; H01L31/075*; H01L31/076*; H01L31/077*; H01L31/078*; H02N6/*.

Módulos (concentradores): Y02E10/52*.

Módulos (conversión): Y02E10/56*; Y02E10/58.

Módulos (otros): H02S*; H01L31/042*; H01L31/043*; H01L31/044*; H01L31/045*;H01L31/046*; H01L31/047*; H01L31/048*; H01L31/049*; H01L31/05; H01L31/050*; H01L31/051*; H01G9/2068; H01G9/207*; H01G9/208*.

Equipos de producción: (H01L31/1876*; H01L31/188*; H01L31/206*) OR ((C23C14*; C23C16*; C23C22*; C23C24*; B32B17*; B32B27*; B32B37*; B32B38*; H01L21/67*) AND (H02S*; H01L31*; C01B33/02*; C01B33/03*; C30B29/06; H01G9/20*; H02N6/*; Y02E10/5*)).

En la estrategia para inventariar las marcas registradas en el sector fotovoltaico, que se expone en el capítulo 3, se han utilizado las siguientes palabras clave para hacer búsquedas en las declaraciones descriptivas de uso de marcas: *solar panel*; *fotovoltaico*; *polisilicio*; fotovoltaico*; m*ódulo solar; *solarmodul*.

En la estrategia para inventariar las patentes en el sector de los teléfonos inteligentes, que se expone en el capítulo 4, se ha aplicado un criterio restrictivo y un criterio amplio basados en las siguientes combinaciones de códigos de la CPC y la CIP, respectivamente:

Símbolos CIP /CPC, criterio restrictivo: H04M1/247; H04M1/2471; H04M1/2477; H04M1/72519; H04M1/72522; H04M1/72525; H04M1/72527; H04M1/7253; H04M1/72533; H04M1/72536; H04M1/72538; H04M1/72541; H04M1/72544; H04M1/72547; H04M1/7255; H04M1/72552; H04M1/72555; H04M1/72558; H04M1/72561; H04M1/72563; H04M1/72566; H04M1/72569; H04M1/72572; H04M1/72575; H04M1/72577; H04M1/7258; H04M1/72583; H04M1/72586; H04M1/72588; H04M1/72591; H04M1/72594; H04M1/72597.

Símbolos CIP /CPC, criterio amplio: F01L1*; F02P17*; F03G5*; F04C25*; F04D27*; F16C17*; F16H61*; F16K7*; F16M11*,13*; F21S2*; F21V23*,33*; F24B1*; F24F11*; F25B21*-23*; F28D15*; G01B7*;

G01B11*; G01C1*,5*,17*-22*; G01D18*; G01G19*,23*; G01J1*,3*,5*; G01K1*,7*; G01L1*,7*,17*; G01M11*,15*-17*; G01N15*, 21*,27*,29*,33*; G01P15*&21*; G01R19*-22*,27*,31*-33*; G01S1*-5*,11*-15*&19*; G01T7*; G01V3*; G01W1*; G02B1*-9*,13*,15*,21*,26*-27*; G02C7*; G02F1*; G03B5*,13*-17*,21*,35*; G03F7*; G03H1*; G04B19*,47*;G04F3*; G05B1*,11*-15*,19*-21*,24*; G05D1*-3*,7*,23*; G05F1*,5*;G06F*; G06K5*-9*,15*-19*; G06N5*,99*; G06Q10*-50*,99*; G06T*; G07B15*; G07C1*,5*,9*,13*; G07F1*,7*,17*,19*; G08B1*-6*,13*,17*,21*-25*,29*; G08C17*,19*; G08G1*; G09B5*-9*,19*,21*,29*; G09C*; G09F3*,9*,15*,19*,27*; G09G3*,5*; G10G1*,7*; G10H1*,7*; G10K11*,15*; G10L13*-25*; G11B19*,20*,27*; G11C7*-13*,16*,29*; G21C17*; H01B1*,5*,7*,11*; H01C10*; H01F17*,27*,38*; H01G4*,5*; H01H11*,13*,25*; H01L21*-33*,43*,45*,49*,51*; H01M2*,4*,10*,12*; H01P3*; H01Q1*,5*-9*,19*,21*; H01R12*,13*,24*,31*,33*,43*; H01S5*; H02B1*,7*; H02H3*,7*; H02J1*,5*,7*,17*,50*; H02M1*,3*,7*; H02N2*; H03B5*; H03C7*; H03F1*,3*; H03G3*,7*; H03H9*,11*,21*; H03J7*; H03K3*,5*,17*; H03L7*; H03M1*,3*,11*,13*; H04B1*-13*,15*,17*; H04H20*,60*; H04J1*,3*,11*,13*; H04K1*,3*; H04L1*-12*,23*-29*; H04M1*,3*,7*-11*,15*-19*; H04N1*,5*-9*,13*,17*-21*; H04Q1*-9*; H04R1*-5*,9*,17*,25*,29*; H04S7*; H04W4*-92*; H05B33*,37*; H05K.

El capítulo dedicado a la estrategia para inventariar las marcas y los diseños industriales en el sector de los teléfonos inteligentes está basado en un informe inédito de Chrstian Helmers, con fecha de 16 de junio de 2017. El inventario de los diseños industriales y las marcas de Apple, Samsung Electronics y Huawei se hizo con los datos de la USPTO y la EUIPO. La clase D14 de la USPC se tomó como punto de partida de los datos sobre diseños industriales de la USPTO, y las clases 14-03 y 14-04 de la Clasificación de Locarno, en la de la EUIPO. Los datos resultantes fueron agrupados en cuatro categorías, a saber, teléfonos móviles, interfaces de usuario, pantallas de visualización e iconos, utilizando los títulos de los diseños industriales. A continuación se procedió a realizar una comprobación manual de cada patente de diseño en los casos en los que no estaba claro de que se tratara del diseño de un teléfono inteligente. Solo se conservaron los diseños industriales que no se utilizan solo para los teléfonos industriales.

En la estrategia para inventariar las marcas registradas en el sector de los teléfonos inteligentes, que se expone en el capítulo 4, se han utilizado palabras clave para hacer búsquedas en las declaraciones descriptivas de uso de marcas, a saber: *Smartphone* y *handheld mobile digital electronic device*. Se aplicaron filtros adicionales al verificar manualmente las solicitudes individuales presentadas para comprobar si guardaban relación con los teléfonos inteligentes. Las búsquedas se restringieron a las marcas cedidas a Apple, Samsung Electronics o Huawei.

Marcas

La estrategia para inventariar las marcas registradas en el sector del café, que se expone en el capítulo 2, se ha basado en datos procedentes de *Premium Quality Consulting*™ (www.pqc.coffee). Con esos datos se señalan las marcas de mayor valor en el secto cafetero estadounidense y la trayectoria de las mismas. Se ha establecido un vínculo entre las marcas y los datos de la USPTO basándose en el nombre de los solicitantes o el texto de la marca.

Partes interesadas

La estrategia para inventariar las partes interesadas en el sector del café, que se expone en el capítulo 2, se ha basado en la *UKERS Tea & Coffee Global Directory & Buyers Guide* (www.teaandcoffee.net/ukers-directory). Se trata de datos sobre las principales compañías y partes interesadas del sector del café. Las categorías de la guía se han reclasificado para que coincidan con los cinco segmentos de la cadena de suministro del café: cultivo del café, cosecha y poscosecha, almacenamiento y transporte de materias primas, procesamiento de granos y distribución final.

www.ingramcontent.com/pod-product-compliance
Lightning Source LLC
Chambersburg PA
CBHW082310210326
41599CB00030B/5759